CUIDANDO NIETOS

ARTÍCULOS PARA LEER AL CALOR DE LA LUMBRE

CUIDANDO NIETOS

Portada: Chimenea de las rosas blancas, en Castellanos de Villiquera
Autor: Fco. A. Juan Mata Hernández

Diseño de cubiertas: Athenea Mata Cortés

Corrección de Pruebas: Esperanza Cortés y Montero
Edelweiss Mata Cortés

Nota de edición: Los hechos y circunstancias que se señalan en este libro no se corresponden con lugares, personas, o sucesos similares ocurridos anteriormente, y por tanto, la descripción que se hace es fruto exclusivo de la imaginación del autor. Por ello se utiliza el recurso del derecho a la creación literaria, con la que no se pretende en absoluto ofender a nadie. La visión que se propone aquí respeta las opiniones que otros consideraran más adecuadas.

© Los nietos del autor.

Primera Edición, abril de 2020 (Año de la pandemia)
Segunda Edición, mayo de 2021 (Sigue la pandemia)
Tercera Edición, noviembre de 2022
Cuarta Edición, enero 2026

Este libro, tanto en papel como en su versión digital, se puede aquirir también en:
www.amazon.es

ISBN: 9798668207312

Impreso en España - Printed in Spain

Prólogo:

La edad, gracias a Dios, provoca a veces la ruptura de ciertos esquemas mentales. Era un proceso necesario si se deseaba, como es mi caso, conectar con la inocente ingenuidad de unos nietos que, reiteradamente, insisten en que les narre aventuras de mi juventud. Tengo ya agotada la memoria de aquellos momentos del espacio tiempo, de entre los más o menos interesantes o curiosos, que, a mi entender, pudieran servirles también como experiencia educativa. Pero los recuerdos de mi vida, tal como la memoria los ha ido puliendo, no siempre resultan suficientemente clarificadores. Y, por ello, es posible que haya entremezclado realidades utópicas con hechos reales, probablemente más o menos sazonados desde una óptica apostolar y demagógica.

¿Qué puede pretender un abuelo respecto a la formación de sus nietos? Mi respuesta no tiene nada de original, nos la dicta la sabia naturaleza cuando vemos a enjambres de abejas trabajar ordenadamente por un mismo fin: "Todas quieren el bien común, en este caso, engrandecer la colmena social donde mora la reina madre y todas sus hermanas". Porque, cuando la vida de un ser se apoya en un ideal generoso y vital, su recompensa está en el esfuerzo por lograrlo, y no habrá obstáculo que lo altere indefinidamente.

Pues bien, en ese proceso, a la vez pedagógico y patriarcal, con el fin de que conozcan mejor lo que pienso y por qué lo siento así, he supuesto que nada sería tan gráfico como dejar plasmada mi opinión sobre estos temas de actualidad, que, a buen seguro, tendrán aplicación en momentos ulteriores, una generación después, e incluso más allá. Porque la vida siempre se repite, y *"nihil novum sub sole"*.

Fco. A. Juan Mata Hernández

Cuidando nietos

Dedicado a mis nietos con el deseo de verlos sonreir desde el Cielo, si algún día leyeran estas reflexiones.

Cuando dijiste que me quieres tanto

Es tarde, y dices que me quieres tanto,
Mas no te hallo en mi lecho de alborada.
Si el amor tuyo era de enamorada,
Poco duró... ¿Me quieres?, sí, mas ¿cuánto?

El amor es eterno o arrastra llanto,
Es el camino, jornada tras jornada
De una vida en común, con todo y nada.
Sin subir al altar, ni ser un santo.

Porque la vida es cuerda o es locura
Y quiero en mi desgracia o en mi suerte,
Que estés conmigo, junto y para siempre.
Pues loco o cuerdo, todo está en natura.

Porque ese amor que juraste "a la muerte",
Aunque la noche llegue y venga oscura,
Huele a un olor, que calma mi amargura.
Para mí, fue bastante conocerte.

Cuidando nietos

ÍNDICE

PRENSA Y REVISTA DIGITAL

Medio: **Periodista digital**

Medio: ***Periodista Digital***		
Pág.	**Fecha**	**Titular**
123	11/06/2019	Y la 51 estrella de EE.UU será…
126	07/02/2020	Quien no haya contratado nunca a un Villarejo, que tire la primera piedra
129	17/02/2020	Andrés, dígame cuando quiere morir y luego despídase de su familia
133	24/02/2020	El amor es un camino hacia la verdad y da sentido a la vida
136	02/03/2020	¿Coronavirus? Es la economía estúpido
140	10/03/2020	El coprolito gigante
143	10/03/2020	Felicidad abarrotada de silencio
146	16/03/2020	Y el Presidente, al fin, presidió
149	22/03/2020	Tenía razón, el enfermo era la economía
152	30/03/2020	Sánchez, cuídate de los idus de marzo
156	05/04/2020	Dulcísimo recuerdo de mi vida
160	06/04/2020	30 millones de toneladas de papel higiénico
163	12/04/2020	Pactos de la Moncloa, no la cigarra y la hormiga
167	20/04/2020	El universo es de los fuertes
171	27/04/2020	Quod natura non dat, salmantica nos praestat
175	04/05/2020	Camisas sucias
178	18/05/2020	Del aplauso solidario a la cacerolada indignada
180	09/06/2020	Indulto para los corazones de la M-30
184	27/11/2020	El IVA de las colas del hambre
188	04/12/2020	La vyda tras la vida. La quintaesencia
192	16/12/2020	Nuestra democracia ya no representa al pueblo
195	13/01/2021	Hay buenos y malos reyes, pájaros reyezuelos y ningún repúblico
197	12/02/2021	La camisa de lágrimas del Temple aún gotea. Siglo XI
200	17/02/2021	El arma letal del clima y la contaminación
203	15/03/2021	Amanece la libertad de la democracia en Murcia
205	27/02/2022	Ucrania, crimen y castigo
207	28/12/2023	Amnistía: Perdón es el olvido voluntario y consciente de una ofensa
209	12/01/2024	¿Ha hallado Sánchez el anillo de Giges?
212	29/01/2024	¿A dónde va la información de nuestra memoria?
215	16/06/2025	Gaza. Una venda en los ojos del mundo libre
218	03/07/2025	Amnistía: lo que la ley no prohíbe puede prohibirlo la honestidad
221	05/07/2025	Los olivos no votan
224	09/07/2025	La lucha eterna: el hombre entre el bien y el mal

Cuidando nietos

<table>

Medio: *Periodista Digital*		
Pág.	**Fecha**	**Titular**
227	11/07/2025	Del corazón en las honduras traigo... medio siglo contigo
231	12/07/2025	David Lafoz: enemigo del poder, hermano del barro
234	14/07/2025	Y, sin embargo, juegan: el miedo bajo los escombros de Gaza
237	22/07/2025	Cristóbal Montoro y otros casos: ¿Dónde termina el lobby y empieza la corrupción?
241	23/07/2025	El día en que un Papa calló a un ateo de salón: La sorprendente lección de León XIV
244	24/07/2025	Sidra: burbujas contra el olvido
247	26/07/2025	Pangea, la religión que fue y la que será
250	28/07/2025	Una bandera contra la indiferencia
253	29/07/2025	Gora España ta Euskal Herria: Mitos, lenguas y otras intoxicaciones patrióticas
256	31/07/2025	El debate teológico que no existió, entre León XIV y el físico, Valerio Rossi
259	22/08/2025	Carta a mis nietos sobre la universidad, la IA y el oficio de ganarse la vida
263	24/08/2025	El cazador que no disparó y el bosque que se apaga solo
267	25/08/2025	La felicidad no es eso que pensabas
271	26/08/2025	Prólogo: Las preguntas que no nos dejan en paz
274	29/08/2025	Capítulo I. Por qué hay algo en vez de nada
279	01/09/2025	Capítulo II. Dios en la mente... y fuera de ella
283	04/09/2025	Capítulo III. El universo no se explica solo
287	10/09/2025	Capítulo IV. De ética y moral ¿Por qué Dios... no es un fantasma útil?
291	12/09/2025	Capítulo V. La mística ¿Dios en el escáner cerebral?
295	17/09/2025	Capítulo VI. El día que Dios murió... y nadie se dio cuenta
299	22/09/2025	Epílogo. Cuando el misterio te llama por tu nombre
302	15/09/2025	La razón como refugio frente a las bombas de Israel en Gaza
305	29/09/2025	¿Qué es el tiempo? Prólogo: Dos frases y un abismo Inbox

</table>

Francisco A. J. Mata

Medio: Alerta digital

Pág.	Fecha	Titular
309	21/01/2019	Tarjetas black. ¿Es culpable Rodrigo Rato?
312	27/01/2019	Villarejo, no somos espíritus puros
315	30/01/2019	Las cuentas y los cuentos de Pedro Sánchez a los pensionistas
319	04/02/2019	¿Quién es el pobre y quién el rico? La vida, a veces, es un sube y baja
323	22/02/2019	Del Brexit a los Estados Unidos de Europa
326	01/03/2019	Los jacobinos españoles
327	07/03/2019	La clara y la yema del voto femenino
331	15/03/2019	Usque ad aras, amicus. Hasta el altar amigo
334	23/03/2019	Un soplo de educación que aleje titnieblas de boira o gangarabía
336	02/04/2019	Nos gustan los números
340	29/04/2019	Sine agricultura, nihil
344	07/05/2019	Los nuevos colonos
349	25/11/2020	Ya están felices y contentos
352	11/12/2020	Si yo fuese ateo le pediría ayuda a Dios para creer
356	03/01/2021	El «consentimiento desinformado» para la vacuna COVID-19. ¿Por qué?
360	13/01/2021	El futuro del campo colgado de una encina
363	02/02/2021	Yo no soy del Opus Dei; aunque, para algunas cosas, como si lo fuera
367	22/02/2021	Aunque se olviden del camino nos dejan su rumbo
370	02/03/2021	Un esperpento entre putas y dioses de purines

Medio: Tradición Viva

Pág.	Fecha	Titular
374	29/12/2020	¿A qué hueles, Pablo?
378	23/01/2021	Zumalacárregui, en el XIX; Franco, en el XX; ¿Quién en el XXI?
381	06/02/2021	En política las verdades de Pinocho ganan votos
385	24/02/2021	Editar es una carrera de obstáculos. Porque un libro lo escribe cualquiera
389	06/03/2021	Sólo existe la nada cuando se desvanece el todo
392	24/03/2021	Isabel Díaz Ayuso defiende La Puerta de Alcalá
395	09/05/2022	Por qué Rusia no tiene otra que vencer en Ucrania o una III WW

Cuidando nietos

Salmantino de origen y asturiano de corazón. Empresario, escritor, viajero andante por los caminos de Santiago, pintor, e ingeniero agrónomo. Francisco A. Juan Mata Hernández ha publicado otros libros como la trilogía templaria Verdugos; Hegelianam; Atlántico en la memoria; De la zozobra a la esperanza; Alevines y, a punto de editarse, Anastasia, la reina de Béjar. Algunos de los cuales están publicados en la página que el autor tiene en Amazon: http://www.amazon.com/-/e/B00UYJS44G

Su obra ha sido reconocida en diversos certámenes literarios como son: En año 2013 recibió una mención honorífica en el premio de relato corto UDP por su obra "La Esperanza". En 2014 en el Concurso Memorias del Corazón por la obra "El milagro del Roble Gordo", y más recientemente en el XXVIII Premio Narración Breve 2017 promovido por la UNED por su relato "El aguinaldo de Navidad".

También ha sido reconocido su trabajo en el apartado de poesía con diversas distinciones: En 2013, su poema, Alma Gomera, fue premiado en la I Antología Internacional de Poesía Contemporánea. En 2015 en el Certamen de SoyPoeta con la obra "Soy blanco y soy negro", en 2016 en el Certamen Profesores Poetas por "El duende de la sidrería" y en el V CERTAMEN DE POESÍA, de 2017 "Nuestra Musa, La Camelia".

Francisco A. J. Mata

PERIODISTA DIGITAL

"El Perdón templario"

Juan Mata Hernández, 30 de noviembre de 2018 a las 19:36

Perdón.EP

El perdón es la actitud de generoso y voluntario olvido de una ofensa; en el caso de nuestra Orden, la que se infligió a aquellos heroicos y desinteresados monjes guerreros que sorprendieron a Europa y al mundo medieval con sus revolucionarias ideas de igualdad y fraternidad.

Puede que todos los ofensores del Temple no tuvieran consciencia de que su repudiable acto pudiera producir un agravio que perdurara casi setecientos años. Sin embargo, desde el punto de vista de los ofendidos, lugar que ocupamos nosotros y los que nos antecedieron en la orden del Temple, para que haya daño no es necesario que se reconozca voluntad en quien lo produce, basta con que exista el perjuicio.

Así pues, la injuria a nuestros caballeros tuvo diversos grados y fue:

Involuntaria e Inconsciente (Las restantes órdenes militares, y muy en especial, la Hospitalaria de San Juan de Jerusalén permanecieron pasivas ante la humillación del Temple).

Voluntaria pero inconsciente (La Iglesia del Papa Clemente V se plegó a los deseos del rey de Francia, inconsciente del alcance que la disolución del Temple produciría en la cristiandad).

Voluntaria y consciente (el rey Felipe IV "el hermoso" sabía muy bien lo que quería al quitar del medio a la única institución que podía frenar su ambición y codicia).

Desde el punto de vista del perdón templario, se deberían considerar los tres tipos de injuria a que nos hemos referido.

Normalmente al analizar los agravios que recibimos tenemos en cuenta varias cosas:

- El daño absoluto y relativo que se nos ha hecho (dice el refrán que "no ofende quien quiere si no quien puede", y habría de ser muy poderoso quien quisiera herir al Temple).

- La calificación del agravio visto desde la voluntad y consciencia de quién lo cometió.

- Otras características relativas al comportamiento general y particular con el atacado, considerando que no toda la Iglesia se plegó al rey de Francia, puesto que el concilio de Salamanca absolvió a los templarios, y muchas órdenes admitieron a nuestros freires como unos más entre ellos, así ocurrió con las de Calatrava, Montesa, San Juan, etc.

El acto de perdonar, así entendido, pertenece al mundo de los sentimientos más profundos del individuo o del colectivo. Yo diría que a veces es tan profundo, que ni nosotros mismos sabemos a qué responde. Pero lo que sí estamos en situación de analizar es que hay una serie de actitudes y predisposiciones sociales e individuales que colaboran a que la sociedad y el individuo ejerzan con mayor generosidad la opción de absolver. Una voluntad que es fruto de una cultura ya que gran parte de los sentimientos de los individuos se educan en función del entorno. Es lo que ahora se llama tolerancia.

Parece evidente que está en el alma de nuestros hermanos y de nuestro valor colectivo, una visión indulgente de la ofensa que sufrió nuestra Orden hace ya casi siete siglos:

- El daño se puede valorar en sus componentes absoluta y relativa, pero es también un referente personal de quien lo recibe y, por tanto, nadie sino nosotros podemos calificarlo adecuadamente. Y es que una actitud generosa puede eliminar de raíz la afrenta eliminando la subjetividad del mal producido. Si no nos sentimos ahora ya ofendidos, parece evidente que no tendremos nada que indultar. En este primer nivel del perdón templario, nuestra Orden no sólo es generosa con su Iglesia, ofreciéndonos de nuevo como súbditos fieles y leales, sino y sobre todo, con nosotros mismos. Al colocarnos en esa posición pondremos cien ojos en el futuro y sólo mantendremos uno en el pasado, que mirará de soslayo para seguir un ejemplo imborrable.

No sería justo ni equitativo valorar el mal que nos produjeron aquellas personas e instituciones sin tener en cuenta algunos escenarios que podrían ser eximentes. Y esto es así porque las personas venimos al mundo con un bagaje que nos aportan nuestros genes y que en unos casos permite alcanzar grandes cotas y en otros apenas alcanza para malvivir. La familia, el país, la época, el lugar de nacimiento y las restantes condiciones de la vida en sociedad, ofrecen oportunidades y plantean opciones diferentes a unos y a otros que justifican la frase de Ortega y Gasset "yo soy yo y mis circunstancias". Así es que, teniendo en cuenta esas situaciones, será más fácil perdonar, porque en ellas estará gran parte de la culpa de la ofensa. El entorno vital es consecuencia de los valores sociales, y nosotros somos sociedad, así es que en el fondo nos estamos también exonerando a nosotros mismos.

Sería bonito terminar aquí esta exposición, con una visión tan optimista del problema y de su solución, sin embargo el final humano es muy diferente de ese:

El problema es que, cuando los hombres asumimos una ofensa como un daño, hay algo en nosotros que instintivamente (como en el mundo animal) nos obliga a protegernos. Es un acto reflejo que no se puede evitar porque se hace temiendo que los hechos se pudieran volver a producir.

Los templarios, como hemos visto, podemos y debemos absolver desde nuestra función cognoscitiva. Igualmente, hemos de asumir lo que ocurrió como una desgracia que alcanzó a toda la humanidad, pero sin embargo el instinto de defensa impedirá olvidar fácilmente. Así es que el perdón templario se verá abocado a otros aspectos similares como la misericordia, la clemencia, la indulgencia, etc. Perdonamos a los causantes lo que podríamos entender como el castigo fijado, merecido o no según su grado de voluntariedad, o la actitud más o menos inconsciente en el mal causado; pero han pasado siete siglos y no hemos olvidado, por lo que temo que tendrán que pasar muchos más para que el perdón templario lo sea plenamente.

Mas, luchando contra esa memoria que nos obliga de forma tan cerril, hoy seguimos confesándonos seguidores fieles de la Iglesia que nos fundó. Y es que, al igual que recordamos la tragedia de la disolución, también consideramos que esa misma Iglesia nos engendró en el concilio de Troyes. De este modo, deberíamos pedir humildemente a su pastor que admita de nuevo en la vanguardia de su comunidad a esta Orden, que frente a la ignominia y la hostilidad, hemos sabido mantener tantos años. Porque se ha mantenido el Temple en la fiel esperanza de poder volver a

inclinar nuestro beausant ante el supremo Gran Maestre, el Papa de Roma, para ver un día a la cruz pattée alternar con las casacas de su guardia suiza.
*(**Juan Mata Hernández**, c.t.)*

Francisco A. J. Mata

ANÁLISIS

FRONTERAS EN BUSCA DE LA FELICIDAD

Juan Mata Hernández, 06 de diciembre de 2018 a las 08:33

Loteria, premio, dinero, riqueza y felicidad.EP

OPINIÓN | COLUMNISTAS

¿Cómo ser feliz? Para conocer ese secreto quizá convendría recordar una frase de Sócrates: "El secreto de la felicidad no se encuentra en la búsqueda de algo más, sino en el desarrollo de la capacidad para disfrutar con menos". Para el filósofo griego, la felicidad no viene con premios o alabanzas sino del esfuerzo interior para reducir nuestras necesidades y poder apreciar el valor de los placeres más sencillos.

La mayor parte de las historias de la vida en la Europa actual son de lo más triviales, pero se desenvuelven en un entorno de protección social envidiable para casi cualquier otra parte del mundo. Claro que este aparente paraíso de paz y prosperidad ha sido un legado de generaciones anteriores y, por tanto, tenemos una responsabilidad mayor para conservarlo. Se podría concluir desde una visión superficial que somos felices.

Sin embargo, no hace todavía un siglo, Europa se desangraba en dos guerras interminables y crueles como nunca la historia había contemplado. Finalizada la Segunda Guerra Mundial, se inició un proceso de integración europea que, tras varios puntos determinantes, culminó con los acuerdos de Maastricht en 1992 y Lisboa en 2009. Esta es ahora la tierra feliz prometida, llamada a ser una gran potencia, ¿pero cuándo? Y, aunque la lógica cuestione el retraso, la pregunta sigue ahí existente y obstinada. Lo que sucede es que fuera de nuestro paraíso tenemos un territorio inmenso, prácticamente subdesarrollado, políticamente convulso, y con una cultura muy diferente a la europea.

En 1995 se constituyó el denominado Espacio Schengen, que hace referencia a una zona en la que 26 naciones europeas, con más de 400 millones de habitantes en su conjunto, acordaron la abolición de las fronteras interiores para el tránsito libre y sin barreras de personas, bienes y servicios. Acordaron unas leyes homogéneas de control de las fronteras exteriores sin establecer un sistema común de vigilancia. Fue un salto adelante aventurado, cuando, por olvido o menosprecio del problema que se avecinaba, se oscureció la evidencia de que se dejaba de lado lo más trascendente, un continente, el africano, que alberga 1.288 millones de personas con una renta per cápita de apenas 4 euros diarios, frente a los 82 euros de media en la UE y donde nacen cada año 38 millones de personas más. El resto del problema llegó cuando revueltas sociales, guerras, hambrunas u otras circunstancias geofísicas, iban haciendo su inexorable aparición.

Pero no debió ser eso nunca una sorpresa, pues desde que nuestro planeta engendró a los primeros seres vivos, aquellos estromatolitos unicelulares de hace unos 3.600 millones de años, se han venido produciendo avatares que obligaron a un desplazamiento geográfico, pacífico algunas veces, pero violento o invasivo muchas otras. Y esas eventuales situaciones han sido catastróficas a menudo. La propia evolución del planeta propició los cambios y fue dibujando primero profundos cratones, para conformar después los magnos continentes de Pannotia y Pangea, y en ellos se acogió y desarrolló la vida, claro que entonces las fronteras no existían, las fuimos estableciendo nosotros, el homo sapiens, una criatura que apareció en el último instante de ese largo proceso de 4.567 millones de años que tiene la Tierra.

Entonces, nos preguntamos: ¿Por qué existen fronteras? ¿Son justas? ¿Tienen sentido?

No es fácil responder a esas preguntas. Cada persona podría dar una respuesta y, a buen seguro, que tendría su parte alícuota de razón. Probablemente la respuesta nos la daría aquella fábula de la cigarra y la hormiga o la certeza de que la felicidad de unos es muchas veces la desgracia para otros, aunque solo fuera por la envidia que pudiera despertar.

Entonces, ¿era una situación justa?

Por una parte no. Cada vez parece más claro que la propiedad de los bienes que la naturaleza nos proporciona, debería estar destinada a satisfacer las necesidades globales de esa Comunidad y, más en su conjunto, de todo el planeta. Es lo que Henry George llamó el impuesto único que gravaría el valor del bien y no su productividad. Por poner un ejemplo, la Amazonía es hoy el pulmón de la Tierra y no parecería aceptable que los que se consideraran sus propietarios nos dejaran a todos sin respiración.

Por otra sí. Nadie tiene derecho a invadir una familia, una comunidad o un estado que ha establecido unas normas de convivencia, introduciendo otras opuestas, por muy numerosa que fuera la masa que pretendiera apoyarlos. Y es aquí donde siempre chirrían los goznes de las puertas que rechazan la aceptación de la inmigración irregular.

Tanto se habla hoy de apoyar a esos pobres inmigrantes que se dejan la vida en el mar explotados por las mafias, que hasta se ha convertido en un tópico. Si algo tenemos en común los humanos, es el ansia de ver felices a los desgraciados. No obstante, para conseguirlo, seguimos a menudo un camino equivocado. Los políticos nos bombardean con argumentos que simulan traer consecuencias felices. Pero es una estrategia ineficaz la de procurar ser más generosos de lo que alcanzan los recursos de la sociedad que nos alberga. Porque ¿No es cierto que en España los altos niveles de desempleo son una enfermedad crónica? ¿No es verdad que gastamos más de lo que ahorramos y que el déficit público que tendrán que pagar nuestros nietos crece cada vez más? Así pues, ¿qué es lo que pretendemos dar a estos inmigrantes..., felicidad a crédito?

No, no se debe tolerar la inmigración ilegal. Es preciso regularla en función de la situación económica de nuestro país y la capacidad de adaptación de los que quieren llegar. No se debe aceptar a aquellos que pretendan que sea nuestra sociedad quien se pliegue a sus costumbres o preceptos. Y una lectura simplista de lo que vemos cada día en TV no ayuda más que a intensificar ese fenómeno con daños irreparables para ambas partes. Nuestra sociedad se mueve actualmente impulsada por la idea de que todo vale lo mismo. Los valores que eran el marco de referencia del comportamiento ya no sirven. Se anteponen los derechos y se reniegan o desprecian las obligaciones y los inmigrantes ilegales no son una excepción. Las normas no están para cumplirlas porque nadie tiene autoridad para exigirlo.

Este mensaje, dirigido a los cuatro vientos ha calado profundamente en el otro lado del mar y, por ello, la marea que llega en busca de la felicidad no se detiene ante ninguna frontera. Es algo que hay que cambiar de inmediato pues no se puede tolerar que el que entre ilegalmente en España exija unos derechos que ha pisoteado al llegar. Debe ser devuelto al país del que provino y perder la opción de ser regularizado.

Así pues ¿tienen sentido las fronteras?

No tienen sentido las "fronteras" de espino que resultan inútiles y dolorosas, pero sí otra "frontera" más severa para quien llega y es acogido: «El respeto al conjunto de normas, pero sobre todo a los valores que regulan la convivencia y la identidad de la nación». No hay opción para exigir una adaptación a las suyas o a las viejas costumbres tribales de los países de origen.

La verdadera solidaridad con nuestros vecinos se debería centrar en apoyar a los países de los que proceden estos inmigrantes con medidas de protección política, cultural y económica para que no se desangren con la marcha de sus jóvenes y desarrollen su propio potencial.

¿Cómo se puede apoyar a inmigrantes de países con gobiernos corruptos o antidemocráticos?

El filósofo alemán, Karl Christian Friedrich Krause, ya hace más de dos siglos en su «Ideal de la Humanidad», abogaba por la constitución de una república mundial con cinco federaciones que agruparan a los correspondientes continentes. Un único gobierno mundial propiciaría una mejor distribución de la riqueza, protección social y educación. Las razones aducidas son diversas: desde el ejercicio de la solidaridad, hasta el respeto a la libertad cultural. Por desgracia, el primer argumento tiene hoy poca acogida: nos es más fácil entregar una limosna que aceptar que

todos   pudiéramos   contar   con   similares   oportunidades
independientemente del lugar en que hayamos nacido.
*(F. A. **Juan Mata Hernández**, c.t.)*

CARTAS AL DIRECTOR

«El globo rojo de corazón que voló desde Londres a la M30 de Madrid»

F. A. JUAN MATA HERNÁNDEZ.11 Dic 2018 - 10:23 CET

El grafiti que Banksy pintó en el este de Londres en 2002 representando a una niña que pierde su globo rojo en forma de corazón, es considerado en una encuesta popular como una de las mejores obras de arte. Por el contrario, tenemos que lamentar estos días reiterados ataques de grupos incontrolados de grafiteros sobre trenes, locales e instalaciones del Metro de Madrid. ¿Por qué se producen dos efectos tan contradictorios y cuál es entonces el verdadero sentido del arte del grafiti?

La Real Academia Española de la Lengua no arroja una luz clarificadora sobre el tema, pues se limita a definir el hecho, como: "Firma, texto o composición pictórica realizados generalmente sin autorización en lugares públicos, sobre una pared u otra superficie resistente".

Ambos trabajos, el artístico y el gamberro o de protesta, encajan perfectamente en esas palabras de la RAE pese a ser tan diferentes en sus objetivos y efectos, pues el primero destila belleza, engalana el espacio y confiere valor, mientras que el segundo perturba, destruye y destila un mensaje putrefacto.

Para tratar de hallar algo de luz, nos hemos dirigido durante el evento anual del MOS ((*Meeting of styles*) en España, a uno de los más destacados expertos en la materia, a quien llamaremos Siegfried.

¿Siegfried, nos puedes explicar brevemente en qué consiste el MOS?

¡Claro! Se trata de un encuentro mundial de artistas del grafiti que se celebra anualmente en las más importantes ciudades de los cinco continentes con el objetivo de componer entre todos un mural. La quinta edición del evento, celebrado también en Madrid este año, tuvo como lienzo el parking de la estación de Chamartín. Ahí quedará para disfrute de los madrileños la obra conjunta de 70 artistas de 15 países diferentes. Es, en cierto modo, uno de nuestros museos al aire libre, como también lo es ya la M 30, con el despliegue, cada día mayor, de esos misteriosos corazones por los que me has preguntado.

¿Cómo valoráis vosotros el vandalismo reiterativo de esos grupos de grafiteros al Metro de Madrid?

Nuestro movimiento refleja arte, pero también, no lo olvides, es un arte de rebeldía, pero, bueno, no es fácil deducir los motivos por los que otros actúan, aunque en mi opinión ahí coinciden varios factores: Date cuenta que se juegan la vida y quizá no saben siquiera el porqué, pero sobre todo está aquello del subidón de adrenalina que supone una acción de riesgo, pues en general son gente muy joven que se toman esto como un deporte y al poco lo terminan dejando. Evidentemente, intentan no ser cazados y lo llevan a cabo para causar el máximo impacto como si fuera una misión militar. El éxito estriba después en poder ver su obra y presumir de ella aunque sea un bodrio. Desde luego eso no es verdadero arte urbano. Pero lo que hemos visto en TV estos días no es lo habitual y pudiera responder también a algún condicionante laboral o incluso político.

¿Y qué opinas del otro extremo, esos corazones de colores que alegran el espíritu de los conductores de la M 30? ¿Quién y por qué los habrá pintado? ¿Será el regreso de aquel globo de Banksy?

Mira, Juan, los grafitis llevan siempre consigo un misterio y si no lo crees, busca "La cueva de las manos", probablemente el primer grafiti de la prehistoria que ha llegado hasta nuestros días. Es un conjunto armonioso de pinturas rupestres en la Patagonia Argentina, de hace unos 9.400 años, que representan cientos de manos blancas y, asómbrate, no las pintaron directamente sobre la roca sino que utilizaron una técnica que hoy llamamos de "estarcido", muy similar a la que utilizó Banksy en su dibujo de la niña con el globo de corazón. Ya ves que aún nadie ha podido averiguar lo que querían significar con aquellas manos tras 94 siglos, aunque al menos sabemos la técnica que utilizaron. Así que los misterios de los grafitis forman una parte esencial de su arte y no los hemos inventado nosotros.

Tras la entrevista, constato que Siegfried tenía razón y no fueron sólo las pinturas rupestres donde se reflejaron recónditos grafitis, muchas otras civilizaciones dejaron muestras similares, tales como la costumbre romana de pintar y esgrafiar muros y columnas con consignas políticas, mensajes de amor y burlescos.

Me he adentrado en este mundo bello y fantasmagórico de los artistas urbanos tratando de alcanzar un poco del saber que destilan sus obras, y os puedo decir, mis queridos lectores, que yo que hasta hace bien poco despotricaba contra quienes tenían la osadía de alterar el equilibrio de un paño de mampostería, ahora es probable que los contrate para que decoren una parte de mi vida. He descubierto en esta aventura un arte sencillo y fresco en el que nuestros artistas tratan de construir retratos, no simples símbolos. Y lo logran con un equilibrio entre lo sentimental y lo que su razón les impulsa. De este modo arrancan del corazón sus sentimientos y los exponen al mundo para purificarlos.

Porque un grafiti es también una poesía muda… y sabe guardar sus secretos como el más celoso confesor.

*(F. A. **Juan Mata Hernández**, c.t.)*

ANÁLISIS
"Golpe de Estado lingüístico y educativo"

Juan Mata Hernández, 16 de diciembre de 2018 a las 06:30

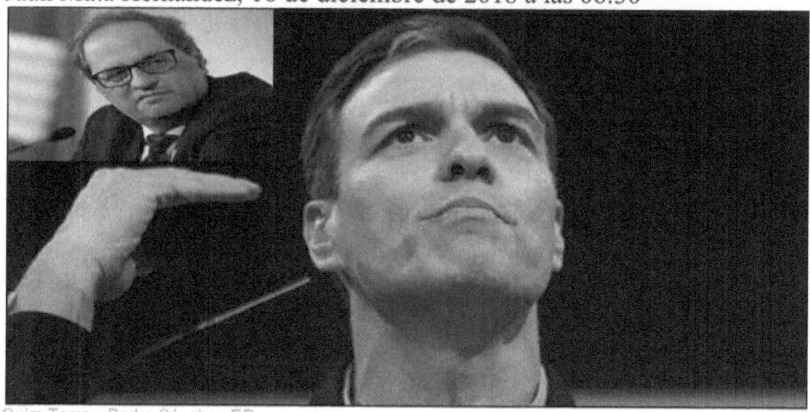

Quim Torra y Pedro Sánchez.EP

OPINIÓN |

El castellano es la lengua española oficial del Estado. Todos los españoles tienen el deber de conocerla y el derecho a usarla. Así describe el artículo 3.1 del Título Preliminar de la Constitución el derecho y obligaciones de todos los españoles con respecto a nuestra lengua común. Norma sobre la lengua que, de un modo flagrante e incluso denigrante para quien osa exigirla, se incumple cada vez más en buena parte del territorio nacional.

Mis dos nietos son de Barcelona, o sea españoles, europeos y de Pangea, como muy bien dice el mayor, que tiene ahora diez años. Y no digo catalanes, aunque hayan nacido en esa región, porque no tengo claro si por decirlo así alguien pensara en otra cosa. En realidad, si no fuera el deseo de mi nieto una utopía, me hubiera gustado que mi descripción se limitara a Pangea y ni tan siquiera hablar de españoles o europeos.

Pero claro que es importante la lengua, ese maravilloso sistema de comunicación verbal y escrito desarrollado por la especie humana, que ha contribuido decisivamente a la civilización y al desarrollo. Tan fundamental es, que quizá fuera uno de los escasos atributos por los que pudiéramos considerarnos superiores a los demás seres vivos. Pero ha habido, hay y habrá muchas lenguas. Han servido para formar y enriquecer culturas, diferenciar grupos y hasta distinguir estamentos

26

sociales. Muy probablemente haya actualmente en el mundo, muchos más idiomas de los que serían precisos para unir a la humanidad en ese gran Pangea del que habla mi nieto.

Hace diez años, cuando nació mi primer nieto, una de las visitas de congratulación en la clínica me preguntó muy interesada, si yo preferiría que estudiara en un colegio con clases en catalán o en castellano. Me sorprendió sobremanera aquella pregunta por el tono capcioso y fuera de lugar, pero no lo dudé un instante. Respondí que por supuesto desearía poder comunicarme con mis nietos y, como yo desconozco el catalán, optaría por el castellano, pero además y pensando en su propio interés, me gustaría que también dominara el inglés por ser la lengua de los negocios, y a poder ser el mandarín porque muy probablemente lo será en el futuro.

Sin duda tendría la oportunidad de comunicarse también con mucha más gente, más de mil millones. En cuanto al catalán, terminé diciendo, no me parece mal que lo conozca puesto que su padre y sus avis lo hablan, siempre, claro está, que no le restara tiempo para otros conocimientos prioritarios. Pienso que la capacidad humana es limitada y no me gustaría que por esmerarse en dominar una lengua minoritaria, dejara de aprender materias de mayor trascendencia. Pensaba que él terminaría entendiendo el catalán con solo hablarlo con su padre y sus avis, sin necesidad de dedicar mucho tiempo lectivo a perfeccionarlo, de igual modo que yo entiendo el bable como reminiscencia de mi infancia y juventud en Gijón.

Reconozco además que disfruto cuando me sale el acento asturiano si estoy por allí de vacaciones, pero no me preocupa desconocer el significado de algunas palabras si para evitarlo hubiera tenido que dejar clases de matemáticas, física o filosofía. Dejaría ese estudio más completo para los filólogos o quienes estuvieran interesados en conocer y enseñar esa cultura. Sin embargo en Cataluña, la realidad ha ido mucho más lejos de lo que se pretendía en la Constitución y los derechos de los alumnos castellanohablantes se desprecian, al tiempo que, en la calle, la presencia del castellano se elimina e incluso prohíbe en establecimientos comerciales. Parece claro que se ha conculcado torticeramente la Constitución, o sea un golpe de estado lingüístico.

Como un virus contagioso ese proceso se extiende también hacia otras regiones y vemos que en La Rioja se plantea la obligación del euskera;

Cuidando nietos

en Mallorca, Valencia e incluso Aragón se estudia imponer el catalán, etc... Se habría evitado este «bataclán» si hubiéramos aplicado la norma imperante en cualesquiera de las naciones que nos rodean, léase, Francia, Alemania, Italia... donde se impone la lengua oficial por encima de cualquier otra.

De no ser así, la deriva nacionalista terminará por obligar a estudiar el bable en Asturias, la fabla de Aragón, el árabe en Andalucía, o el castúo en Extremadura.... ¡Bendita sea..., qué país el nuestro! Dejaremos la filosofía u otras ciencias pero podremos hablar con el vecino en nuestra lengua vernácula sin que se enteren los que nos acompañan, así que, además de maleducados, seremos incultos.

Es curioso y sintomático que el libro de los libros, la Santa Biblia, se refiera a la confusión de lenguas como una de las mayores desgracias acaecidas en un momento sobre la humanidad. Fue tras el diluvio universal, cuando Dios nos condenó a expresarnos cada cual en un idioma diferente. Esa profusión de lenguajes, como castigo divino al orgullo humano, produjo de inmediato que se acabara el entendimiento y la concordia del grupo de personas que trabajaban para alzar la gran torre, el objetivo común que libraría sus vidas en caso de repetirse el gran diluvio. Seremos pues un buen ejemplo del castigo divino, pero nos lo habremos ganado a pulso o, más exactamente, nos lo habrán servido en bandeja una colección incalificable de políticos sin cabeza.

Golpe de estado educativo

Todos los españoles tienen los mismos derechos y obligaciones en cualquier parte del territorio del Estado. Así describe el artículo 139 del Título VIII de la Constitución el derecho de todos los españoles a participar, entre otros, en el acceso a la cultura en igualdad de condiciones, independientemente del lugar en que se resida. Norma aplicable a la educación sobre la que, de un modo flagrante, con notorias faltas de rigor, menosprecio de la historia, de los valores y de los héroes u hombres ilustres de nuestro país, se adoctrina a la infancia y a la juventud en Cataluña con una visión sesgada cuando no falsa o negativa de los mismos. Como consecuencia se ataca la propia Constitución a través del menosprecio a la bandera, el himno nacional, la forma política o la jefatura del Estado.

28

Se considera que la clave para el cambio de una sociedad reside en la reforma de sus sistemas educativos y es ahí donde el nacionalismo catalán ha ido maquinando para ofrecer un mundo diferente y supremacista. Una verdadera toxina educativa que no conduce más que al desorden, la frustración y el engaño. El simple hecho de utilizar la exclusión de quienes desearan utilizar el castellano, sería suficiente razón para retirar esa competencia.

Llama la atención el modo de establecer «verdades» aunque se trate de visiones iluministas que nadie, salvo quien las edita, comparte. Al imponer su realidad, la enseñanza separa de un modo trágico a las juventudes de unas Comunidades de las otras, como si repitiéramos el castigo, ahora sin sentido, de aquella Babel de lenguas. Sólo que aquí además, trasgrede los límites de la ingenuidad política, destrozando un sistema que debiera presumir de democrático precisamente por tratar de aunar las emociones, las impresiones y los pensamientos de toda la nación.

Y las consecuencias ya se viven en multitud de familias desde que se inició el movimiento político nacionalista del 1-O. Curioso absurdo que tolera y anima la despreciable pompa de quienes dicen luchar contra «la casta» desde suntuosos chalets, o ingeniosos políticos emigrantes de lujo, en magníficas villas casi feudales de Flandes. Nos están convirtiendo con nuestra cándida pasividad en ingeniosos juguetes que votan periódicamente para mantener o elevar a algunos hombres ambiciosos, ricos y ociosos, que se labran el futuro con riesgo del de nuestros nietos.

La solución debe ser inmediata y firme

Para poder luchar por la libertad y la cultura de nuestro país no circunscrita a los intereses de grupos nacionalistas o de extrema izquierda, sería necesario, promover una educación con textos similares que reconozcan las especificidades, pero respeten y valoren el conjunto, en todos los campos. Permitir que cada cual elija en libertad el centro y la lengua con la que desee estudiar, sea el español, el inglés, o el que nuestra Constitución permita en cada Comunidad. Pero para poner ese orden, se hace preciso centralizar previamente y de inmediato todo el sistema educativo.

Pienso que se ha hecho excesiva «dejación de funciones». Y ese «golpe de estado lingüístico y educativo» a que hago referencia, ha sido el fruto maduro de tan absurda e insensata candidez. Esta vez el vaso está colmado y rebosando odio y no se puede ni debe consentir ni un minuto más que ese veneno emponzoñe la convivencia. Pero ni siquiera harían falta nuevas elecciones si la sensatez imperara. Quizá muchos de los parlamentarios atados a las decisiones de partido, podrían y deberían romper la disciplina de voto y cumplir con la Constitución que juraron respetar. Inglaterra nos acaba de dar en ese sentido una buena lección con la disparidad de apoyos entre los diputados conservadores hacia su líder.

La libertad es uno de los principales atributos de cualquier democracia pero la libertad de cátedra debe ir pareja con la libertad del alumno para descartar a profesores iluministas o descerebrados. Esos que pretenden imponer sus ideas por encima de los intereses de quienes, lo único que buscan es el conocimiento de la realidad para seguir aprendiendo.
(F. A. Juan Mata Hernández, c. t.)

ANÁLISIS

Juan Mata Hernández: "El Dios de los calvos"

Juan Mata Hernández, 22 de diciembre de 2018 a las 08:21

Adan y Dios en la Capilla Sixtina del Vaticano.EP

OPINIÓN | CARTAS AL DIRECTOR

Tengo un amigo que dice que él es ateo al 99%. Cuando nos reunimos para hacer una pequeña caminata y dialogar después, frente a unos cafés, trata de explicarme que sus grandes dudas se basan fundamentalmente, en que un mundo tan cruel e injusto, no puede estar bajo la tutela de un Ser infinitamente bueno que es tal y como ambos definimos a Dios. A poco del primer sorbo suelta ya su bomba de hoy en tono jocoso:

-Claro, tú crees en Dios porque eres calvo.

No acierto a comprender su broma y me sugiere con una seguridad rayana en la presunción:

-En el libro de los Reyes de tu Biblia, Dios provoca la muerte de cuarenta y dos jóvenes, por el único motivo de reírse de un calvo, que era el profeta Eliseo. Busca en internet y verás que es cierto lo que digo.

Se refiere a unos párrafos de ese libro Santo (Reyes 2.23.24) que describe el suceso del siguiente modo: Después Eliseo se fue de allí a Betel. Cuando subía por el camino, un grupo de muchachos de la ciudad salió y comenzó a burlarse de él. Le gritaban: «¡Sube, calvo! ¡Sube, calvo!». Eliseo se volvió hacia ellos, los miró y los maldijo en el nombre del Señor. Al instante salieron dos osos del bosque y despedazaron a cuarenta y dos de ellos.

No se me ocurrió otra cosa que seguir el tono jovial de su comentario, mientras pasaba mi mano derecha por una cabeza recién afeitada, como hago todas las mañanas. «Menos mal que en Madrid no hay osos».

El ateísmo que impera hoy es el signo de una crisis de valores que afecta a todo y a todos y, a veces, son patologías consecuentes, la depresión y la angustia vital.

Me gustaría hacer este regalo de Navidad a mi amigo, pero no es fácil convencer a un ateo, a pesar de que la mayor parte están deseando que se les persuada. Y como ese argumento del Dios justiciero que protege a los calvos no me resultaba fácil de defender, con una visión del mundo actual, tuve que darle una vuelta completa a la conversación. Quiero anticiparles que no tengo más formación teológica que la asistencia a algunas conferencias del catedrático de teología Andrés Torres Queiruga y las que imparte en la escuela bíblica de Madrid, el agustino, Antonio Salas. Aunque he de confesar que ambos han producido un cambio en mi mentalidad cristiana muy positivo y que invito a compartir.

De la lectura de los escritos de ambos, Torres Queiruga y Antonio Salas, deduzco que el modo en que se desarrolla la liturgia católica está anclado en algunos aspectos, quizá hay una visión del pasado un tanto obsoleta y que probablemente se debiera ir superando poco a poco. Sirvan para ello los dos ejemplos que le expongo a mi amigo:

El infierno está vacío. La existencia del infierno es un dogma de fe y obliga a creer en ella, pero no entra dentro de la lógica del amor de un padre que cualquiera de sus hijos vaya a ser condenado eternamente. Más bien debiéramos argumentar que ese amor de Padre, que Jesús reflejó tan maravillosamente en la parábola del hijo pródigo, llevará al final a todos sus hijos más o menos cerca de Él. O sea que el infierno existe pero está y seguirá vacío.

La oración de petición no tiene sentido. No cuando se dirige a un Padre que conoce perfectamente lo que nos conviene a cada uno. Es más, podría incluso resultar ofensiva si la viéramos del siguiente modo: Imaginemos que en las oraciones de la eucaristía pedimos por los emigrantes que llegan a Europa en esas pateras ¿No es cierto que ellos son también hijos de Dios? ¿No lo es también que cualquiera de nosotros nos ofenderíamos si otros nos pidieran que hiciéramos algo por nuestros hijos? ¿Así pues, por qué recordar a un Dios Padre que debe ayudar a sus hijos necesitados?

Creo, amigo Jacobo, que a Dios no hay que meterle en nuestra actividad diaria. Es aquella eterna disputa teológica entre la inmanencia y la trascendencia que nos acerca al panteísmo en el primer caso y nos convierte en hormigas insignificantes y olvidadas por el Creador en el segundo. Es Él quien nos tutela. Dios no nos abandona nunca, aunque a veces no seamos capaces de entenderlo.

Pues bien, leer en la Biblia pasajes como este de Eliseo o el del sacrificio frustrado de Isaac no nos ayuda salvo que lo enfoquemos con una perspectiva diferente. A veces es pura pedagogía, pues se trata de señalar lo que quiere o no quiere Dios y lo que no se debe o sí se debe hacer. Alejarnos hacia la trascendencia absoluta de un Dios que hipotéticamente nos ama, pero que luego manda a los osos para castigar una travesura juvenil, no está en línea con lo que predica la Iglesia hoy. Ni Dios está pasivo y alejado ni pretende que le convenzamos con súplicas o sacrificios. Al menos eso es lo que pienso yo.

Procede una visión panenteista, curiosamente elaborada hace dos siglos por un masón, el filósofo alemán Karl Friederich Krause. Situaba a Dios equidistante entre la inmanencia y la trascendencia absoluta. Siempre a nuestro lado; Él lo sustenta todo; pide nuestra colaboración para el bien y no exige los ruegos para resolver nuestros problemas porque Él, conoce lo que nuestro libre albedrío nos llevará a obrar y lo respeta. Pero si Dios es Amor, no es lógico pensar que tolera el mal. El mal es sólo una consecuencia de las carencias humanas.

Para decirlo con las propias palabras del profesor Torres Queiruga, sería algo así como: «Pedirle algo a Dios equivale a invertir todo el movimiento, situando la iniciativa del lado humano y la pasividad del lado divino. Objetivamente nuestro lenguaje de petición está alimentando, a saber, a) que Dios podría ayudar, pero -por los motivos que sea- no quiere; b) que, en el supuesto de que la petición haya sido "eficaz", quiere sólo algunas veces, ayuda a unos sí y a otros no. El resultado es en ambos casos funesto».

Nos queda entonces como oración, un diálogo del hijo al Padre sobre nuestras tribulaciones, pero no sobre las de los demás. Y siempre la oración de alabanza y de acción de gracias.

Ya sé que no he convencido a Jacobo con este razonamiento, que quizá puede parecer pobre. Pero terminará siendo muy provechoso como catalizador de ese 1% de fe que conserva y, estoy seguro que comprenderá, incluso tras la lectura del libro de los Reyes, por qué no hay ningún Dios exclusivamente de los calvos.

*(F. A. **Juan Mata Hernández**, c. t.)*

ANÁLISIS
¿Y si la sexta extinción masiva no viniera del cielo?

Juan Mata Hernández, 22 de diciembre de 2018 a las 08:19

Universo

OPINIÓN | COLUMNISTAS

Mala cosa, cuando nos limitamos a mirar hacia el espacio para prevenir una catástrofe de dimensiones cósmicas. Me refiero a la noticia de que en los últimos días un meteoroide de entre 15 y 30 metros, ha rozado la Tierra sin que fuera detectada su presencia hasta el último momento. En realidad ese choque, de haberse producido, no habría tenido un efecto muy superior al que en 1908 provocó en Tunguska el impacto de otro de 20 metros de diámetro: una explosión equivalente a una bomba atómica de 20 megatones.

Es cierto que alguna teoría achaca a la caída de un asteroide de 10 km de diámetro, como principal causante de la extinción masiva de especies (entre ellas los dinosaurios) hace unos 65 millones de años. Pero también lo es que la Tierra parece haber sufrido ya, que se conozcan, unas cinco grandes extinciones masivas y que esa no fue ni mucho menos la que causó un desastre mayor en la vida de nuestro planeta, porque a esos efectos la medalla de oro la ostenta la gran extinción denominada pt (entre el final del periodo pérmico e inicio del triásico). Fue hace unos 250 millones de años y se llevó por delante al 95% de las especies marinas y al 70% de los vertebrados terrestres. Pero no fue ningún asteroide el culpable, pues se cree que el motivo se debió a efectos que podríamos llamar internos: una intensa actividad volcánica y un violento cambio climático producido por gases de efecto invernadero, algo que se comienza a parecer a lo que se está produciendo en la actualidad.

Así pues gran parte del enemigo lo tenemos en casa como si fuera un caballo de Troya dispuesto a abrir las compuertas de la sexta extinción. Sorprende, por lo menos a mí me admira mucho, el discurso ciego e interesado de algunos dirigentes políticos, que ignoran tercamente las advertencias de los científicos sobre la hecatombe que se avecina. El efecto del actual calentamiento global no alcanzará quizás ninguna de las medallas del pódium de la destrucción, porque se ha puesto ya el listón muy alto, pero eso es algo intrascendente para nosotros, pues para acabar con el género homo, tan limitado en muchos aspectos biológicos, no haría falta más que una mínima parte de lo que hemos citado.

Quizá convenga recordar que el 95% de la biomasa que se produce en el planeta corresponde a los organismos autótrofos, son ellos los que fabrican el alimento a partir del carbono de la atmósfera con el que nos nutrimos el restante 5% de seres vivos. La tala indiscriminada de árboles, los incendios y el cambio climático, amenazan precisamente más a estos organismos, que son nuestra fuente de energía. Soy consciente de que mis palabras pueden sonar a pesimismo Schopenhaueriano y no son estas fechas navideñas, las más apropiadas para pronosticar un futuro de dolor o un destino trágico. Ya bastantes temas del día a día abundan y alimentan la depresión. Lo único que pretendo es recordar con humildad, esta tarea urgente que tenemos ante nosotros, la de preservar las condiciones en que hemos recibido el planeta. Plantar un árbol sería la primera de aquellas tres que se nos encomendaban al nacer, yo añadiría la de dejar el coche y caminar todo lo que se pueda. Claro que otra de ellas, la de tener un hijo, al menos en España, también, pero de eso hablaremos en otra ocasión. Sería bochornoso tratar de explicar a nuestros nietos que no nos hemos preocupado en hacer nada para evitar que su mundo fuera inhabitable.

¿Y qué se puede hacer?

La energía solar que llega a la Tierra cada año es equivalente a 5×10^{17} kWh. lo que representa más de 30.000 veces el consumo energético mundial. Y aunque unas 2/3 partes cae en los océanos transformándose parcialmente en mareomotriz, hidráulica y eólica, aún restaría la suficiente para cubrir, junto con las anteriores, todas las necesidades de nuestra sociedad. Este es uno de los caminos a recorrer con prontitud y así lo han entendido los 197 firmantes del llamado Acuerdo de París de 2015, cuando se comprometieron a "limitar el calentamiento global a menos de 2°C, y lo más cerca posible a 1,5°C, por encima de los niveles preindustriales". De entre los 197 firmantes, 157 países, entre ellos España, son responsables del 95% del total de emisiones, aunque solo 58 de estos últimos han establecido objetivos de reducción de emisiones y 16 de los cuales pretenden ser incluso más ambiciosos.

Así pues, algo muy decisivo se está rompiendo en el mundo y parece que el Acuerdo de París era una actitud coherente para frenarlo, pero la retirada de los EE.UU. en junio de 2017 es una vacilación y un retroceso que, además de provocativa, puede ser un contrapeso negativo para el esfuerzo colectivo de los demás. La dificultad más radical está en la competitividad y hará falta voluntad generosa para superar la crisis. Por ello, la secretaría general de la ONU ha pedido, en la reciente reunión de Katowice, que se hagan todos los esfuerzos posibles, para cumplir con el Acuerdo por el bien de la humanidad.

*(F. A. **Juan Mata Hernández**, c. t.)*

Éramos lo que sois, lo que somos seréis: La libertad podrida

Juan Mata Hernández, 28 de diciembre de 2018 a las 10:11

Milicianos 'rojos' fusilan la estatua del Sagrado Corazón, en el Cerro de los Angeles de Getafe, en 1936.GC

OPINIÓN | CARTAS AL DIRECTOR

Hacía mucho tiempo que no sentía tanta vergüenza como la que he vivido los pasados días con los gestos, las reverencias y genuflexiones que ha hecho nuestro Presidente, no elegido, ante quien ha manifestado desprecio hacia España y lo español. A veces parecemos buscar la humillación deliberadamente y nos apartarnos de nuestro deber para lograr ciertos objetivos. Es evidente que la política es un mundo oscuro, diabólico y complejo.

El 1 de octubre de 2017, me despertó de un sueño. Traté de comprenderlo y miré hacia los últimos 40 años. ¿Qué había ocurrido?

Sencillamente nada extraordinario, al menos eso debió parecerles a nuestros gobernantes, cuando un grupo de iluminados plantearon un golpe de estado que llegó a proclamar la escisión de nuestra patria. ¡Cabe mayor infamia! La reacción fue esperar y ver, como si el pescado saltara él solo a la sartén. Pero aquello no se inició ese día...

Era el consecuente eco, a la voz de quien de verdad gobierna España, la resonancia de un proceso muy largo de entrega al nacionalismo fascista catalán y vasco por cuarenta monedas de plata, una por cada año de democrática libertad. En realidad, el precio de la traición a todos nosotros.

Quizá la mejor descripción sobre esta película de un suspense ficticio tan largo, fuera la escena de aquel cuadro medieval donde se representaba a tres hombres en un encuentro, durante una partida de caza, con otros tres personajes cuyos cadáveres andantes estaban ya podridos por los gusanos.

Uno agita su brazo descarnado armado con una hoz, otro eleva un martillo, y el tercero, en tono de advertencia, pronuncia ocho palabras: «éramos lo que sois, lo que somos seréis». Un fotograma de terror del modo en que la sociedad española se desangró en una cruenta guerra civil hace ochenta años.

Creíamos superada aquella etapa, hasta que el rencor de la izquierda radical lo ha resucitado. Si aquella «libertad sin ira» que cantábamos en el 76 se torna en radicalidad, parece evidente que recibiremos la herencia de los tres esqueletos.

La candidez con la que hemos llevado estos últimos cuarenta años, adormilados en el lema de Horacio, «carpe diem», tendría un calificativo en boca de mi padre, «pancistas»: evitar el dolor y buscar el placer, dejarse conducir y no preocupase de más.

Hemos contemplado estafas y escándalos sin cuento, de uno y otro signo político, mientras mangoneaban, chantajeaban y desespañolizaban nuestro país. Hemos votado para que nos gobernaran unos, pero decidían otros, los nacionalistas, a cambio de canonjías políticas. Su ideología, bajo la tolerancia del gobierno de turno, trató siempre de desfigurar los valores y de desvirtuar los signos de la unidad nacional.

¿Hay ahora más libertad que antes?

La respuesta a esa pregunta es compleja y muy subjetiva. Si les preguntáramos a muchos catalanes y vascos, nos dirán que envidiarían cualquier período anterior precisamente por la falta de libertad que está implantándose en esas regiones españolas.

Allí no hay libertad para manifestar su amor a España, escribir o expresarse en español, o decir que se valora cualquier costumbre autóctona como los toros, el folclore, o incluso a nuestro equipo nacional. Si eso es libertad, yo digo que está podrida.

Nada me sorprendería que muchos eligieran sin dudarlo cualquiera de los tiempos anteriores, incluida la etapa franquista a quien ahora quieren desenterrar, no sé ni por qué, ni para qué. Si tal es la importancia de mover la tumba de Franco, lo que importa a más no poder es determinar a quien más habría que desenterrar para ser justos y ecuánimes, ¿Qué opinan de Largo Caballero o de Companys? Pues el primero tiene una estatua en plena Castellana y al segundo lo quieren santificar, y nadie se rasga las vestiduras todavía.

¿Puede haber libertad donde hay manipulación masiva?

¡Decididamente no! Algunos medios de comunicación con intereses de parte, como alguna TV nacionalista, tratan de atar la voluntad de las personas, por medio de técnicas que encierran sus mentes en el entorno que ellos desean. Dice a este respecto un eminente profesor de ética, que sólo se manipulan los objetos.

Así que cuando se trata de manejar a las personas hay que convertirlas antes en objetos inanimados para poder dominar sus mentes. Con unos medios programados para manipular, no es difícil lograrlo porque pudren la libertad con información sesgada y falsa.

Esos manipuladores han decidido que no es conveniente que nuestros compatriotas se sientan orgullosos de ser españoles. Y lo están logrando, al menos según las encuestas del CIS, pues del 85% de los que nos sentíamos bastante orgullosos de serlo en 2007, hemos bajado al 77% en 2017 (gobiernos de Zapatero del PSOE y Rajoy del PP, mediante).

Éramos lo que sois, lo que somos seréis.

Hoy nos planteamos lo que representan esos tres esqueletos, que alguna vez seremos también nosotros, como la necesidad de un retorno a la ética. Y para ello debemos preguntarnos de qué modo debemos alejar de nuestra vida a esos líderes en la sombra: ¿Dónde comienza nuestra libertad y cuáles deben ser sus límites? ¿Cómo evitar nuevas fronteras para unos contra la libertad de todos? ¿Cuál es el legado que debiéramos dejar a los que son ahora como nosotros éramos? Yo no lo sé... pero no me gusta lo que estoy viendo acercarse.

*(F. A. **Juan Mata Hernández**, c. t.)*

"La Laboral de Gijón, un modelo de pedagogía jesuítica"

Juan Mata Hernández, 04 de enero de 2019 a las 06:30

Universidad Laboral de Gijón. EP

OPINIÓN | CARTAS AL DIRECTOR

«No se trata de formar a los mejores del mundo, sino formar a los mejores para el mundo. La excelencia de un profesional se mide ante todo con el parámetro del mayor servicio a la familia humana» (Adolfo Nicolás, SJ).

En 1534 Ignacio de Loyola fundó la Compañía de Jesús y a renglón seguido la encaminó decididamente hacia la docencia. Once años después se abría el Colegio de Gandía, el primero de educación jesuítica donde se enseñaba tanto a jóvenes jesuitas como a alumnos externos. Desde entonces su tradición pedagógica ha tratado de formar mentes, en busca de un mundo igualitario y unificado, para inculcarnos aquello de que el prójimo somos todos. ¿De qué se puede dudar respecto al resultado de algo que hicieran los jesuitas? De nada, y más si soy yo quien lo escribo.

No soy objetivo, lo reconozco. Cuando hablo de los jesuitas mi cabeza hace un "remake" de una buena parte de mi vida, porque tengo el honor de haber recibido la esencia ignaciana no sólo en el Colegio de la Inmaculada de Gijón sino también después, en el ICAI de Areneros.

Tengo buenos amigos de aquella época y además, mi pasión por la "Ratio Studiorum" jesuítica, me ha llevado a hacerla revivir en alguna de mis novelas como Hegelianam. Un "thriller", dicho sea de paso, de escaso éxito, si se mide por el número de lectores.

Desde el punto de vista actual, es prácticamente imposible convencer a la mayoría de los jóvenes, manipulados por el revisionismo de la izquierda radical y la dejadez de la derecha amilanada, de que hubo grandes obras y notables logros durante el gobierno de Franco. Las Universidades Laborales y más en concreto, "la Laboral" de Gijón, serían un claro ejemplo. Y lo fue más, sin duda alguna, porque tuvo el acierto o la perspicacia de dejar su gestión en manos de la Compañía de Jesús.

Es cita obligada para todo aquel que pase por Asturias, visitar la majestuosa construcción de "la Laboral", la obra cumbre del arquitecto madrileño Luis Moya Blanco; que aún es el edificio más grande de España y la última maravilla del clasicismo en Europa. Un impresionante complejo educativo que cobijó un modelo singular de formación que, desde su inicio en 1954, fue un experimento de éxito para reconocer, estudiar y adaptar a los tiempos actuales.

En la Universidad Laboral de Gijón se formaron los mejores especialistas en numerosas disciplinas profesionales. «Nos rifaban... bastaba con decir que venías de la Laboral para que todas las puertas se abrieran» comentan algunos de los veteranos. De allí salieron los mejores torneros, electricistas, mecánicos, etc. Pero no era sólo un lugar de estudio, y menos aún, para coleccionar títulos como en algunas universidades actuales. En "la Laboral" de Gijón se fraguaban hombres de provecho, con un espíritu colectivo y unos valores que les haría difícil pasar desapercibidos cualquiera que fuera su desempeño futuro. La revista de sus antiguos alumnos, La Torre, lo define así: «... pasar de manera justa, rigurosa, honrada y socialmente responsable por los entornos, laboral, social y familiar».

El teatro, de fachada helenística similar al Partenón, es singular por lo que representa y por el enclave en que se sitúa. «A mayor gloria de Dios, honor de la virtud, esplendor de las Ciencias y de las Letras...». Con voz solemne y trascendente comenzaba así cada año, en uno de los fríos días del invierno gijonés, la ceremonia de proclamación de dignidades del Colegio jesuita de la Inmaculada; un acto que tenía lugar en el teatro de "la Laboral". El padre prefecto lo iniciaba, vestido con su capa negra, y armado de voz imperiosa. El lugar no podía ser más idóneo: con un aforo de 1.756 butacas reclinables forradas con piel de cabra, fue el primer teatro climatizado de Europa. Los alumnos de "la Laboral" podían presumir de tener uno de los mejores auditorios; un lugar para aprender a expresarse y transmitir los conocimientos que adquirían.

Sólo el alumno creador es capaz de proyectar, de ahí que una de las mayores aportaciones pedagógicas de la "Ratio Studiorum" que implantaron los jesuitas, fuera la de hacer partícipes a los alumnos de su proyecto educativo: buscar la excelencia; aspirar a lo bello, lo útil, y lo perfecto. Pero además, con ayuda del teatro, la pérdida del miedo a explicarse y comunicar lo aprendido, una asignatura pendiente de la Universidad española de la que hablaré en otra ocasión.

La Laboral fue una obra de éxito durante los veinte años que siguieron con la Compañía de Jesús al frente; pese a ello, tras la muerte de Franco a finales de 1975, se cedió la dirección a personal docente de las Universidades Laborales. Estos sustituyeron a los jesuitas y, nunca mejor dicho, comenzó una cuesta abajo sin freno, que originó la decadencia y el deterioro de un Centro que había sido también el Instituto de educación Secundaria más grande de España, con más de 3.000 alumnos. En la década de los 90, la izquierda más intolerante se llegó a plantear su demolición. Si observan con atención en Afganistán los talibanes obraban de un modo similar, por ello su milicia ultra ortodoxa destruyó los dos colosos de Buda de Bamiyán. Quienes no son capaces de entender el valor de la belleza y el arte, ni reconocer la acción de quienes les antecedieron, suelen obrar así. ¿Quién sabe si detrás hubiera ido el Valle de los Caídos? o, ¡Dios nos libre!, El Escorial, pues a fin de cuentas fue una obra de los Austrias y ahora tenemos reyes Borbones.

Como recientemente indicó el catedrático Miguel Ángel Caldevilla, ex Secretario General de la Asociación de Antiguos Alumnos de la Laboral, el proyecto pedagógico que impulsaron los jesuitas fue, tras la muerte de Franco, archivado e incluso estigmatizado. La Laboral se abrió a Europa y, en mi modesta opinión, bien pudiera haber recibido cierto influjo de la Bauhaus alemana. Estuvo siempre enfocada a hijos de trabajadores de escasos recursos y sus alumnos recibieron una formación humana, técnica y social envidiable, nada sectaria, pues los jesuitas no lo habrían consentido.

La moral revisionista de la izquierda oculta equivocadamente este éxito pedagógico al verlo como resultado de una imposición franquista. ¡No fue así! El testimonio de quienes lo vivieron, nos confirma que aquella institución fue una historia de éxito que debe ser reconocida y no ocultada ni demolida.

La percepción de la inmensa obra que supuso la Laboral supone, aún hoy, un desafío enorme. Asumirlo con todas las consecuencias exige replantear la formación profesional como alternativa que integre arte y diseño, con igual o superior nivel al del bachillerato. Y, como en toda decisión trascendental, aprender del pasado, elegir a los mejores docentes y evitar la tentación de opciones extremas.

*(F. A. **Juan Mata Hernández**, c. t.)*

Geominero: El libro de la vida

Juan Mata Hernández, 11 de enero de 2019 a las 08:42

La TierraYT
OPINIÓN | CARTAS AL DIRECTOR

España es un país de ademanes. Nuestra alma, entre latina, mediterránea y árabe, tiende a veces a la hipérbole para exhibir nuestro «... y yo más» subdesarrollado. Pero, afortunadamente, no ha sido siempre así.

Hoy quiero hablarles de un museo singular: El Geominero de Madrid. Está situado en un edificio de estilo monumentalista que combina elementos clásicos con toques eclécticos y fue diseñado por el arquitecto Francisco Javier de Luque en 1921. Lo he contado muchas veces, porque también soy guía voluntario en este museo y en la Residencia de Estudiantes de Madrid. Mi actividad como orientador de los grupos, cada vez más numerosos, que nos visitan, comienza siempre en lo alto de la escalera de mármol blanco de Macael que es donde se ubica el Museo. Allí, frente a una vidriera obra de la Veneciana, explico que el museo Geominero es un signo de tolerancia singular, por haber mantenido en el tiempo los escudos de los tres regímenes políticos que gobernaron España desde su construcción hasta nuestra época. Para demostrarlo les señalo una parte de la vidriera, donde aparece el escudo de la II República Española.

-Observarán -señalo-, que en lugar de corona ese escudo tiene un castillete y que, arriba sobre la clave de los arcos ojivales, está la representación de la diosa República con su gorro frigio. Luego, cuando accedamos a la sala principal, verán también el escudo de Alfonso XIII en el centro de una gran vidriera, en semibóveda, obra de la casa francesa Maumejean.

Esto ya no lo digo allí, pero sí que les indico a ustedes que me sorprendió cuando mi amigo, Rafael, uno de los guías más veteranos de CEATE con los que comparto esta actividad, me contó esta anécdota de los tres escudos: El tercero, que era el del gobierno de Franco, estaba en la fachada. Así pues el museo contenía los emblemas de los tres regímenes políticos y, además, todos habían respetado los de quienes les antecedieron. ¿Sorprendente, verdad? Bueno, pues cuando ustedes vayan no busquen el de Franco porque ya lo han retirado. ¿A que eso no les sorprende tanto? Pues es algo parecido a que haya desaparecido su estatua ecuestre de la Castellana, mientras se instalaba la de Largo Caballero. Sí señores, el mismísimo instigador del golpe que en 1934 provocó la Revolución de Asturias con más de 2.000 muertos. Un tipo que amenazaba con "... hacer la Revolución violentamente" y que en 1933 hablaba ya de guerra civil entre patronos y obreros. Pues la efigie de este modelo de convivencia aparece a escasos metros de donde estaba la del general.

En el polo opuesto, si un día van de visita por Bélgica, verán multitud de monumentos, calles y plazas, con los nombres, escudos y estatuas de Carlos I, Felipe II y hasta Carlos II, y llama la atención que los hayan conservado porque, como bien sabrán, los tercios del duque de Alba eran tan poco queridos por aquellos lares que para asustar a los niños aún se utiliza aquello de «... ¡que viene el duque de Alba!». Probablemente Bélgica y Holanda no son países de ademanes tan absurdos, como calificábamos al principio al nuestro. Ciertamente se aprende mucho viajando. Nos hace comprender que el olvido es lo más importante para convivir con todo cuanto sucede y nos rodea en el momento actual. Y que cualquiera, por contrario a nuestras ideas que se hubiera mostrado, tiene siempre un punto de verdad que merece ser contemplado.

Dicho lo cual toca hablar hoy, del libro de la vida y del magnífico escaparate que para estudiarlo, constituye el museo Geominero de Madrid. La exposición se reparte entre la nave central y tres balconadas. En total hay unas 250 vitrinas donde se exponen fundamentalmente fósiles, minerales, rocas, dos de joyas y otras de meteoritos. Actualmente se exhibe también un monográfico sobre el ámbar, que como saben, es resina fosilizada que a veces, contiene restos de insectos atrapados de hace millones de años. Así se ha podido conocer que había garrapatas que vivían parásitas de los dinosaurios, y que estos tenían plumas. Otro aspecto más popular, aunque ilusorio, es que de esos insectos se pudiera extraer el ADN con el que dar vida a aquellos seres fabulosos del mesozoico.

La Tierra es, que conozcamos, el único mundo donde se ha desarrollado el milagro de la vida. En el museo encontramos un libro, escrito en piedra, para ayudar a saber por qué nosotros estamos aquí hoy. Cada una de esas vitrinas es una hoja de las 250 que explican la evolución. La historia de la Tierra comienza hace 4.567millones de años (quien sepa jugar al mus no lo olvidará, pues basta recordar que la Tierra tiene "las de perete": 4, 5, 6 y 7). Pero entonces la temperatura superaba los 1.200 °C y la atmósfera era una mezcla de dióxido de carbono, nitrógeno y vapor de agua. El planeta recién nacido era un interminable océano de lava donde no era posible la vida.

Hace uno 4.000 millones de años, una lluvia de meteoritos con agua helada, parece que pudo transportar también, el carbono y las proteínas primitivas, con los aminoácidos que forman el ingrediente vital de la vida. Así que cuando beban hoy, recuerden que esa agua tiene miles de millones de años y no se formó en la Tierra. Muchos científicos mantienen que fue así cómo se llenaron los océanos. La actividad volcánica submarina formó un plancton químico en el que los aminoácidos y las proteínas se unieron para generar vida. De esta gran sopa de bacterias unicelulares se han encontrado restos de colonias fósiles de hace unos 3.600 millones de años que formaron lo que se denominan estromatolitos. Se cree que eran cianobacterias que, por fotosíntesis, liberaban oxígeno y captaban enormes cantidades de dióxido de carbono, transformando la atmósfera inicial en otra rica en oxígeno, más similar a la actual.

La irrupción imparable de la vida cambió el panorama de nuestro planeta. Al menos el de nuestro libro fósil, que despertó en la llamada explosión cámbrica, un auténtico «big bang evolutivo» de hace 540 millones de años.

Desaparecieron los organismos ediacáricos que habitaron los 100 millones de años anteriores, y en los nuevos seres apareció la curiosa «simetría bilateral» que divide el cuerpo de los seres vivos que precisan moverse en dos mitades idénticas. Esta forma tan singular, que caracteriza a todos los vertebrados, nos facilita el movimiento en una u otra dirección en busca de comida. Si se rompiera nuestra simetría, como ocurre en las plantas, se dificultaría el movimiento. Si un pájaro moviera más un ala que la otra, volaría en círculo.

Luego llegaron, una y otra, hasta cinco grandes extinciones masivas obligando a los seres vivos a hacer flexiones y reflexiones (todavía animales) para sobrevivir adaptándose a cada nuevo entorno. Y ¿Cómo pudo el ser humano llegar a convertirse en rey de la Tierra? Yo no lo sé y dudo que alguien lo pueda explicar con rotundidad porque en cualquiera de esas grandes catástrofes pudieron producirse cambios decisivos contrarios a nuestra evolución. No disponemos de información pero tampoco de argumentos.

Simplemente la evolución nos trajo hasta aquí e hizo que fuéramos capaces de estudiarla y prever de algún modo lo que se avecina. Esperemos que no sea necesario un nuevo «big bang evolutivo» que nos haga más sensatos y generosos para evitar nuestra propia extinción.

*(F. A. **Juan Mata Hernández**, c. t.)*

Francisco A. J. Mata

"El administrador del Rey"

F. A. Juan Mata Hernández, 16 de enero de 2019 a las 11:32

El Rey Felipe VI escucha a su padre, Don Juan Carlos de Borbón.EP
OPINIÓN | CARTAS AL DIRECTOR

Eran los últimos años del siglo pasado y yo comenzaba a escribir. No se trata de confesaros que acabara de terminar mis cuadernos de caligrafía, no era para tanto. Simplemente tuve la oportunidad que me brindó el reto de un amigo, para atreverme a plasmar sobre papel las vivencias de un singular Camino de Santiago. A estas alturas de la vida ya me falla la memoria, pero diría, por lo del bordón y la calabaza, que representaban el 9 y el 3 en manos del "Pelegrín", la mascota del primer "Xacoveo" moderno, revitalizado por el Presidente de la Xunta, Don Manuel Fraga Iribarne. De regreso del Camino ya tenía mi primer libro completo, un relato hervido de anécdotas que reflejaban los avatares de un agradable grupo de dieciocho peregrinos. Luego fueron llegando muchos más.

Omití indicar que, por aquel entonces, yo trabajaba en el Banco Atlántico y uno de mis compañeros y amigo era José Rubio, gerente de una empresa de aparcamientos filial del Banco y antiguo director de nuestra oficina de la calle Velázquez. "Pepe", como le llamábamos coloquialmente, era un gran profesional, pero además era un hombre bueno en todos los sentidos. Un día me contó que, estando en su despacho de dirección, recibió una llamada en la que se le solicitaba acudir al palacio de la Zarzuela, para una entrevista con el rey Juan Carlos. Imagino que se sintió agobiado, yo al menos lo hubiera estado, pero Pepe era un hombre tranquilo. Seguramente se cambiaría de corbata y quizá de traje y camisa, más allá no creo. Luego se dirigiría hacia el palacio meditando sobre lo que le pudieran preguntar y lo que podría o no responder.

No sería indiscreción si les contara los prolegómenos y motivos de aquella llamada porque son públicos: A la sazón, el Banco Atlántico había tenido origen a principios del siglo pasado, cuando en 1901, los hermanos Francisco y José Nonell Feliú, que desde 1885 gestionaban una Casa de Cambio en Cuba, optaron por trasladar su sede a Barcelona. El capital inicial fue de 50.000 pesetas de la época y lo denominaron « Banca Nonell, Rovira y Matas» (no busquen similitud con mi apellido que tuvo origen en los Mata de la Provenza y el Rosellón). Tras pasar sin pena ni gloria los períodos de la Monarquía de Alfonso XIII, la dictablanda de Primo de Rivera y la nefasta II República, en 1946, de la mano de Don Juan Claudio Güell y Churruca, conde de Ruiseñada, cambió su nombre por el de Banco Atlántico.

Bueno, pues ya tenemos la conexión realista, porque el conde de Ruiseñada fue presidente del club monárquico Amigos de Maeztu, y uno de los nobles que, en una reunión de julio de 1954 en Estoril, convencieron a don Juan de Borbón para que su hijo Juan Carlos estudiara en España. Evidentemente, al tiempo, como buen catalán, aprovechó la oportunidad para que fuera su banco, el Atlántico, una de las entidades desde donde se coordinarían las finanzas del futuro Rey. Aquella cuenta se abrió precisamente en la oficina que dirigía mi compañero y amigo José Rubio.

Vivimos en una era donde estamos obligados a poner nuestra confianza en muchas personas a las que ni siquiera conocemos. Lo hacemos al subir a un avión o un tren AVE, cuando vamos al médico, y en muchas otras ocasiones que no viene a cuento relatar ahora... Ponemos, digo, nuestra propia vida en manos de esas personas, ¡qué no debiéramos hacer cuando se trata de nuestro honor! Porque en el origen, en la gestión y en el destino de nuestra economía, subyace a veces el miedo a la maledicencia y al consiguiente descrédito. Corresponde por tanto ser muy cauto a la hora de decidir quién y cómo van a gestionarse nuestras inversiones. Y don Juan Carlos lo comprendió al momento. Por eso la conversación que debió tener lugar aquel día en la visita de Pepe a la Zarzuela, pudo ser algo así como lo siguiente:

«Don Juan Carlos: Gracias por venir, señor Rubio, le he pedido esta reunión porque veo que durante los últimos años usted ha gestionado muy bien mi cuenta».

«Pepe: ¡Ah!, era eso. Bueno, majestad, lo hemos hecho lo mejor que hemos sabido, y más tratándose de usted. Mañana le enviaremos un detalle de todos los movimientos y la posición del saldo. Pero si le corre prisa puedo hacer que se lo envíen hoy mismo».

«Don Juan Carlos: ¡No, José! Si lo que querría pedirte es que igual que administraste la cuenta del Príncipe lo hagas a partir de ahora con la del Rey. Y no me llames majestad -le debió advertir el Rey, con una sonrisa afable».

«Pepe: Sí, majestad, será para mí un honor -seguramente respondió así, olvidando la petición del Rey».

De un modo similar al reseñado debió ser cómo José Rubio se convirtió de buenas a primeras en Administrador del Rey. Y don Juan Carlos no había podido elegir mejor, porque Pepe era el paradigma de la nobleza, bonhomía y honradez, pues siempre miraba de frente con la seguridad de quien lleva la mente limpia y las ideas bien claras.

Un día, durante el almuerzo posterior a algún consejo de administración de la empresa de aparcamientos, Pepe estaba a mi lado ojeando la última de mis novelas, recién publicada. Me miró y dijo, «¿Quieres que le lleve un ejemplar al Rey?». «¡Coño, Pepe, vaya pregunta que me haces, pues claro que sí!» Yo no soy un ferviente monárquico pero soy Juan carlista hasta la médula. Y vaya si se la llevó, al poco tiempo me llegó de vuelta una carta autógrafa en la que el Rey me daba las gracias por el presente y la dedicatoria. Aquél ejemplar era el primero de una trilogía templaria que me permitió ahondar en los secretos y virtudes de la Orden medieval, pero lo mejor que obtuve de su publicación fue la carta de don Juan Carlos.

Uno de estos últimos días me topé en la Plaza de Castilla de Madrid con un grupo de gente joven que había colocado una mesa con unas urnas, donde pretendían hacer un simulacro de votación sobre la aceptación de la monarquía en España. Digo yo que algo así de confiable como el pretendido referéndum del 1-O. Uno de los muchachos se me acercó y me pidió que votara. Lo hice a favor del sistema monárquico, con cierto asombro del joven que esperaba justo lo contrario. Luego, en un aparte, expliqué mis motivos: « Ha habido en España tres repúblicas, aunque las dos primeras no avanzaran el dígito correspondiente, la primera, en febrero de 1873, apenas duró 11 meses y tuvo 4 presidentes, fue la llamada Federal, debido a que sus cuatro dirigentes pertenecieron al partido de esas siglas; la segunda, denominada república unitaria, tampoco llegó al año y en realidad fue una dictadura del general Serrano (ruego a doña Carmena que, por favor, no le quite el nombre a la calle homónima de Madrid por este motivo). En cuanto a la tercera, o sea la denominada II república de 1931, de infausto recuerdo, se proclamó tras el pucherazo en el recuento parcial de unas elecciones municipales, donde se eligieron a apenas 5.875 concejales republicanos, frente a 22.150 monárquicos. Tuvo como reacción económica una fuga inmediata de divisas y un 20% de depreciación de la peseta. La inacción del gobierno permitió desde la quema indiscriminada de conventos y establecimientos religiosos hasta la llamada Revolución de octubre de 1934, en que dos regiones de España proclamaron su independencia por la fuerza, y llevaron a la muerte a más de 2.000 contendientes. Visto así, ¿quién, en su sano juicio, abogaría por una III o, como correspondería llamarla, IV República?»

José Rubio me hablaba a menudo del Rey. «Es un hombre auténtico y humano. Siempre halla el tono justo entre la broma y la moralidad. Yo te aseguro que tenemos el mejor rey. Paciente, sereno e inteligente. Un rey tan bueno como pocos anteriores, y que, por ello, deslegitima a cualquiera que intente ensuciar su imagen».

Pepe ya falleció y nadie podrá preguntarle de nuevo por aquella etapa que él consideró tan afortunada. Un día feliz en que un rey le pidió que fuera su administrador. Yo me quedo con sus palabras, la dedicatoria de don Juan Carlos y el recuerdo imborrable de mi amigo.

*(F. A. **Juan Mata Hernández**, c. t.)*

ANÁLISIS

"Ni Carmena, ni Carmona ¿Qué hay del Teatro de Madrid?"

F. A. Juan Mata Hernández, 24 de enero de 2019 a las 10:46

Carmena y la A-5
OPINIÓN | COLUMNISTAS

Ni las pintadas, ni el botellón, ni el tiempo que lleva cerrado expresan lo que debiera ser y no es hoy el Teatro de Madrid. Y no se podrá alegar en este caso "desconocimiento", pues el portavoz del grupo del PSOE en el Ayuntamiento de Madrid, don Jaime Lissavetzky, denunciaba en 2014 al gobierno municipal, entonces del PP, del «... grave deterioro que sufre el Teatro de Madrid», en su opinión, «... a causa del abandono y la desidia». Señalaba que el centro estaba cerrado desde tres años antes y que la suciedad, las pintadas y los cristales rotos se habían apoderado de una sala que fuera símbolo del proyecto: Madrid Capital de la Cultura Europea, en los años noventa. El caso es que serían ustedes, señores del PSOE, socios ahora de Podemos en el ayuntamiento, quienes debieran responder a esa desidia y abandono de cuatro años más ¿Con qué cultura han regado para enlucir uno de los, según sus palabras, «... mejores escenarios de Madrid» Pero claro, no son los problemas lo que importan, sino el poder que se pretende alcanzar con su denuncia.

Les recuerdo que está situado en el que sería, al menos teóricamente, uno de los graneros de voto socialista, el populoso Barrio del Pilar. No comparo, no denuncio, sólo contemplo y deduzco que las proclamas políticas son, casi siempre, temporales, interesadas y demagógicas.

Después de todo, y ya desde el Imperio Romano, los votantes queremos pan pero también circo.

Hay un sentido de irrealidad y un reflejo de incultura que no ayuda tampoco a la confianza en los políticos que presumen de pretender alejarla. La solución a esta situación ya no debe ser sólo una aspiración; es una decisión impostergable, un desafío que nos atañe a todos. A la vista de ello, y porque imagino que no tienen ni buscan ideas sobre cómo eliminar ese purulento grano que tienen en la Vaguada, querría hoy presentarles alguna.

Si nos planteamos que la vida no pasa de ser una ficción, o un sueño, como decía Calderón, no está de más que todos aprendamos a soñar. Y para ello necesitamos instrucción, técnica, tablas... en fin, lo que aporta por arrobas el teatro. He tenido la suerte de leer el borrador de una tesis extraordinaria sobre la necesidad de introducir el teatro en el arte, el diseño y la educación; por ello, al contemplar el derroche cultural que supone la situación actual del Teatro de Madrid, me pregunto si las reiteradas Leyes de Educación, tanto nacional como autonómicas, no debieran dar mayor protagonismo e importancia a esta asignatura.

No resulta fácil ni barato construir un teatro, y de ahí la necesidad de preservar los que ya tenemos. Queda el asunto de la rentabilidad, tan necesario siempre para justificar una obra que no se quiera medir en gradientes de cultura. Para satisfacer ese extremo, tendríamos la opción de convertirlo en un centro de interpretación colegiado con las universidades madrileñas, que compartirían y financiarían alícuotamente su recurso. Del mismo modo se podría integrar también con los institutos más próximos, como el Príncipe Felipe, el Gregorio Marañón, Isaac Newton, etcétera. Un aula de formación e interpretación, abierta al público los fines de semana, con programación innovadora, como una nueva vanguardia europea digna del movimiento filosófico que Dalí y Lorca iniciaron con sus «putrefactos»; algo que daría vida y nuevos horizontes al Teatro de Madrid.

Ya sé que hay instituciones modélicas como la Universidad Antonio de Nebrija, o la Sur Uc3M, donde se percibe cierta sensibilidad hacia las artes escénicas, y que incluso se producen representaciones teatrales periódicas de una u otra en el Teatro Cofidís y en el espectacular centro de Bellas Artes, pero no veo que muchas otras Facultades o Escuelas

Técnicas hayan integrado en sus Planes de Estudio, todavía nada que facilite la expresión del conocimiento que reciben los alumnos. La puesta a disposición del Teatro de Madrid como medio para ello, podría ser un buen argumento.

El miedo escénico

Cuando a un titulado universitario le preguntan sobre algo de su competencia, suele contestar adecuadamente. ¿Por qué? Debido a que ha estudiado y conoce la respuesta. Sin embargo, cuando debe exponer en público sus conocimientos, no siempre se desenvuelve con igual soltura. Perder el miedo a hablar en público y saber expresarse es básico para la vida laboral, pues habrá que presentar planes, proyectos, conferencias, ruedas de prensa,... Y las artes escénicas son una de las posibles respuestas.

La ansiedad que provoca dirigirse a un grupo numeroso de gente suele ser algo normal, incluso para quienes lo hacen a menudo. Pero podría llegar a convertirse en un problema grave, la glosofobia, o miedo extremo a hablar en público. Es una enfermedad más habitual de lo que uno pudiera imaginar y causa de graves problemas de relaciones sociales, y laborales. Quizá fuera este uno de los principales miedos que tenemos los seres humanos. Se ha llegado a decir, trivializando el problema, que en un funeral, la mayor parte de las personas preferirían estar dentro del ataúd antes que tener que salir al ambón para hablar sobre el difunto.

¿Y es algo que el teatro podría resolver? Claro que puede, con aprender a ver que no somos nosotros quienes estamos en el escenario sino el personaje que creó el autor. En una obra cómica acabaríamos riéndonos de nosotros mismos y entonces el miedo estará superado para siempre.

Estoy cansado de repetirlo en la clase de teatro que se organiza en el Colegio Virgen del Pilar. Allí, hace unos pocos años, Beni, una monja de la Compañía de María, nos trajo la clase de teatro para la escuela de adultos, y el resultado fue un éxito total. Hoy rara es la alumna que no desea participar y enriquecer su experiencia asumiendo un papel en cada obra. En vísperas de la próxima Semana Santa representaremos una comedia asturiana escrita por mí, «El duende del Kierche» a la que todos ustedes, usted también señor Lissavetzky, están invitados. Claro que el aforo del patio del colegio es muy limitado y nos condicionará. Por eso nos hubiera gustado, pues somos algo utópicos, poder representarla en un escenario como el del Teatro de Madrid, pero me temo que no llegarían ustedes a tiempo para adecuarlo, por más que les interesara políticamente, pues las próximas elecciones municipales y autonómicas están muy cercanas.

*(F. A. **Juan Mata Hernández**, c. t.)*

Francisco A. J. Mata

ANÁLISIS

«Villarejo. No somos espíritus puros»

F. A. JUAN MATA HERNÁNDEZ . 25 Ene 2019 - 13:39 CET

Los comisarios Villarejo y García Castaño 'El Gordo'.EP
Archivado en: Baltasar Garzón | Caso Villarejo | Columnistas | Dolores Delgado | José Manuel Villarejo | Rodrigo Rato | Sacyr

Me vienen a la memoria momentos gloriosos de esos que enriquecen los recuerdos. Me quedé con la mirada perdida y la sonrisa entre los labios recordando aquella frase que Javier, el director general de una entidad de leasing, le dijera a mi amigo Dionisio, entonces jefe de contabilidad de la misma: «Sí. Y deduzco que tú tampoco eres espíritu puro», respondió, cuando Dionisio, que salía de los Servicios de caballeros, le espetó sin pensarlo demasiado mientras le cedía el paso al mingitorio: « ¡Hombre, Javier, tú también por aquí!». El caso es que mi amigo era algo tímido y, Javier, un jefe serio, circunspecto y de pocas palabras. Así que la expresión fue de esas que te salen cuando no eres capaz de sujetar la lengua porque parece que hay que decirle algo al Jefe. Pero nunca fue una frase tan acertada, porque cualquiera dudaría que otro fuera un espíritu puro. Y es que yo creo que ni los que el Vaticano proclama santos, podrían presumir de tener un espíritu puro, tal como lo entendemos en este mundo.

En tono de broma, el martes pasado en un popular programa de TV, dos conocidos invitados confesaban que «habían robado alguna vez en unos grandes almacenes», eso sí «cosas pequeñas» añadían. Pero, tras las bromas de rigor, afirmaban que irían al día siguiente a compensar a la empresa devolviendo el importe sustraído... Bueno, es un ejemplo estúpido que me salta según escribo este artículo, pero tan real como la vida misma, y no me resisto a incluirlo porque alguno de ustedes hablaba días pasados sobre «apropiación indebida».

Y, bueno, se preguntarán, ¿de qué nos va a hablar hoy éste? Pues simplemente de eso. De que no busquemos por ahí un espíritu puro, un hombre o mujer libres de mancha para dirigir un ministerio, un gobierno o una empresa. La semana pasada hablaba de una especie de «caza de brujas» sobre las «black» contra Rodrigo Rato y argumentaba que «aquello, aunque estuviera mal, se había desbocado». Quizá también por lo de que todo el mundo tiene siempre una parte de razón.

Pero hoy viene a cuento con las serpientes que salen del cesto de un señor llamado Villarejo que se ha dedicado, según parece, a investigar a mucha gente, por su cuenta o por la de terceras personas. No es algo nuevo, desde luego, porque el espionaje es, probablemente en dura competencia con la prostitución, el «trabajo más viejo del mundo». Recuerden cómo los filisteos averiguaron gracias a Dalila la debilidad de Sansón. Es un instrumento de poder que ha existido y se ha utilizado como arma desde siempre. Es sólo que, con los medios actuales de comunicación, estamos condenados a verlo cada vez más como una gran bola que se nutrirá de lo que: digamos, escribamos, hagamos y, no añado de lo que pensemos o sintamos, pero no ignoren ustedes ese riesgo, porque llegará. Me refiero, además del manido asunto Villarejo, a escándalos similares que pululan por los cinco continentes, como el Wikileaks que se inició en 2006 y sigue vivo en nuestros días, o el de los Pentagon Papers de 1971.

Es noticia en estos días, la defensa del asalto al BBVA que su ex presidente, Francisco González, hizo en 2004, apoyado en una empresa de investigación privada. Era una operación liderada por la constructora Sacyr que contaba, presuntamente, con el beneplácito del gobierno socialista de Zapatero y de sus responsables económicos, y que pretendía tomar el control del banco y situar en la presidencia a un hombre de confianza del PSOE. De la filtración de una parte de los informes recabados por el señor Villarejo, se deduce que el intento de asalto fallido, fue dinamitado de un modo eficaz, a la vista del resultado final, aunque con medios poco ortodoxos. ¡Lo que hay que ver! Bueno pues resulta que se va a investigar la defensa que hizo el BBVA, pero se obvia el presunto complot para apropiarse del banco. Eso no parece interesar a nadie. «Cosas veredes, amigo Sancho, que farán fablar las piedras».

Pero entonces, ¿hay que evitar esas filtraciones?: Conversaciones con la ministra Dolores Delgado, con el ex juez Baltasar Garzón, Operación Tandem, Informe Veritas, etcétera. Pues verán, hay opiniones para todos los gustos. Y así, mientras una minoría apoya sin reservas que todo salga a la luz, como el congresista americano por Texas, Ron Paul, que dice: «En una sociedad libre se supone que debemos saber la verdad». Y lo defiende pese a que la mayor parte de las filtraciones de Wikileaks dejan en bastante mal lugar al ejército y la política norteamericana. Quizá por ello, también la mayoría de voces, empresas y gobiernos se muestran radicalmente en contra.

¿Qué decir al respecto? Donde imperan los extremismos e intereses de parte, como se deduce del modo en que se gestionan estos asuntos, mal se evita la confusión para el público ante el que se presentan los escándalos. Así que yo creo que causan más daño que el que evitan y, además, dan un poder absolutamente injustificado y chantajista a quien los controla o promueve. Voy a tratar de explicarme:

Aunque haya inicialmente detrás de alguna de esas investigaciones la aparente buena voluntad de airear la verdad de algo que se hizo mal, al final todo se convierte en un juego de poder. Porque la información reservada de temas sensibles que afectan a gente poderosa, terminarían por doblegar sus voluntades y ponerlos a merced de otro que tendría el poder en la sombra. Por el contrario, el periodismo de investigación, destapa también escándalos que, de no contar con su trabajo, quedarían impunes. Es el argumento que hace al periodismo libre tan fundamental para las sociedades democráticas. Tanto que recibe la consideración de «el cuarto poder», tras el ejecutivo, legislativo y judicial. Así que, al menos en ese sentido, deberíamos estar de acuerdo en que la prensa «...publicara todas las verdades a los cuatro vientos». Y no debiera existir trabajo periodístico sin que previamente se apoyara en una labor de estudio e investigación. Ustedes señores lectores no merecerían otra cosa.

La duda surge cuando la investigación se basa en sistemas ilegales como el «hackeo», la utilización de medios públicos, departamentos de seguridad, bases de datos de grandes empresas, intrusión ilegal en la intimidad privada. Y aún, en determinados casos, podríamos incluso ser tolerantes. ¡Claro que sí!, pero si se pusieran honrada, desinteresada y libremente los datos obtenidos a disposición de todo el mundo, sin una selección previa, de cuáles, cuántos, cuándo y cómo, pueden o no, ser difundidos.

Porque, tal y como hemos dicho al principio, en este mundo no hay nadie que pueda presumir de «espíritu puro» y no sería justo airear las impurezas de los unos (sin hache) mientras se mantienen ocultas las de los demás.

Francisco A. J. Mata

ANÁLISIS

«¿Y si Sánchez fuera un robot?»

F. A. JUAN MATA HERNÁNDEZ. 28 Ene 2019 - 12:27 CET

Pedro Sánchez en la EurocámaraTW
Archivado en: Columnistas

En una reunión que suele repetirse los fines de semana se habló de los autómatas y de los efectos que tendrán al generalizarse su aparición en nuestra vida. Quizá por ello, esa noche tuve un sueño premonitorio: España era un mundo unido y feliz teniendo como presidente a una persona bien formada, inteligente, tolerante, generosa y amante de sus ciudadanos, hábil para negociar en nuestro nombre. Alguien en quien además, nos sentíamos representados y orgullosos de nuestra condición nacional. Aunque hoy todo es posible, era sin duda un espejismo de mi mente, adecuado para alejar el estrés y la depresión con que gratuitamente saturan a diario los noticiarios. En el terror del sueño temí que las manos negras corruptas que ansían el poder intrigaran para acabar con nuestro gobernante perfecto. Tras instantes de ansiedad, descubrí aliviado algo extraño en el gobernante: «No podrán matarlo -exclamé-. Es un robot».

Tenía por fuerza que ser algo así: Un potente ordenador, portador de toda la información necesaria y de la más avanzada tecnología de la inteligencia artificial, honesto en sus decisiones, pragmático, eficiente, hábil y respetuoso con la norma con que se le hubiera programado. Así pues ¿quizá no necesitáramos más gobiernos con intereses de parte? ¿Por qué tener gobernadores ineptos, corruptos, o ambas cosas a la vez? ¿Por qué consentir que se premie a quienes nos quieren destruir?

Seguro que alguien se lamentaría: « ¡Oiga, pues a mí no me gusta que me gobierne una máquina!». Le responderíamos: «Esté usted tranquilo, es un robot justo y eficiente. Así que ya ve que no puede tratarle mal. Además, si tuviera errores lo desconectaríamos»

Nos podría parecer absurdo dejarse guiar por una máquina, aunque cada vez más esto será lo habitual en nuestra sociedad desarrollada. Hoy los ordenadores controlan procesos en grandes grupos industriales; son imprescindibles para casi todo, pilotan aviones, conducen trenes, resuelven problemas con la informática en la nube, o el internet de las Cosas. Nos superan en la facultad que permite aprender, razonar y tomar decisiones. O sea, son más inteligentes que nosotros. Por poner un ejemplo, ya hace años que lideran el ajedrez. En 1997, el Deep Blue, venció al campeón mundial, Kasparov. Así pues, ¿por qué no dejarlos dirigir el país?

«¡Pero las máquinas no tienen corazón!» Exclamará ansioso otro. Y sin duda tendrá razón, pese a que también nos resultaría dificultoso encontrar el órgano de los latidos en según qué personas. Además, como señala Roger Penrose en su libro «La mente nueva del emperador», es probable que estas máquinas del futuro inmediato, no sólo serían realmente inteligentes; quizá pensarán, sentirán e incluso tendrán un carácter sentimental. Ya hace muchos años se desarrolló un programa que simulaba a un psicoterapeuta, y tuvo tanto éxito que algunos pacientes eligieron, sin saberlo, al psicólogo máquina frente a su homólogo humano. Y acabaremos poniéndole corazón, aunque sea artificial.

Claro que, a veces las máquinas se estropean

Aunque utilizáramos una expresión antropomorfa, para explicar las obras absurdas que pudiera realizar un presidente mecánico: «Este robot se ha vuelto loco», resulta evidente que no estaríamos pensando en enviarlo al psiquiatra, ese modo jovial que usamos para referirnos a que un ordenador hace algo que nos parece ilógico, no serviría para un presidente robot. Si ese fuera el caso, imaginen que el robot que nos dirigiera hubiera cometido la vileza de pactar con partidos que apoyan el terrorismo, o con otros que quisieran destruir nuestro país, o que tuvieran en su ADN la cerrazón ideológica que conduce al abismo a un país tan rico como Venezuela. No sé si me explico, pero coincidirán conmigo en que un psiquiatra no podría curar a nuestro presidente robot. Necesitaríamos un técnico en informática y robótica, alguien, además, con una ideología confiable, no fuera que pasáramos de Guatemala a Guatepeor.

¿Y podremos distinguir a un humano de un robot?

Es muy probable que, en un futuro, nos resultara muy complejo. Pudiera ser que la inteligencia artificial hubiera avanzado a tal nivel que nos fuera difícil distinguir al ser humano del androide. Por eso la solución está en la lógica perversa… Veamos… el hombre puede ser ambicioso y egoísta mientras la máquina estaría orientada para proteger el bien común. Creo que ese es el único filtro que nos permitiría solventar la duda, porque distinguir lo auténtico de lo espurio no es tarea fácil.

Así pues, ¿podría ser ya un robot quien nos dirige?

Yo creo que no. La mente humana es algo más que la simple colección de minúsculos cables e interruptores, además ya hemos dicho que un robot no es ambicioso. Dudo mucho que un androide pudiera llegar a ser incoherente.

Confiemos en que cuando finalmente llegue el momento de que nos gobierne un robot, que, no lo duden, llegará. Ella, la gobernante robótica, que sería un autómata femenino por aquello de la igualdad, también podría aprender de nuestros errores y no tomará decisiones tan absurdas e injustas.

CARTA AL DIRECTOR

"FG, el corazón y la conciencia del BBVA"

Juan Mata Hernández, 02 de febrero de 2019 a las 12:56

Francisco González (BBVA).PR
OPINIÓN | CARTAS AL DIRECTOR

Podemos entender que la conciencia es una pauta que guía la conducta a seguir, en busca del bien de la comunidad a la que se pertenece.

Algo así como aquel dicho de "con mi madre y con mi patria, tenga o no tenga razón". No estoy pensando, por supuesto, en las aventuras de los agentes del 007 británico, con licencia para matar en defensa de su país, ni del tratamiento inhumano que se pudiera aplicar a los presos de Guantánamo en defensa de los EE.UU. Esto de lo que quisiera hablar hoy, corresponde a la ética social empresarial. Así entendida, la conciencia de BBVA debería seguir siempre el camino que mejor contribuyera a su defensa. Todo ello, dentro de unos límites que no repugnen a la moral natural.

La pequeña localidad gallega de Chantada es el corazón de Galicia y, Francisco González, natural de allí, lo es del BBVA. Con 43 años fundó la sociedad de valores FG y fue el principal motor de la fusión que convirtió al primer banco vasco, el Bilbao, en la multinacional financiera que es hoy BBVA. De su buen hacer es muestra el premio que le otorgó la revista Euromoney en 2016 cuando le eligió banquero del año y líder del sector. Siendo el primer español que obtenía ese reconocimiento por haber logrado situar a su entidad en una posición capaz "no sólo de sobrevivir a la crisis, sino de triunfar".

Resultó admirable su pulso en 2012 al ministro de economía, negándose a embarcar al BBVA en la SAREB, donde sus máximos

64

competidores, Santander y Caixabanc comprometieron 650 y 470 millones de euros, respectivamente. Era un acto por el bien del país, pero don Francisco se sintió más comprometido por el de la empresa a la que se debía. Tan sólo cinco años después, la prensa aireaba la cruda realidad: "FG tenía razón, SAREB pierde 663 millones..." publicaba a toda plana El Confidencial. La conciencia financiera y el corazón de BBVA había acertado, pero algunas victorias son pírricas porque los vencidos se sientan a esperar.

Su inteligencia y prudencia, requisitos indispensables para ser un gran banquero, se impusieron a la intriga, la batalla ideológico-política y la mediocridad de sus adversarios. Pero dejaba atrás espinas y recelos, como las familias de Neguri, tradicionales accionistas del banco hasta 2002, cuando FG sacó del consejo al copresidente y restantes miembros que los representaban, movido por el escándalo de las cuentas secretas en Jersey; o a Miguel Sebastián, entonces asesor económico de Zapatero, que fuera ex jefe del Servicio de Estudios del banco, expulsado por González.

Quizá ahora, tras ceder el timón de la nave, y perder la coraza protectora que siempre da el poder, todos los enemigos que se había ido labrando le giren una factura un tanto abyecta. Y no lo es porque FG, como gusta llamarlo el sector financiero, esté libre de culpa, que ya dijimos estos últimos días que nadie podrá tirar muchas piedras con ese mérito, sino porque el motivo que se aduce, podría ser la parte menos grave de los pecados que se cometieran en la batalla por el control del banco en 2004, cuando Sacyr que valdría en bolsa menos de 3.000 millones de euros, quería comprar una participación de control de BBVA, que cotizaba por encima de los 40.000 millones. Todo ello trufado con el rumor de que el gobierno del PSOE, desde la sombra, apoyaba la operación, con el objetivo de descabezar a un presidente que veían vinculado al PP.

El Banco de Bilbao fue también mi punto de salida profesional, como auxiliar administrativo del departamento de créditos en la oficina central de la calle de Alcalá. No se me olvidará una anécdota al cobrar mi primer sueldo, que entonces se acostumbraba a pagar en efectivo en la ventanilla de caja. Un servidor, ya con 21 años pero nula experiencia financiera, miré al cajero que me entregaba varios billetes y monedas con una mirada entre confusa y agradecida. El empleado de caja me auscultó con cierta socarronería advirtiendo mi confusión, mientras yo recogía precipitadamente los billetes. Así que, interpretando equivocadamente aquel gesto, le dejé las monedas imaginando que la pequeña propina sería justo lo que esperaba. Las risas de los que estaban cerca me hicieron despertar a la vida y acompañaron mi jornada laboral el resto de la mañana y los días siguientes. Por aquel entonces les aseguro que la conciencia del Banco de Bilbao era tan limpia como mi candidez.

Pues bien, no pienso que FG fuera tan cándido cuando defendió con éxito la entidad frente a aquel irregular asalto. Es probable que, como dicen, apareciera por allí el señor Villarejo, y disparara sus micrófonos a todo el que se moviera, con o sin conocimiento de unos u otros que eso, a mi modo de ver, sería la parte venial del asunto. El verdadero pecado, el sacrilegio, si es que el confesor, o sea el juez, lo califica finalmente así, sería el de los que maquinaron desde la sombra, aunque estuvieran al sol, para propiciar una compra de muy elevado riesgo, que hubiera puesto en peligro una empresa nacional de ese tamaño, y la hucha con los ahorros de millones de españoles, como es y era el BBVA.

La conciencia de un empresario que se precie de tal, se sostiene y acompaña por una serie de decisiones que, siendo proporcionadas, compiten en la misma liga en que lo hicieran sus adversarios. Exactamente igual que lo que la sociedad suele percibir como razonable y lógico, aunque la letra pequeña de la norma, no hubiese llegado a contemplar con detalle, las circunstancias concretas de cada caso. Tarea que siempre corresponderá a posteriori a la judicatura y que, por ello, no siempre será fácil compartir, aunque se respete y admita.

(F. A. **Juan Mata Hernández**, c. t.)

CARTA AL DIRECTOR

La Residencia de Estudiantes. 2019, el año de Lorca

Juan Mata Hernández, 09 de febrero de 2019 a las 06:21

Federico García Lorca.PD

OPINIÓN | CARTAS AL DIRECTOR

Celebramos estos días el centenario de la llegada de Lorca a Madrid. Hace dos años correspondió esta efemérides a Luis Buñuel y dentro de tres, será si Dios quiere, la de Dalí. Ninguno de ellos había nacido aquí, pero todos se sintieron madrileños. Junto con Pepín Bello, un oscense que había llegado en 1915, formaron un grupo muy unido de jóvenes y alegres madrileños llenos de inquietudes e ingenio. Es una constante acogedora y cálida que otorga la capital del reino, al adoptar a todo aquel que pisa su suelo como un madrileño más.

Sin dejar de reconocer expresamente el atractivo que ofrecía la ciudad de Madrid, cosmopolita y con un enorme patrimonio cultural y artístico, hemos de añadir a continuación que lo que fundamentalmente atrajo a los cuatro líderes de la Generación del 27 a nuestra ciudad fue la Residencia de Estudiantes, una institución en la que, por cierto, no se ha volcado quizá suficiente apoyo por los sucesivos gobiernos, desde la restauración de su función residencial en 1986.

Me gustaría centrarme en lo que fue y en lo que pudo ser la Residencia de Estudiantes:

En mi opinión, la Residencia de Estudiantes está imbuida de un cierto halo poético. Percibimos así el hecho de haber emergido entre expectación y gloria, para desaparecer luego de improviso con la guerra civil.

¿Y cuál fue el germen que le otorgó aquellas cualidades de éxito?

Para comprenderlo hemos de viajar hasta finales del siglo XVIII y principios del XIX con la aparición en Alemania de un filósofo singular. Me refiero a Karl Christian Friedrich Krause, un masón cuya doctrina fijaba las asignaturas pendientes que debería abordar la humanidad para cumplir con el mandato de la Revolución francesa: libertad, igualdad y fraternidad. Entre ellas destacaba la necesidad de integrar a la mujer en la sociedad en paridad con el hombre; de proteger así mismo los derechos del niño y de la naturaleza; de constituir un gobierno mundial que gobernara Pangea, distribuyendo equitativamente sus recursos. Pues bien, todo esto se producía mientras nuestro país, que aún conservaba su imperio, era empobrecido y saqueado con la guerra de la Independencia y obviaba, como aún ocurre hoy en día, la importancia de la cultura. Algo especialmente sangrante si tenemos en cuenta que el nivel de analfabetismo alcanzaba al 60% de toda la población adulta y, hasta del 80% en las mujeres. La Ilustración, el pujante movimiento cultural e intelectual que iluminó Francia, Inglaterra y Alemania desde mediados del siglo XVIII, fue ignorado y subsistieron las tinieblas educativas en que vivía nuestro país.

La Institución Libre de Enseñanza

La doctrina de Krause llegó a España a mediados del siglo XIX a través de un profesor de filosofía de la Universidad Central de Madrid, Julián Sanz del Río. Él, tras un viaje formativo por Alemania, convenció a sus colegas madrileños de las bondades de aquella doctrina, y sus discípulos, los llamados krausistas, la pusieron en práctica con la constitución de la Institución Libre de Enseñanza -ILE-, un organismo promovido fundamentalmente por sus discípulos, Francisco Giner de los Ríos, Nicolás Salmerón y Gumersindo Azcárate. Llegaba con más de un siglo de retraso, pero tuvo una gran influencia y la osadía de abordar la educación al margen del gobierno. La ILE supuso una revolución en las formas y modos de abordar la pedagogía, apostando decididamente por la intuición intelectual frente al memorismo, e introdujo, por ejemplo, el deporte vinculado a la enseñanza. A un grupo de profesores de la ILE se debe indirectamente el origen del Real Madrid, pues en 1887 fundaron el Foot-Ball Sky, del que se escindió en 1902, el Madrid Football Club. ¿Curioso, verdad? Pues más aún si tenemos en cuenta que sus promotores fueron dos barceloneses, los hermanos Joan y Carlos Padrós. Ya decíamos al principio que Madrid acoge a todo el que llega a su solar y no podía ser menos, con quienes iban a fundar el club más glorioso del mundo.

La JAE y la Residencia de Estudiantes

En 1910, a través de la Junta para Ampliación de Estudios -la JAE-, que presidía Santiago Ramón y Cajal, los institucionistas -krausistas a la española-, fundaron la Residencia de Estudiantes. Se instaló provisionalmente en un chalecito de la calle Fortuny que acogió a 15 estudiantes el primer año. Se trataba de forjar una élite que revolucionara el modo de abordar la enseñanza y permitiera alcanzar la sintonía cultural y científica con Europa, un tren que habíamos perdido, primero con el abandono de la Ilustración y más tarde de la Industrialización. La experiencia tuvo el éxito que cabía esperar: Si un alumno coincide en su tiempo de ocio con cuatro de los siete premios Nobel que ha generado España; tiene tutores del nivel de, José Ortega y Gasset, Miguel de Unamuno o Ramón Menéndez Pidal; y se le ofrece escuchar a las más notables figuras del mundo en todos los campos del saber, como Einstein, Howard Carter, Paul Valéry, Igor Stravinsky, Walter Gropius, Keynes, Le Corbusier, Madame Curie, etcétera. El resultado no podría ser otro que el que fue: La Edad de Plata de las letras y ciencia española que supuso la generación del 27. Y dentro de ella, el más distinguido grupo de residentes que formaban los aludidos, Buñuel, Lorca y Dalí, además de otros notables artistas y científicos.

Federico García Lorca

El director de la Residencia tenía la costumbre de entrevistar personalmente a los candidatos. Así describió la llegada de Lorca: "... veo, la entrada en mi despacho de aquel joven moreno, de frente despejada, ojos soñadores y sonriente expresión, que venía a Madrid a solicitar su entrada en la Residencia .../... al ver al nuevo aspirante le consideré en el acto como miembro de nuestra Casa, que tanto se preciaba de saber seleccionar a sus colegiales. Siguió una larga conversación, que él y yo prolongamos con gusto. El resultado de la entrevista fueron los diez años de estancia de Federico en la Residencia: de 1919 a 1928". Después Lorca sería en efecto el alma del Grupo Universitario, aunque algunos residentes percibían su condición homosexual y se alejaban de él hasta que, como dice Moreno Villa, "abría el piano y todos perdían su fortaleza". Federico se refería a la Residencia, con calurosos adjetivos de alabanza: "Aquí escribo, trabajo, leo, estudio. Este ambiente es maravilloso".

Alberto Jiménez Fraud y Santiago Ramón y Cajal, inamovibles

Pero hay un capítulo que no se puede dejar de lado si se quiere hacer justicia al éxito rotundo que supuso la creación de estos dos organismos, la JAE y la Residencia de Estudiantes. Fue, a mi modo de ver, el hecho de que todos los gobiernos que se sucedieron desde 1907, durante la monarquía de Alfonso XIII, después en la Dictadura de Primo de Rivera y, finalmente, con la II República, tuvieron el acierto de mantener en su puesto a dos hombres que habían demostrado su valía al frente de ambos organismos, me refiero a nuestro Nobel de medicina, Santiago Ramón y Cajal, que presidió la JAE desde que se creó hasta su muerte en 1934, y Alberto Jiménez Fraud, que dirigió la Residencia de Estudiantes, desde su fundación hasta su disolución en 1936 con la guerra civil.

Y lo digo porque decididamente la política española no está bendecida con hombres sabios como los arriba citados, pues hoy, además de actuar con felonía permitiendo infamias y burlas del separatismo, tienen a gala situar a sus afines en la dirección de las instituciones, sin valorar adecuadamente si son los más adecuados para la función que deberían desempeñar. Comparen ese comportamiento con el de, Santiago Ramón y Cajal o Alberto Jiménez Fraud, que fueron ejemplo de honestidad y patriotismo. Hasta el propio Francisco Franco reconoció el mérito del navarro-aragonés, pese a su obsesión contra la masonería, y puesto que el premio Nobel era un masón confeso, al otorgarle la nobleza del marquesado de Ramón y Cajal en 1952, a título póstumo.

Como homenaje a Federico García Lorca, escuchemos las palabras que reflejan hasta qué punto la Residencia le imbuyó en el krausismo: "...yo execro al hombre que se sacrifica por una idea nacionalista, .../... Canto a España y la siento hasta la médula, pero antes que esto soy hombre del mundo y hermano de todos. Desde luego no creo en la frontera política".

Así pues, no hagamos más fronteras para dividir, ni a España, ni al mundo.

*(F. A. **Juan Mata Hernández**, c. t.)*

ANÁLISIS

"¿Qué le ha hecho España al PSOE para que nos mande a Sánchez?"

F. A. Juan Mata Hernández, 19 de febrero de 2019 a las 11:46

Pedro Sánchez (PSOE) en TVE.EP

OPINIÓN | COLUMNISTAS

¿Es que no tenían ustedes a nadie más por ahí? ¡Aunque no fuera doctor, oiga!

En los momentos de tranquilidad que me tocan vivir estos años, que no son muchos, suelo pasear con algún amigo mientras comentamos fundamentalmente noticias de política o de deportes, y en ocasiones, ya sentados ante una bebida con su aperitivo, nos ponemos trascendentes, recordamos nuestra pequeña historia, y añoramos aquellas aventuras de guateques y partidos gloriosos. Indudablemente hay siempre algo valioso en la vida de todas las personas y yo dudo que el doctor Sánchez vaya a ser una excepción. El problema es que, por mucho que lo intento, me cuesta trabajo encontrarlo.

Ahora, tras el éxito de la manifestación de repulsa que le dedicamos doscientos mil madrileños en la plaza de Colón, tendrá algo más claro que ya no sirve el juego de ocultarse entre lazos amarillos independentistas para justificar su irregular estancia en la Moncloa. Es evidente y humano que de entre todos los afectos que sentimos, el amor a uno mismo suele situarse en lugares de privilegio. Pero, cuando esto se exacerba se denomina egolatría y así se podría definir el sentimiento que refleja la actitud de un Presidente, no elegido, que llegó al Gobierno sin ser diputado y con apoyos variopintos poco recomendables. No sería ético aferrarse al poder a costa de denigrar a los que sentimos y amamos a nuestro país.

Mi amigo, José Manuel Díaz, tuvo que emigrar a Canadá pero nos comunicamos de vez en cuando y él sigue muy interesado en lo que ocurre por aquí. A lo mejor espera que algo cambie, pero no para traer gobiernos como el suyo, señor Sánchez, que anticipan años muy nublados; más bien desearía que cambiara el talante y la categoría de nuestros gobernantes. Quizá para no tener que traer un robot que nos dirigiese, como yo sugería hace poco, o para que no le lleguen las instrucciones envueltas en lazos amarillos de los golpistas catalanes. Últimamente nos sugería que copiáramos lo bueno que se ha encontrado por ahí:

"Copiemos" insiste tenaz "Vivo en Canadá y aspiro a vivir itinerante entre Madrid y British Columbia. Desde esta atalaya observo perplejo el modo en que un país tan increíble como el nuestro es capaz de pulsar lentamente el botón de autodestrucción. Les propongo desde aquí una sencilla solución: Copiemos a los mejores".

Desde luego, la propuesta de mi amigo José Manuel no es la ideal. Al que copia en un examen se le suspende, y al que lo hace en un libro o una tesis se le podría calificar de plagiador. Y si bien es cierto aquel dicho latino "nihil novum sub sole" -no hay nada nuevo bajo el sol-, lo que ya se ha creado sienta las bases para que otros construyan sobre ello, la civilización no habría avanzado sin esa premisa. Así que algo de razón podemos darle al que nos observa desde Canadá.

Su propuesta podría servir como punto de salida. En realidad hay ejemplos recientes que demuestran cómo se puede crear una industria puntera comenzando a copiar lo mejor que habían hecho hasta ese momento los demás. China y antes Japón, podrían ser buenos ejemplos de ello. Pero después han puesto codos sobre la mesa y han potenciado la enseñanza para hacer surgir a inventores, investigadores y científicos punteros que transformaron su industria en innovadora, eficiente y competitiva.

Llegados a este punto y tornando al inicio, yo propongo que si de la investigación que está haciendo el Senado se deduce que nuestro Presidente no es un digno doctor por haber cometido un plagio o varios en su tesis, dejara de inmediato el cargo, como ya hizo alguno de sus ministros y como es costumbre hacer en las democracias más avanzadas, a las que mi buen amigo propone copiar.

Aunque no todo va a ser sonrojo por imitar a los demás. También José Manuel encuentra a faltar valores cálidos allí en Canadá, quizá porque está en una civilización más fría, y no sólo en lo climatológico. Añora, me dice, el valor que le damos nosotros a la amistad, al gusto por lo bien hecho, a la gastronomía, a la familia, o a ese disfrute de la vida que no ha encontrado en ningún otro lugar del mundo con tanta intensidad. Porque nuestro país es, de momento, uno de los mejores lugares para vivir. Y nadie tiene derecho a destruir nuestra convivencia con relatos de ciencia ficción, o "relatores" que vayan a escribir sus "historias para no dormir".

Estoy seguro que en el PSOE encontrarán un repuesto que comprenda estos valores y mire por el interés de todos los ciudadanos; alguien que sienta más a la España social, a la de Felipe González, sin ir más lejos. Al socialismo con mayúsculas que abogue por un presupuesto distributivo para que las regiones más necesitadas, como Asturias, Extremadura, Andalucía o Canarias no estén siempre a remolque de otras más pujantes. No vive el socialismo, quien renuncia a sus principios porque necesita sobrevivir en el gobierno con el apoyo de los que amenazan a España.

Cabe, al respecto, observar que como dice el refrán español "donde las dan las toman" ningún acto, si no se gobierna por criterios generales, o sea por todos y para todos, deja de tener siempre un efecto boomerang. Y es que cuando uno se empeña en profanar la tumba del padre o abuelo de otros, es muy probable que otros terminen por hacer lo propio con las de los allegados de aquél. Y ambos actos, uno y otro, son igual de indignos. Y me pregunto yo ¿qué culpa tiene doña Lola Ruiz-Ibárruri, nieta de La Pasionaria, del empeño obsesivo del doctor Sánchez en profanar la tumba de Franco? Pues decididamente ninguna, ya que tan execrable y falto de sentido es ese acto contra los restos de una histórica del PC, que ni siquiera es del partido que nos envió al doctor que nos preside, como el que quiere cometer el Gobierno del PSOE con los restos del General.

Puestos así, esto puede acabar en una guerra de guerrillas por los cementerios madrileños y no tiene ninguna gracia.

Francisco A. J. Mata

ANÁLISIS

"El oro de los tontos y el de los listos"

F. A. Juan Mata Hernández, 25 de febrero de 2019 a las 11:57

OPINIÓN | COLUMNISTAS

RESERVAS DE ORO SOBERANAS EN EUROPA					
		Onza de oro =	28,3495		
Reserva mundial de oro (Enero 2017)					
Rango	País/Organización	Oro (toneladas)	Porcentaje de Oro sobre el total de las Reservas	habitantes (mill.)	onzas/hab.
	Unión Europea	10.392,80	66,70%	512	0,79
1	Alemania	3.747,90	71,70%	82	1,61
2	Italia	2.701,90	68,60%	60	1,55
3	Francia	2.683,80	66,10%	64	1,48
4	Países Bajos	674,90	59,40%	17	1,40
5	Portugal	421,60	81,10%	10	1,49
6	Reino Unido	310,30	18,80%	66	0,17
7	Austria	304,00	57,80%	9	1,22
8	España	281,60	38,60%	47	0,21
9	Bélgica	227,50	36,80%	11	0,79

Reservas de oro soberanas en Europa

Yo guiaba a un grupo durante su visita al museo Geominero cuando al detenernos junto al cuadro que explicita las propiedades de los minerales, una señora de hermosa cabellera plateada preguntó: «¿Esto es lo que llaman el oro de los tontos, verdad?» -sonreía señalando hacia otro expositor donde lucían una hermosas piritas- No me gusta que alteren el orden de mi exposición pero la mitad del grupo se desplazó hacia donde ella señalaba y no me quedó otra. Mi cabeza fue mucho más allá de lo que me preguntaba, pero respondí mecánicamente: «Pues sí. Pero esos cubos son de pirita, vamos, de sulfuro de hierro; provienen del yacimiento de Navajún, en la Rioja. Ese color amarillo metálico que parece tan sugerente, es lo que asemeja la pirita al oro; aunque, como dice el refrán, no es oro todo lo que reluce. A veces los buscadores de oro, lo confundían y creían haber encontrado una fortuna; por eso lo llaman el oro de los tontos como usted dice».

Pensaba en todo eso, mientras lo explicaba. Y el mismo día, al terminar la visita, me propuse escribir sobre el que realmente hubiera merecido el adjetivo de "oro de los tontos". Me refiero al que se sacó de las cámaras de seguridad del Banco de España para embarcarlo, el 28 de octubre de 1936, en cuatro cargueros rusos con destino a la Unión Soviética. Y los tontos fueron sin dudarlo aquellos políticos republicanos que empobrecieron nuestro país del modo más absurdo.

¿Pero por qué el oro es tan importante para el bienestar de los pueblos?

Lo he leído en una publicación del Instituto Geológico y Minero de España, titulado "Pepitas de oro españolas". Comienza diciendo: «El oro es el más noble de los metales y también uno de los elementos químicos que existen naturalmente en el universo...», tal es así que fue apreciado desde antiguo por las propiedades excepcionales y la belleza que desprende su brillo y color tan característico; se diría que se asemeja al fulgor que ilumina el amanecer, a la diosa Aurora que le dio el nombre, -aurum: resplandor-. Quizá por ello, desde tiempo inmemorial, el oro ha sido deseado y atesorado por muchas civilizaciones como símbolo de riqueza, poder y estatus social.

Así surgió su uso como moneda de cambio -y aquí hemos de referirnos de nuevo al "oro de los tontos" que se aplicaría a las monedas melladas o de falsa aleación- y es un paradigma de la fortuna; es decir de dominio y potestad; con él, todo se podría obtener. Cualquier objetivo estaría al alcance de quien tuviera una moneda fuerte para pagar y el oro es la garantía absoluta que todos aceptan. Fue Constantino el Grande, emperador de Roma, quien estableció en el año 326 d. C. el uso del quilate, como medida de pureza del oro, al crear una nueva moneda de ese metal, el solidus (de ahí deriva el concepto de "sueldo") con un peso de 4,5 gramos que equivalía exactamente al peso de 24 semillas de algarrobo (la ceratonia silicua, nombre latino del algarrobo, a la que los árabes llamaban querat, suele pesar 0,19 gramos, así que 24 semillas equilibran la balanza de los 4,5 gramos del solidus). El emperador consideró preciso establecer esta en sustitución de la anterior, el aureus, que debería pesar 5,4 gramos, pero de la que se retiraban impunemente esquirlas en sucesivas transacciones, reduciendo su peso y consecuentemente su valor. Esa práctica sería imposible si cada cual podía verificar tan fácilmente que la moneda recibida se mantenía en su peso original. Así pues el oro de 24 quilates equivaldría al oro puro.

El oro es la garantía de pago más aceptada

En la vida comercial el buen nombre y la mayor solvencia lo es casi todo. El país que cuenta con lo que en términos financieros se considera un rating "AAA", tiene la posibilidad de obtener más rápido, más barato y mejor cualquier cosa que precise. De ello se beneficiarán sus ciudadanos porque podrán acceder a productos y servicios con prioridad a otros y bien sabemos que los bienes de la Tierra son limitados. De ahí que los Bancos centrales de todos los países cuenten con el oro como principal reserva para casos de crisis, pues su precio aumenta mientras cae el de los principales activos. No son pocos los economistas que opinan que la deuda pública, que crece exponencialmente en el mundo, resultará finalmente impagable; de ser así, las reservas de divisas se convertirían en un papel sin valor y la solvencia del país que haya optado por dólares, libras, u otras monedas, en lugar del oro se tambaleará. Bien, pues miren ustedes por donde, ese está siendo el caso de España. Ahora verán por qué esta nueva lotería del oro de los tontos nos ha vuelto a tocar a nosotros; más o menos con similares actores a los que hacían girar ese bombo en el año 1936.

La triste historia de nuestras reservas de oro

El oro de los Listos:

En el año 1936 se estimaba que las reservas españolas de oro estaban entre las cuatro más grandes del mundo. Se atesoró principalmente en los años de la monarquía de Alfonso XIII, aprovechando la neutralidad española durante la Primera Gran Guerra.

El oro de los Tontos:

Llegó la República y nuestros dirigentes vaciaron las arcas del Banco de España del modo más desaprensivo que cabe imaginar; tal es así que el cajero encargado de su custodia se suicidó ante la imposibilidad de evitar aquel expolio. Largo Caballero, ese dirigente socialista que tiene una estatua en el Paseo de la Castellana, fue quien dispuso el embarque de más de 500 toneladas de oro en monedas de muy elevado valor numismático. Salieron desde el puerto de Cartagena con destino a la Unión Soviética y nunca se volvió a saber de él.

Pero fue otro socialista, el presidente Rodríguez Zapatero, quien en el año 2007 volvió a tropezar en la misma piedra y, después de grandes y sorprendentes ventas, redujo a la mitad, las reservas del Banco de España.

RESERVAS DE ORO SOBERANAS EN EUROPA

		Onza de oro =	28,3495		

Reserva mundial de oro (Enero 2017)

Rango	País/Organización	Oro (toneladas)	Porcentaje de Oro sobre el total de las Reservas	habitantes (mill.)	onzas/hab.
	Unión Europea	10.992,60	60,70%	512	0,76
1	Alemania	3.747,90	71,70%	82	1,61
2	Italia	2.701,90	68,60%	60	1,59
3	Francia	2.683,80	66,10%	64	1,48
4	Países Bajos	674,90	59,40%	17	1,40
5	Portugal	421,60	81,10%	10	1,49
6	Reino Unido	310,30	16,80%	66	0,17
7	Austria	304,00	57,80%	9	1,22
8	España	281,60	38,60%	47	0,21
9	Bélgica	227,50	36,80%	11	0,70
10	Suecia	125,70	11,10%	10	0,43
11	Grecia	111,70	78,70%	11	0,36
12	Rumania	103,70	9,10%	20	0,19
13	Polonia	102,90	4,50%	38	0,10
14	Dinamarca	66,50	3,30%	6	0,40
15	Finlandia	49,10	20,60%	6	0,31
16	Bulgaria	39,90	9,90%	7	0,20
17	Eslovaquia	31,80	65,40%	5	0,21
18	Chipre	13,90	50,80%	1	0,57
19	República Checa	12,70	1,20%	10	0,04
20	Letonia	7,70	4,00%	2	0,14
21	Irlanda	6,00	11,80%	5	0,04
22	Lituania	5,80	3,80%	3	0,07
23	Eslovenia	3,20	13,40%	2	0,06
24	Hungría	3,10	0,30%	10	0,01
25	Luxemburgo	2,20	11,70%	1	0,13
26	Islandia	2,00	1,60%	0	0,20
27	Estonia	0,20	0,30%	1	0,01
28	Malta	0,20	1,60%	0	0,02
	Suiza	1.146,20	17,60%	9	4,76
	Rusia	915,20	7,80%	144	0,22
	Mundo	**30.562,50**		7.685	0,14

Situación actual de las reservas de oro

Francisco A. J. Mata

Como se puede observar por el cuadro siguiente, el nivel actual de nuestras reservas de oro se sitúan muy por debajo del promedio europeo que es equivalente a 0,76 onzas por habitante, un 355% superior a las de nuestro país que ha quedado relegado a un 13º lugar en ese ranking, alejado del ratio de los principales países e incluso de otros como Grecia o Chipre.

Tampoco en el porcentaje que supone el oro sobre el total de las reservas la situación de España es diferente, pues del 60,70% que tiene de promedio en la Unión Europea, baja en nuestro país al 38,60%.

Las divisas son parte de un mercado financiero cada vez más volátil; sin embargo el oro es el ancla de la prudencia con la que se reduce la incertidumbre de una inversión y, por consiguiente, el riesgo. Sería bueno que en los momentos de inestabilidad que vive la economía mundial se potenciara este activo refugio para proteger nuestra solvencia, y alcanzar al menos, un nivel equivalente al promedio europeo. La memoria financiera también es parte de nuestra historia; quizás aún se podrían relativizar hechos que pertenecen al pasado, para poder mirar el futuro con una esperanza que ilusione a todos y olvide graves errores de unos y otros.

ANÁLISIS

"Memoria histórica. ¿Golpistas o mártires de la II República?"

F. A. Juan Mata Hernández, 04 de marzo de 2019 a las 13:11

Memoria histórica calles
OPINIÓN | COLUMNISTAS

Las palabras de algunos políticos huelen a rancio, manipulan la historia con argumentos tan caducos y ajados que semejan una película de los años 30. La historia real no es la que cuentan los demagogos populistas de izquierdas; la verdadera, la que no está demonizada por progresistas de salón, debiera recordar no sólo una parte de los hechos, sino las causas que los impulsaron.

La crítica política lleva los 40 años de democracia cuestionando la actitud de los golpistas que terminaron con la II República y obviando los que dieron lugar a su venida. Y no sirve, al respecto, la indulgencia tradicional o desmemoria sobre el golpe de estado de 1930 al considerar que sus consecuencias no fueron tan graves como la del 1936, sin obviar la actitud generosa versus egoísta de uno y otros. Me refiero aquí, respectivamente, a Alfonso XIII y al último gobierno republicano.

Veamos esa otra cara de la Memoria Histórica.

Los orígenes de la II República española se atisban más allá de 1931, cuando se constituyó un Comité Revolucionario Nacional, CRN, republicano-socialista, del que formaban parte, entre otros, Niceto Alcalá Zamora, Indalecio Prieto y Casares Quiroga. Pusieron en marcha un golpe militar, marcado desde su inicio por la incertidumbre sobre si la población, que en su mayoría adoraba al Rey, se volcaría a su favor. Se trataba de trocar la ancestral monarquía española, en una república de patricios compuesta fundamentalmente por fuerzas regionalistas excluyentes y partidos de izquierda. Contaban para ello con el apoyo de algunos militares y con el sindicato UGT; suficiente apoyo, pensarían, para mover la opinión y la voluntad de las masas ancladas en el miedo y la ignorancia.

Despreciaban el conservador voto rural porque opinaban que el obrero votaría lo que le dijese su patrón, y también el femenino, pues decían que la mujer delegaba la opinión en su marido. Es decir, buscaban democracia a la par que la denigraban. Yo me pregunto si ahora, con similar argumento, se invalidaría el voto de la ignorancia que se apoya en los medios de opinión. A fin de cuentas prácticamente nadie conocemos a quienes votamos. ¿Por qué no hay listas abiertas de políticos más próximos?

Pero repasemos los hechos:

-En agosto de 1930 tuvo lugar en San Sebastián una reunión de los partidos políticos republicanos, con asistencia del líder socialista Indalecio Prieto. Se trataba de fijar una estrategia, para, a través de un golpe de estado, destituir al monarca legítimo, Alfonso XIII. Se llamó el Pacto de San Sebastián.

-En noviembre de 1930, conocedor de que algo grave se tramaba, el general Emilio Mola (uno de los del posterior alzamiento de 1936) escribió una carta al capitán Galán, antiguo amigo suyo, en la que le pedía que reflexionara con estas palabras: «...recuerde que nosotros no nos debemos ni a una ni a otra forma de gobierno, sino a la Patria, y que los hombres y armas que la Nación nos ha confiado no debemos emplearlos más que en su defensa».

-En diciembre de ese mismo año, el Comité Revolucionario Republicano, del que formaba parte Casares Quiroga, delegó en el capitán Fermín Galán la dirección de la sublevación y se fijó la fecha del día 15 para el golpe militar.

Fermín Galán no escuchó al general Mola y tampoco respetó la fecha fijada por el Comité, pues temeroso de que el tiempo bloqueara la zona, adelantó el golpe tres días. El 12 de diciembre de 1930 sublevó la guarnición de Jaca, que estaba a sus órdenes, y mataron a tres guardias civiles que defendían la legalidad. A la mañana siguiente, izaron la bandera republicana en el Ayuntamiento de Jaca, proclamaron la II República en nombre del Gobierno Provisional, detuvieron al gobernador y a los jefes y oficiales que no le habían seguido, y mandó cursar el siguiente bando militar: «... Artículo único: Aquel que se oponga de palabra o por escrito, que conspire o haga armas contra la República naciente será fusilado sin formación de causa».

Aunque los trepas políticos que vemos ahora dar codazos desde la siniestra, tratan de vendernos ese humo de la Memoria Histórica, convendría que explicaran por qué se hace apología, se honra y nominan calles a favor de este golpista, mientras se retiran las que aparecían a nombre de quien trató de disuadirlo del golpe. ¿Quizá porque Mola era monárquico y Galán republicano? Pero había un gobierno legítimo y ni el Comité Revolucionario ni Galán lo respetaron.

Y así, en un período de tiempo relativamente breve, se sofocó la rebelión armada y se fusilaron a sus cabezas visibles, pero se respetaron a los que permanecían ocultos. Estos enardecieron a las masas con proclamas de victimismo -algo muy similar a los lazos amarillos de ahora-, y forzaron la convocatoria de unas elecciones municipales; luego, sin esperar al recuento definitivo, se declaró la II República.

Se instauró un nuevo sistema, teóricamente más cercano a los ciudadanos y elegido por ellos, pero como dice Milan Kundera, «el río fluye de una edad a otra y las historias de la gente transcurren en la orilla». El río de los voceros republicanos llenó España de banderas rojas y tricolores, pero las historias de la gente, que es donde se justifica la acción política, transcurrieron en una orilla de miseria, revueltas separatistas, asesinatos políticos y persecuciones por practicar un credo religioso....

Ya sabemos cómo acabó la aventura republicana, quizá por aquello de que «quien a hierro mata...». Así que, para ser coherentes y censurar el golpe que terminó con la II República, debiera hacerse un tratamiento similar con el que propició su llegada para derribar otro gobierno, sin duda más legítimo, el del rey Alfonso XIII. Es cierto que Emilio Mola fue uno de los generales que se alzaron en armas en julio del 36, pero él murió en los primeros meses de la guerra, así que dudo que en su debe hubiera mayores salvajadas que las achacables a otros notables del Frente Popular.

Una verdadera tragedia fue lo que trajo el Golpe militar de Jaca en 1930 al facilitar la llegada de la II República española. Y al ingenuo golpista ejecutor hoy le honran y le llaman mártir, aunque muy probablemente obrara de buena fe y fuera de los que menor culpa tuvieran en aquellos actos. No es comparable el daño que produjo el golpe del 36, con el muy limitado del 30, pero el delito fue el mismo. Por otro lado, la reacción de Alfonso XIII para evitar el enfrentamiento, asegurando que no quería que se derramara sangre por él, fue mucho más generosa que la de sus sucesores republicanos que no sólo permitieron que se desangrara nuestro país, sino que lo expoliaron al llevarse el oro de las reservas del Banco de España y los mejores cuadros del Museo del Pardo. Yo dudo que el idealismo político tuviera mucho que ver en esa actitud.

Esto es también Memoria Histórica señores progresistas de izquierda. Es hora de que los verdaderos demócratas constitucionalistas rechacemos un comportamiento político tan ponzoñoso y letal como el que ustedes representan. Porque así fue como se construyó, desde la traición, el golpe militar y la movilización violenta de las masas, la funesta II República. Mejor sería no tener que construir una III.

ANÁLISIS

"Generoso: Noble y de ascendencia ilustre"

F. A. Juan Mata Hernández, 11 de marzo de 2019 a las 12:37

Generosidad o justicia

OPINIÓN | COLUMNISTAS

La Real Academia Española fija una de las acepciones de generoso, como: "Noble y de ascendencia ilustre".

Ante tamaña atrocidad he creído conveniente proponer una reflexión a la RAE con el fin de actualizar el análisis de este término. No pienso que en modo alguno la generosidad fuera patrimonio o estuviera vinculada ni a la nobleza ni a la ilustre ascendencia, más bien podríamos pensar que la mayoría de los nobles lo fueron porque se aprovecharon de la generosidad de sus vasallos -menos nobles de título que no de señorío-, a quienes llamaban "plebeyos". El motivo para que hoy no reconozcamos los méritos de aquellos plebeyos fue que sus obras se las apropiaron otros o se escribieron en el viento. Y es que no sabemos de la historia más de aquello que, interesadamente, los poderosos mandaron escribir, e ignoramos lo que quisieron borrar.

Nunca he considerado que fuera generoso dar lo que nos sobra... A veces cuesta reconocer que el verdadero mérito y por tanto la virtud, está en compartir lo escaso y lo que nosotros mismos precisamos para vivir. Me contaba mi madre, la hija de la maestra del pueblo salmantino de Arroyomuerto, que le sorprendía sobremanera cuando al acontecer una desgracia para algunos de los vecinos, el resto se volcaban desinteresadamente para ayudarlo. Y lo hacían a escondidas, como si les avergonzara su altruismo. De noche, sin que nadie les viera, dejaban a la puerta del infortunado: un balde de alubias, unos huevos, un costal de trigo, o lo que fuera; en función del caso o del momento de la cosecha.

84

Aquellos plebeyos de mi pueblo serrano sí que eran generosos, aunque no fueran de ascendencia ilustre; practicaban un modelo de estoicismo que les permitía controlar, con desprendida valentía, los golpes que a menudo perturban la vida.

Pues son gentes como esas, paisanos sencillos de muchos pueblos que constituyen la mayor parte de la población del mundo, quienes afrontan con generosidad sus desgracias y dan verdadero ejemplo de solidaridad. Unos pueblos a quienes decía el P. Ignacio Ellacuría, S.J., "Dios mira con ojos de amor e infinita misericordia como los hijos más queridos".

A menudo se puede confundir generosidad con caridad y es muy difícil apreciar la de los demás con objetividad. La diferencia se podría traducir en términos prácticos así: ante una necesidad ajena, el generoso es quien entrega un óbolo sin esperar nada a cambio; el caritativo, en una situación semejante, opta también por atender al necesitado, aunque en este caso lo haga a costa de su propia penuria. Para un cristiano no cabe confusión porque la caridad consiste en amar al prójimo como a uno mismo. A fin de justificar este, aparentemente extraño y difícil de entender comportamiento, el cristianismo aplica una "tabla de valores" que permite optar y juzgar elementos como: la eternidad, el cuerpo como origen del mal, la inmortalidad del alma, etcétera, que mueven la intención hacia esperanzas superiores.

Nos resulta difícil aceptar, cuando obramos a favor de otros, que no se nos reconozca la autoría e incluso que no venga de vuelta algún tipo de compensación. En la gestación de la cultura cristiana, vínculo de unión europeo, se produjo una fusión entre dos formas muy diferentes de comprender la vida: la helénica y la semita. El humanismo cristiano, que fusiona el interés del individuo con el de la comunidad, nos dio nuevos parámetros para afrontarla: En la entrega continua y sin reservas del amor estriba la esencia del cristianismo. La creación no es sino una manifestación de la generosidad divina y nosotros, sus criaturas, somos un don de Dios; por tanto nuestra vida no es racional sin una teología de la caridad.

Resulta por otra parte evidente constatar que, en nuestro modelo de comportamiento, gran parte de esa herencia cultural recibida se está perdiendo; porque es consecuencia, quizá, del abandono a los valores éticos que la formaron. Tal actitud evidencia cuánto nos cuesta fiarnos de

Dios. Preferimos el aval de los hombres que se ejemplifica en el poder y la propiedad. Y ello, en el fondo, ¿nos conduce a la felicidad? La experiencia nos dice que el mayor beneficio que produce la caridad se inclina siempre del lado de quien la ejerce. Volvamos pues a recuperar ese espíritu cristiano que transformó Europa.

Así, los diferentes pueblos o comunidades que convivimos en la U. E. aunque nos comuniquemos a través de diversas lenguas -como les ocurrió a los judíos en la diáspora-, tendremos un vínculo común y mantendremos una visión del mundo similar, un modo semejante de comportarnos, los mismos fundamentos y la misma lógica que se deriva de ese cristianismo caritativo y generoso.

Francisco A. J. Mata

ANÁLISIS

"¿Cree usted que la homeopatía es útil para curar?"

F. A. Juan Mata Hernández, 20 de marzo de 2019 a las 12:36

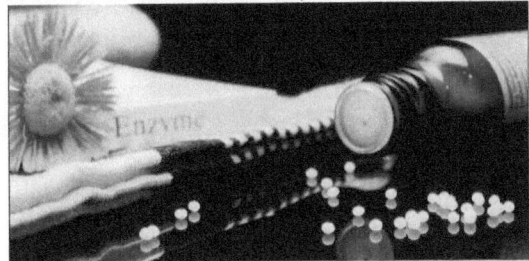

HomeopatíaPixabay
OPINIÓN | COLUMNISTAS

Con esta pregunta me abordó días pasados una simpática periodista en la calle Bravo Murillo de Madrid. Recurro a este suceso para referirme a la noticia de que se va a limitar e incluso prohibir el uso de cualquier opción médica de las llamadas alternativas. La joven que me entrevistó para una cadena de TV, se convirtió en promotora inconsciente de este artículo. La conversación ante el cámara que la acompañaba se inició más o menos así:

-¿Conoce usted la homeopatía?

-Pues claro que sí. Yo mismo podría ser un homeópata, pues tengo mi propio Repertorio de remedios homeopáticos.

-¿Y cree que la homeopatía puede curar?

-Estoy absolutamente convencido, al menos en algunos casos; porque lo he visto con mis propios ojos.

Y, por supuesto, no la estaba engañando. Efectivamente durante los años 1989 y 1990, o sea dos cursos completos, estudié homeopatía en unas clases de Medicina Alternativa que impartía la doctora María Pérez. Se trataba de estudios, no reglados; ella era la profesora y los dirigía desde un aula situada en la calle Ibiza de Madrid. María era argentina y además tenía, según los diplomas que exhibía su despacho, títulos de licenciada en medicina y psiquíatra.

Pero, ¿qué es la homeopatía?

Samuel Hahnemann, un químico y médico sajón que vivió entre los siglos XVIII y XIX, descubrió que un remedio es también idóneo para

~ 87 ~

curar aquello que, en otras condiciones, es capaz de producir. Su método se llamó homeopatía, y el lema fue, la descripción de su descubrimiento: "similia similibus curentur", que significa: "lo similar cura lo similar".

Si hiciéramos un viaje hacia esas fechas juveniles de la homeopatía, comprobaríamos con estupor que la medicina de entonces era un peligro mortal -se llegó a decir que algún tipo de medicina alopática, como la browniana que abusaba de sus medicamentos, mató más gente que la Revolución Francesa y las guerras napoleónicas juntas-. Visto así, a nadie le sorprenderá que el descubrimiento de Hahnemann, que abogaba justo lo contrario, tuviera tan sobresaliente acogida. Además no parece que ninguno de sus múltiples opositores pudiera alegar en contra del científico que la homeopatía comporte algún tipo de riesgo para la salud; pues las dosis mínimas que se utilizan en los tratamientos, están en las antípodas de sistemas médicos de la época, como el tan letal y ya citado de John Brown. Aquella medicina browniana había marginado el principio de Hipócrates "primun non nocere", -ante todo no hacer daño-. Hahnemann, convencido de lo que decía, probó consigo mismo que al tomar dosis excesivamente altas de quina desarrollaba unas fiebres muy similares a la malaria, mientras que en dosis mínimas, esa misma quina resultaba un remedio muy eficaz contra aquella enfermedad tropical. De un modo tan simple, quedaba probado su lema de que lo similar cura lo similar.

Es cierto que hoy la ciencia médica más cualificada, proporciona unos resultados que en el pasado se podrían tildar de milagrosos. Este avance no es sino el fruto de la experiencia y la investigación de miles de años, sin embargo, todavía hoy, muchos tratamientos alopáticos son inútiles, en exceso agresivos, o incluso perjudiciales. Por ello no tiene sentido descartar de raíz métodos alternativos o complementarios, que han demostrado su eficacia durante más de dos siglos, en el caso de la homeopatía, o como la acupuntura, que es la medicina tradicional China desde hace miles de años.

Por citar algunos ejemplos señalaré que conozco directamente casos desesperados, en amigos y conocidos afectados por esta terrible enfermedad de nuestros días que llamamos depresión; en ellos, la medicina alopática tradicional, con sus dosis de psicofármacos, no parece poner remedio. Estas personas se refugian en una angustia cada vez mayor y hasta esperan, a veces, la muerte como única solución a sus males.

Pues bien, quizá la homeopatía fuera un remedio válido en estos casos y otros similares, así que ¿por qué descartarla?

La homeopatía, según nos explicaba María Pérez, ha hecho y sigue haciendo patogenesias de muchas substancias, y los resultados de esta experimentación son los que recogen los libros de referencia en los que se apoyan los especialistas para recetar: La Materia Médica y el Repertorio Homeopático.

Pero resulta también importante, y entra de lleno en la polémica actual, sobre su conveniencia de mantener o rechazar esta faceta médica, que el coste del medicamento homeopático debiera ser simbólico por sus características de fabricación ilimitada. Esto lo haría insignificante para las arcas públicas, no sólo porque evitaría el pago de royalties a firmas extranjeras, sino porque sustituiría a otras medicinas alopáticas mucho más costosas, con enormes contraindicaciones y efectos secundarios; amén de, en casos como los citados de la depresión, un efecto demasiado lento, cuando no nulo e incluso en ocasiones negativo para el paciente.

¿Por qué la medicina homeopática no debiera tener ningún coste?

Los remedios homeopáticos se fabrican diluyendo en alcohol de uso interno -a veces, también en agua o lactosa - el principio activo. Se agita enérgicamente -sucusiona- y se extraen unas gotas que se mezclan de nuevo con el alcohol. Así se va elevando la potencia y disminuyendo la presencia del principio activo, de manera que, a partir de lo que llamamos 6ª decimal, ya no habría ni rastro de substancia en el preparado, quedando sólo su energía. Como consecuencia no pueden producir daño, aunque sí reacciones, pues estimulan las defensas del organismo y podrían producir fiebre, supuración, secreciones salivares y sudoríparas diversas. Pero después de esa reacción inicial el paciente se iría sintiendo mejor. Se suelen utilizar diluciones bajas -decimal-, cuando los síntomas son físicos y más elevadas -centesimal-, cuando son psíquicos.

Pues bien, con la última dosis de cualquier remedio, se podría volver a realizar una nueva dilución, obteniendo así más cantidad del mismo preparado con destino a los enfermos que los precisaran. Como se ve, todo se reduce a un buen sistema de almacenamiento, envasado y dispensación del medicamento; una tarea que bien pudiera delegarse en los ambulatorios de la Seguridad Social, que se ocuparían de esa dispensación gratuita.

Han pasado ya treinta años y mi maletín de remedios homeopáticos conserva los productos, diluidos en alcohol de 90% de uso interno, con semejante estado que el de cuando los elaboramos: El Apis es un remedio agudo y sigue siendo una excelente fricción contra las picaduras de abeja o avispa; el árnica es una medicina inmejorable e inmediata para reducir, mediante vía tópica con tinturas o aceites, la hinchazón y el dolor de un traumatismo, etcétera. Ambos en su modo homeópatico, son excelentes remedios.

No pretendo con este artículo incentivar ni animar al uso de estos tratamientos, que en cualquier caso debería ir siempre de la mano de un médico especialista en la materia, pero creo que merecería la pena repensar el debate, antes de prohibirlos o limitarlos. La medicina alopática, como ya he indicado, no es siempre una panacea, y ha avanzado en muchos casos, a costa del sufrimiento de errores y efectos secundarios, más nocivos incluso que la propia enfermedad. Algo así no se podría esperar de las más que contrastadas medicinas alternativas, como la homeopatía o la acupuntura.

Francisco A. J. Mata

¡Jesuitas! "Esta noche me voy con gente inteligente"

Juan Mata Hernández, 30 de marzo de 2019 a las 08:37

Jesuitas
OPINIÓN | CARTAS AL DIRECTOR

"Hoy no voy a poder ir con vosotros. Tengo un compromiso con gente inteligente" (Federico García Lorca, dirigiéndose a sus amigos, Luis Buñuel, Pepín Bello, y Salvador Dalí, en la Residencia de Estudiantes)

Bueno, tras esa simpática referencia al gran poeta del 27, hoy también desearía que me acompañaran ustedes con esa gente inteligente. Y es que he invitado a esta esquina del periódico, a los jesuitas.

¿Entonces, qué mejor que comenzar con un paisano del gran poeta granadino? Me refiero al teólogo José María Castillo, que siempre habla muy claro y, de frente; aunque, derecho, camino adelante... ya sabemos, como decía el Principito, que no se puede ir muy lejos.

Cada vez se afianza más la convicción, de que nuestra Iglesia ha venido circulando por vericuetos extraños que se alejan del mensaje del evangelio. Quizá sólo algunos de sus teólogos más inteligentes, los jesuitas, han sido capaces de apreciar este fenómeno y nos envían de vez en cuando mensajes para poner fin a tanta desorientación.

Ahora bien, tales sugerencias ¿caen en tierra fértil? Seguramente no. Vivimos con una imagen de Cristo profundamente alejada de lo que representó su vida; y navega nuestra Iglesia entre la convivencia y complacencia con un entorno social dominado por la esclavitud a los bienes materiales.

Así, mientras cerramos los ojos ante guerras y miserias que no son ajenas a los intereses de occidente, mal se podría aplicar el mensaje del evangelio de Jesús. Y, sin seguir su camino ¿qué representa, y para qué nos serviría, la Iglesia?

¿Y qué nos dicen al respecto, estos teólogos jesuitas?

El de Puebla de Don Fadrique, José María Castillo, expresa con inquietud la veleidad de una Iglesia de pompa y apariencia; allí donde parece primar la aparente religiosidad de muchos cristianos que se dicen practicantes, aunque en su vida diaria sean unos sinvergüenzas.

«No se es cristiano sólo por ir a misa y rezar el rosario, si luego se abandona, engaña o desprecia a sus semejantes». Y señala, muy acertadamente, que el mayor error de nuestra Iglesia es el de haberse acomodado a los sistemas económicos y políticos de occidente, con olvido flagrante del mensaje evangélico.

Propone pasar de la religiosidad del rito y el dogma, a la humanidad de un comportamiento ético como proyecto de vida, pues no hubo ritual, sino ejemplo de servicio a los demás, en la vida de Jesús. Ese es en realidad el origen de la situación de crisis que todos apreciamos, al observar como disminuyen las vocaciones y se vacían los templos, mientras afloran los escándalos.

Pero tiene palabras de esperanza, pues confía en que el revolucionario enfoque teológico, de cercanía, sencillez, y bonhomía del Papa Francisco, fortalezca la fe. Alaba, pues, esa prioridad del mensaje evangélico, con una nueva lectura más próxima a los problemas del mundo y de la gente. Visión que, por otro lado, fue el mensaje que recogió el concilio Vaticano II, aunque esa evolución se viera truncada por una etapa postconciliar muy conservadora y remisa al cambio.

Otro teólogo jesuita, Juan Antonio Estrada, constata que la Iglesia ha pasado del enfoque de comunidad en los primeros tiempos, cuando se identificaba a los cristianos con el admirativo: «¡Mirad como se aman! » a una eclesiología demasiado jerarquizada. Propone que se deben abordar los problemas de los fieles desde una visión del mundo como la aldea planetaria que es, donde las acciones de unos afectan a todos, con consecuencias que pudieran ser devastadoras, como las ecológicas.

Pero antes de pasar a nuestro querido papa Francisco, deseo detenerme en la figura de Hans Urs von Balthasar, otro teólogo jesuita que ha avanzado una interesante hipótesis de aproximación a lo que sería la otra vida, donde imperaría, como no, el amor, sobre cualquier dogma o consideración que atemorice esta existencia temporal, tan humilde y limitada; aunque engrandecida por ser hijos de Dios. Así pues, Balthasar señala que no encuentra en esa lógica del amor, motivo alguno para justificar quién se salvará o condenará al final de la vida, pues ese amor ilimitado de Dios conlleva la salvación de todos y, en ese contexto, no reniega del dogma de la existencia del Infierno, pero presume que, muy probablemente, aquel tétrico lugar de tortura estará vacío.

El también jesuita, Karl Rahner, añade que el cristianismo tiene que ir desarrollándose continuamente. No está muerto ni ha pasado de moda, pues sigue siendo la religión absoluta; pero el lenguaje religioso de nuestra época no puede ser el del pasado. Y el acto supremo del entendimiento consiste precisamente en percatarse y aceptar que existe lo Incomprensible. «La herejía más peligrosa es creer en Dios sólo cuando nos ayuda, o sólo porque deba ayudarnos. ¿Cómo explicarle a uno que Dios es más importante que su propia barriga?».

Otro teólogo jesuita, Teilhard de Chardin, advierte sobre los problemas del aislamiento y de la marginación del individuo, tan actuales hoy en día donde se extiende el cáncer de la soledad. Ningún futuro puede esperar la sociedad si no es el fruto de la asociación de cada individuo con los demás.

Bien, pues con todos estos antecedentes ya hemos llegado a la figura estelar del también jesuita, como no, Papa Francisco. Mucho y muy positivo se ha escrito sobre su figura, pero también ha sido blanco de fuertes críticas, falsedades y calumnias. Parece que el deporte de moda consiste en atacar la renovación de la Iglesia, tan ansiada por otro lado, en la persona de quien con mayor ahínco se ha propuesto llevarla a cabo. Quizá por el temor que impone su formación jesuita, con el bagaje histórico a que la Compañía de Jesús se ha hecho merecedora: por su brillantez en el estudio e interpretación del mensaje evangélico, por la tenacidad en defensa de los más débiles, o como abanderados frente a desviaciones de la doctrina; aunque también, quizá, por ese voto especial de obediencia al Papa, que heredó de la Orden del Temple doscientos años después de su desaparición.

Pues, no se sorprendan, pero los ataques más fuertes contra el representante de Dios en la Tierra provienen de dentro de la propia Iglesia. Probablemente tengan incluso un origen no muy alejado del Vaticano, donde algunos purpurados verían con temor peligrar privilegios y honores. No soy un teólogo para opinar y discernir las razones que se esgrimen a favor y en contra del Papa, pero me siento un hombre de bien de nuestro tiempo y creo que es absolutamente necesario que la Iglesia, nuestra Iglesia, se adapte a la realidad de los tiempos y margine la pompa y el boato. Por poner un ejemplo, baste decir que mientras nuestros templos se vacían, el Papa Francisco congregó en la misa celebrada el 18 de enero de 2015 en Filipinas a más de 6 millones de personas; el evento con mayor asistencia de la historia.

Se cumplía el mensaje del Principito: «derecho, camino adelante..., no se puede ir muy lejos»; así que, la Iglesia retiró en 1988 a José María Castillo, y a Juan Antonio Estrada, la venia docendi. En 1950, Hans Urs von Balthasar, abandonó la Compañía de Jesús y le prohibieron dar clases porque sus ideas se alejaban del mensaje tradicional católico. Karl Rahner fue marginado por Juan XXIII al ser investigado por sospecha de herejía. En 1958, un decreto del Santo Oficio mandó retirar las obras de Teilhard de todas las bibliotecas religiosas.

Nada dignifica tanto al ser humano, como perdonar a quien le ofende. Y eso fue lo que ocurrió: ninguno de los referidos teólogos se alejó de la Iglesia, ni mostró rencor alguno, antes bien, mantuvieron una disciplina ejemplar a la Iglesia y al Santo Padre. Por ello, y porque muy probablemente su teología esté próxima a la del Papa, de quien, los que permanecen vivos, se muestran admiradores incondicionales, Francisco les ha abierto las puertas, con una llamada al diálogo y a la alegría del evangelio.

*(F. A. **Juan Mata Hernández**, c. t.)*

Francisco A. J. Mata

ANÁLISIS

"El misterio se agranda: Love pink no es la Cupido de la M-30 de Madrid"

F. A. Juan Mata Hernández, 02 de abril de 2019 a las 12:57

Grafitis corazón en la M30 de Madrid.EP

OPINIÓN | COLUMNISTAS

Días pasados saltaba la noticia: «Era un gran misterio hasta la fecha, pero todo lo secreto se acaba sabiendo».

Comenzaré diciendo que la comparación que utilizaba a una tribu que pudo dar nombre a Andalucía -los vándalos-, con el arte urbano que alegra la arteria urbana más concurrida de España, no creemos que fuera la más adecuada.

Hace unos cuatro meses, tuve oportunidad de publicar en Periodista Digital un artículo referente a esos corazones de la M-30. Se trataba entonces de una entrevista con uno de los grafiteros más conocidos de nuestro país, a quien, para proteger su anonimato, yo denominé Siegfried - si no lo leyeron entonces, pueden hacerlo ahora a través del siguiente enlace:

https://www.periodistadigital.com/opinion/cartas-al-director/2018/12/11/f-a-juan-mata-hernandez-el-globo-rojo-de-corazon-que-volo-desde-londres-a-la-m30-de-madrid.shtml

Pues bien, ambos, Siegfried y yo, utilizamos allí el término vandalismo para atacar el destrozo de bienes públicos o privados que causan quienes, sin respeto a los demás, producen esos daños físicos y ambientales, pues amén de obligar a reparar los deterioros, nos fuerzan a torcer la vista para evitar ese espectáculo de firmas cochambrosas o garabatos sin sentido. Pero no es ese el caso de un artista del corazón como, sin duda, debe ser el autor del arco iris de sentimiento que ilumina y hace más humana la M-30. Yo entonces lo comparaba con Banksy, y no porque la calidad del trabajo fuera mejor o peor que la del artista inglés, sino porque ambos vuelcan belleza y apacibilidad allí donde más se necesita, que es en el campo de la batalla urbana de cada día.

La noticia a la que hacía referencia en el encabezamiento de este artículo señalaba que la Policía Nacional había arrestado a una mujer de 22 años, llamada Sandra, y la citaba como autora de tres asaltos: "la primera grafitera arrestada en Madrid". Francamente, hablar de asaltos para referirse a los corazones de la M-30, me parece excesivo celo informativo o notoria falta de sensibilidad. Pero es que además, todo esto no es sino una fake-news, pues en los días posteriores, la auténtica Love pink o el auténtico Love man ¿quién sabe? Salió en defensa de la injusta detención asumiendo la autoría por la que la denunciaban, con esta nota que reproduzco a continuación:

«Soy la persona que pinta los corazones en Madrid, especialmente en la M-30. No tengo nada que ver con la grafitera responsable de la firma "love" y nunca me han detenido. Mi norma fundamental es no destruir, sino dar color a columnas y paredes grises de hormigón. Nunca vagones ni fincas privadas. Los corazones pretenden dar un mensaje de alegría y amor, intentando sacar una sonrisa a quienes los vean».

El tarjetón manuscrito, que ha hecho seguir junto a una rosa roja, por otro lado muy significativa, a varios medios de comunicación, incorpora su firma: siete corazones de colores, que dan fe de que el autor es quien dice ser.

La juventud es una etapa de nuestra vida donde "la audacia de sentir" se expresa a menudo de mil maneras diferentes y corresponde exactamente a lo que esta joven viene haciendo con sus dibujos, al sentimiento libre, personal y, en cierto modo, alocado que tiene el amor. Es algo que todos debiéramos haber sentido y que hay que perdonar, porque lo hemos vivido y quizá no todos nos hayamos atrevido a expresarlo así. La educación estandarizada y normativa debe dejar algún resquicio al ingenio y la aventura, como algo perteneciente al conjunto de ideas creativas que hace avanzar la cultura que nos identifica.

Sin duda habréis pensado algunos que hay en él, algo de Quijote, habréis temido y temeréis que realmente acaben descubriendo quién es y por qué hace lo que hace, pero quizá ya para entonces alguien pueda ayudar a quienes nos gobiernan para que sepan diferenciar al vándalo del artista, y tengan entre sus objetivos la persecución de quienes realmente atentan y son peligrosos para la sociedad.

¿No hay o había ningún delincuente más peligroso a quien perseguir?

ANÁLISIS

"¿Asilo, o eutanasia…? "

F. A. Juan Mata Hernández, 15 de abril de 2019 a las 12:35

Ancianos en el metroTwitter
OPINIÓN | COLUMNISTAS

El envejecimiento de las poblaciones es un fenómeno mundial que parece irreversible a corto plazo. Según la estimación de Naciones Unidas, en 30 años España será el tercer país más viejo del mundo con un 34% de población mayor. Esto obliga a resolver con eficacia y seguridad el problema de atención a este colectivo, entre otros motivos, por la cuenta que nos tiene.

Hay quienes sin el menor ánimo de despreocupación, sin pretender renunciar a su responsabilidad familiar de atención a los mayores, deciden apoyarse en una institución que ayude a hacer más segura, amena y feliz la vida de los últimos años de sus padres. Entre estos se encuentran la mayor parte de las personas que optan por ingresarlos en una Residencia de Ancianos. En teoría su decisión es lógica y correcta. En la práctica, a veces el resultado es una auténtica miseria. De eso quería hablarles hoy.

Hay que buscar, y quien busca normalmente termina encontrando, las causas por las que a veces se producen esas situaciones que convierten en un antro para nuestros mayores lo que hubiera debido ser un lugar placentero. Me ha parecido encontrar tres "razones":

El motivo de la primera es económico. Es el argumento de nuestros días que busca primar la productividad y el resultado sobre cualquier otro parámetro. Por ello, para abaratar costes, se incorpora en las Residencias de Ancianos a profesionales que se ocupan de responsabilidades para las que no están cualificados. Incluso, a veces, ni siquiera han sido sometidos

98

a un mínimo examen psíquico, para determinar si su carácter es el adecuado o se trata de individuos violentos, zafios, o insensibles, incapaces por tanto, de asumir la elevada responsabilidad que exige la ocupación y atención de personas dependientes, y/o con minusvalías físicas o psíquicas. En consecuencia pensamos que no se valora la importancia que ha de darse y tiene la dignidad humana. Muchas son las personas que persiguen un inmenso deseo de bien como "sentido de vida", y es a ellos a quienes se debería encomendar esa labor de tutela.

El de la segunda -incluso menos tolerable- es político: una administración que se precie, que anteponga el servicio a la imagen pública, debería vigilar con prioridad absoluta, que un colectivo tan vulnerable y a la par tan merecedor de atenciones como es la ancianidad, merece que se le garantice un respeto y trato decoroso, y ello en cualquier momento y en cualquier lugar. La visita periódica, posiblemente anunciada, de un inspector, no pasa de ser más que la ocasión para que los responsables del Centro presenten sus mejores galas y oculten, en su caso, las miserias.

El argumento de la tercera tesis nos responsabiliza a todos, pues es moral: porque la moralidad y los valores con que nos movemos, son el sistema de vida que cada sociedad construye según el momento y el lugar. Claro que esa norma de comportamiento evoluciona siempre en función de la presión que ejerce una minoría sobre la colectividad, aunque afecte después a todas las clases y a todos los niveles sociales que la componemos. Es un hecho que los impulsos que mueven la opinión de la mayoría proceden siempre de muy pocos, y ellos mismos están condenados a desaparecer también, tarde o temprano, absorbidos por la frenética presión de otros que llegan para reemplazarlos. Me refiero a los famosos o triunfadores que hoy llaman influencers, y que son aquellas personas que expresan opinión, tienen notoriedad, representatividad, y/o destacan en algún aspecto que la sociedad valora. La cuestión se complica cuando quien pone los ladrillos de ese edificio, es en el fondo un incapaz, y expone una posición subjetiva o interesada, porque le pagan para ello, para animar a decidir sobre qué hacer, o la consideración de lo que debiera estar bien o mal.

Algunos de esos elementos constructivos son superficiales porque influyen sobre aspectos, se diría que, externos del comportamiento y no afectan en exceso a la actitud moral, aunque producen grietas en el edificio social. Así, parece ser que en los países árabes es correcto eructar ante el anfitrión después de un buen almuerzo; y en algunas tribus de Alaska el esquimal ofrece al huésped que se acueste con su esposa. Otros, eso en nuestro país, nos enseñan que se debe orinar en público si a uno le viene en gana; o que está bien interrumpir un oficio religioso para exhibir la anatomía de alguien que reclama la atención de los demás. Luego, la minoría selecta decidirá si aquello es importante o no, o sea si puede pasar a formar parte del acerbo moral más adecuado. Nuestro planeta es un arco iris de costumbres, aunque hay algunas que evolucionan al revés.

El problema se agudiza cuando esa élite rectora, tan innovadora, permisiva y moderna, ha decidido que la tercera edad no merece la consideración debida a sus conocimientos, dedicación, experiencia y estado, por mucho que se llene la boca para hablar de promesas sobre pensiones al acercarse unas elecciones. Pero, como el impacto que producen sus opiniones es enorme, la perspectiva de la moral colectiva se obscurece.

Así, ya hemos llegado al suceso que es portada en estos días de los telediarios, pues vemos que el trato que dispensan en alguna Residencia de Ancianos raya lo intolerable. La vida de nuestros mayores acogidos allí es un auténtico infierno, donde el diablo se esconde tras el miedo, la ignorancia, o el desprecio a quienes lo denuncian. Decíamos no hace tanto que ese dogma de fe cristiana no tendría hoy sentido, pero no imaginábamos que el averno estuviera tan cercano.

La otra consecuencia, también de actualidad, es aún peor, pues pone en cuestión la propia vida. Me refiero al debate sobre la eutanasia. Hoy tenemos en marcha un juicio colectivo sobre si conviene regular la norma que permita acabar con la vida de quien ya esté cansado de vivirla. Lo llaman eutanasia y sería una alternativa singular al Asilo de Ancianos, a la par que aliviaría la carga pública de las pensiones. La moral de algunos de nuestros dirigentes parece inclinarse hacia ello. Pero, ¿estamos seguros de lo que pretenden? ¿Quién y cuándo tiene el derecho a decidir sobre la vida de otros?

No, si ya sé que me dirán que el que ha decidido terminar con su existencia es el individuo que así lo solicita. Pero miren, el suicidio es algo muy parecido y no está permitido, ni creo que nadie en sus cabales lo apoyase. Además justificar que realmente habría causa o motivo para autorizar esa práctica, sí que requeriría un fedatario público. Porque ¿es más importante probar que se ha decidido transferir un inmueble, o acabar con una vida? Pues, no siempre, por no decir que casi nunca, sería suficiente argumento presentar un vídeo, una carta firmada, o veinte testigos que confirmen el deseo fehaciente del difunto. Yo nunca he sido miembro de un jurado, pero mucho me temo que habría casos para poner en cuestión, la validez de cualquiera de esas pruebas o argumentos.

ANÁLISIS

"Un nuevo credo para Pangea"

F. A. Juan Mata Hernández, 22 de abril de 2019 a las 10:53

La Tierra hace 300 millones de años.
OPINIÓN | COLUMNISTAS

«Sólo el que es capaz de dar a la ciencia lo que es de la ciencia podrá dar al misterio lo que es del misterio» - José Gómez Caffarena, S.J. en su libro, "El Enigma y el Misterio. Una filosofía de la religión"-.

Hace relativamente poco tiempo, unos 300 millones de años; período que representa apenas el 6,5% de la edad de la Tierra, el suelo visible sobre el mar de Panthalassa, era un único continente que denominamos hoy Pangea. Cuando explico esta circunstancia a los grupos de visitantes del Museo Geominero, destaco el dato para reseñar que esa debiera ser la única frontera y bandera para toda la humanidad. En realidad así fue el mapa del pasado y bien pudiera volver a ser el del futuro, pues el movimiento de bloques continentales continúa y muy probablemente volverá a reunirlos físicamente algún día.

Bien, pues en este contexto hoy nos enfrentamos al fenómeno de la globalización, no físico como entonces, sino social y económico. Ya debiera aparecer en el horizonte ese estado mundial único y sin fronteras, un Pangea que no es la ONU ni la OTAN; es el conjunto del Planeta Tierra, el hogar común de todos los que la habitamos. No es un sueño ni una novedad, pues hace ya más de dos siglos que Karl Ch. Friedrich Krause nos presentó y defendió ese proyecto. Tampoco constituye una renuncia inmediata a la identidad de los pueblos, pues, para preservar las raíces de una cultura aún se cuenta con la religión, la lengua, y la propia historia; aunque tendrá corto recorrido porque se camina hacia una cultura común.

Somos conscientes de que cuanto nos rodea es caduco, basta con mirar hacia atrás en el libro del tiempo para comprobarlo. Y así, teniendo en cuenta que vivimos una época marcada por la explosión de los medios de comunicación, resulta muy difícil mantener un patrón cultural absolutamente independiente del resto. Lo vemos al aceptarse con entusiasmo festividades que nos eran ajenas, como Halloween, o deportes como el rugby, footbol, beisbol, etc... que se hacen populares por todo el mundo. El cine, internet, y la televisión, colaboran decididamente a crear un patrón de costumbres que va asemejando unos lugares a otros. Se desplazan además culturas autóctonas que quizá llevaban detrás el bagaje de siglos. Probablemente tampoco el fenómeno religioso será una excepción.

Decía el teólogo católico Schillebeeckx: Hay más verdad en el conjunto de todas las religiones que en una religión aislada. Una afirmación sobre la que meditar si pensamos que existen, sólo en África, unos 3.000 pueblos que tiene cada cual su propia visión religiosa.

Aunque las guerras de religión están ya algo lejos, es cierto que, como se percibe hoy, determinados grupos movidos por sus creencias se radicalizan y llegan al fanatismo y a la violencia; pero, en general, la religión es un soporte social que debiera permitir enraizar la cultura propia sin excluir la ajena, y servir, por tanto, como guía de tolerancia para superar el pensamiento único. En cuanto a la actitud fanática, considero que es la consecuencia inmediata de los movimientos de fronteras producidos el siglo pasado en Oriente Medio; una expresión de la doble moral del mundo occidental: una fachada de generosidad como compensación al genocidio judío a costa del pueblo palestino. O sea pagar con dinero de otro la compensación a un crimen que cometió un tercero; política de intereses que ocultan ambición, prepotencia, soberbia... y una enorme sed de poder.

El éxodo judío hacia Palestina fue como el desahucio brutal y en masa para ocupar las tierras de unos desgraciados a quienes nadie defendió. Y ahora sufrimos las consecuencias. Las víctimas indefensas se han armado y claman venganza: eso es el terrorismo islámico. Ellos, los hijos y nietos de los expoliados, no será fácil que olviden la afrenta, al menos mientras no se repare el daño. El mundo tiene que aceptar esa realidad y la solución está en la globalidad, pero no económica como se está produciendo ahora, sino física: la eliminación de todas las fronteras.

El problema estriba, no obstante, en fijar criterios válidos para alcanzar una cierta convergencia entre las culturas y las religiones. Pero ¿Cuál es el núcleo de cada religión? La religión judía tuvo desde siempre muy clara la respuesta: ¡cumplir la ley a rajatabla! Pero ¿Acaso no lo ve igual un musulmán, pues tiene en el Corán su norma de vida? Y no hace tanto que el catolicismo era la guía normativa de occidente que permitía llevar a la hoguera a los herejes. Así pues, no resultará fácil una convivencia de estos tres credos monoteístas, por mucho que en el pasado pudiéramos hallar modelos y situaciones puntualmente ejemplares. Pero hoy la religión en occidente está en franco retroceso. El laicismo se impone como un nuevo credo y su culto parece obligatorio ¿Estamos condenados a tener que optar entre esa nueva ignorancia religiosa o el fundamentalismo islámico creciente que aterriza en Europa con los movimientos migratorios?

¿Cómo resolver el problema? Caffarena nos aporta una luz: Es una necesidad imperiosa vinculada a la finitud del hombre, que la requiere como guía hacia la salvación en la otra vida y para el consuelo en esta. Cree hallar siempre un trasfondo místico debajo de cualquier actitud moral, incluso la del laicismo que rechaza el hecho religioso. En realidad, como dice José Antonio Marina, ese propio laicismo ha sido alumbrado por una sociedad religiosa. Y bajo el anhelo profundo y vital de la mente humana, es precisa la religiosidad hasta para un ateo. Pero es que además, una idea tan grande como la existencia del Dios que enseñan las religiones, como intuía Descartes, no puede ser una invención humana, sino que debe proceder de la propia inspiración divina. Visto así, la religión no es sino una norma de conducta ética revelada por Dios.

Pero el debate sobre el tema es profundo y hay opiniones contrarias muy enfrentadas. Así, Bertrand Russell afirma que las religiones hacen daño y, además, no son reales. Dice: «Creo que todas las religiones del mundo -el budismo, el hinduismo, el cristianismo, el islam y el comunismo- son a la vez mentirosas y dañinas. Es evidente, como materia de lógica, que, ya que están en desacuerdo, sólo una de ellas puede ser verdadera. Con muy pocas excepciones, la religión que un hombre acepta es la de la comunidad en que vive, lo cual hace obvio que la influencia del medio es la que le ha llevado a aceptar la religión en cuestión».

J. A. Marina se plantea en su ensayo "Dictamen sobre Dios" la pregunta de si es posible construir una ética universal. Lo enfoca desde el otro extremo. No se trata de si es posible. Lo que piensa es que es necesario. Es decir que, mientras no se construya una ética universal el mundo continuará siendo el mismo matadero que hasta ahora. Aunque la ética, como todo gran proyecto, es voluntario aplicarla al comportamiento. No sería necesario para la humanidad vivir dignamente. Pero si decidimos vivir dignamente, es preciso regirnos por una ética universal, lo que resolvería una religión universal. La religión interesa, dice, siempre ha interesado y parece que siempre interesará y debiera integrar esa misma ética. Además, el fenómeno religioso es un componente esencial en el nacimiento de cada cultura.

Aunar voluntades en busca de la paz ecuménica entre las religiones no llevaría de inmediato a un único credo mundial, pero facilitaría la coexistencia pacífica, la convergencia, y un camino hacia la búsqueda en común de la verdad y del misterio del verdadero Dios. En realidad se podría decir que en todas las grandes religiones ya subyace la visión común de: una proclama moral de rebeldía, protesta y resistencia del ser humano; la llamada a un objetivo universal que supere nuestra finitud.

Así pues, la norma de convivencia de ese nuevo Pangea global se soportaría en un orden moral ideal, que permitiera la fraternidad transcultural y fuera el germen de la nueva religión. Un credo soportado por la moral natural, con una visión dinámica, adaptada a la educación y al medio, y abierta a la universalidad, que contuviera y respetara, una vez adaptada, a todas las que hoy existen. Sería algo así como lo que la religión debe y debió ser siempre: «el corazón de Pangea y del nuevo mundo».

ANÁLISIS
"¿Pánico, ansiedad, miedo o placer?"

F. A. Juan Mata Hernández, 22 de abril de 2019 a las 11:39

Pedro Sánchez con Joan Tardà y Gabriel Rufián.EP
OPINIÓN | COLUMNISTAS

Oigo el latir de mi corazón acelerado, pero trato de ignorarlo. La tensión no me abandona y busco la salida del sollozo impetuoso, ¿demasiado pronto o demasiado tarde? Las lágrimas no llegan y siento la necesidad fisiológica de huir de aquí, de pelear contra quien tratara de impedírmelo, porque sé que voy a sufrir un ataque de pánico, pero esa misma sensación me paraliza. Se diría que me aterroriza el miedo al miedo.

El miedo es quizá una de las emociones humanas más complejas: Nos puede producir recelo, angustia, terror, dependencia y sumisión, es verdad, pero también cierta forma de placer.

¿Pero por qué y de dónde surge este miedo tan paralizante?

Pues si les soy sincero, eso yo no lo sé. Sin duda es una simple crisis de ansiedad que se desata al ver al líder del PSOE prometer y templar; desmentir y pactar; sonreír a quienes nos desprecian y despreciar a quienes le situaron donde está. Se acercan unas elecciones múltiples en mi país, España, y temo, no sé qué temo, porque veo cosas que mucha gente parece ignorar. Es evidente que, como esto es una democracia y priman las mayorías, no debiera haber motivo para el pánico; sin embargo yo no puedo evitarlo.

Nunca me debería haber ocurrido. Ya lo decía mi padre q.e.p.d.: "La política, hijo mío, es para gentes pancistas. Y a los demás nos manejan a su antojo ¡Tú no te metas nunca en política!". Bueno, ya ven que no le he hecho excesivo caso, porque al mismo tiempo que me daba ese consejo, él y mi madre me inculcaban un amor temerario por mi patria, y yo trato de defenderla al verla en peligro. Además leo con pesar que quizás sean todos ellos los que están equivocados porque, antes de la segunda gran guerra, también la mayoría de alemanes votaron a Hitler pensando que sería un buen gobernante.

¡De qué, si no, me iba a meter yo a escribir artículos de prensa a estas alturas! Miren, les voy a confesar una cosa. Mis abuelos paternos eran gente sencilla, gente de bien sin excesivas ambiciones. Y, como mi padre decía, ellos también opinaban que no era bueno meterse en política. Claro que la política no es algo tan ajeno a lo que uno pueda impunemente renunciar porque, muchas veces, es la propia política la que se mete contra uno. Y así ocurrió que, aprovechando la circunstancia de la guerra civil, los suyos, los que opinaban lo mismo o parecido, estuvieron a punto de fusilarlos frente a un paredón, y sólo porque tenían otras viejas querellas que no habían olvidado.

Pero hoy, personas queridas, de mi propia familia alguna de ellas; amigos de siempre en quienes confiaría mi vida; gentes que parecen sensatas, pero que ignoran o desprecian alegremente esos temores que a mí me paralizan, todos dicen que mis recelos son infundados y que esto que me ocurre no es sino un ataque de ansiedad. Sin duda deben tener razón y ojalá sea así. Pero yo no puedo evitar ese sudor frío de quien teme acercarse a un caos infernal. Así que habrá que analizar algo más sobre lo que es y significa el miedo.

¿Sabían que hay personas que no tienen miedo?

La oportunidad de vivir sin sentir dolor parecería un paraíso en la Tierra. Pero el proceso evolutivo desarrolla el miedo como mecanismo defensivo ante una situación que pudiera causarnos daño. Las personas inmunes al dolor, un fenómeno que se denomina analgesia congénita, desconocen el miedo físico y evitan protegerse. Esa circunstancia les otorga menos probabilidades de sobrevivir y transmitir sus genes. Se estima que, quienes muestran esa singularidad, apenas representan uno entre un millón. Es una característica tan valorada, que se honra como héroe a quien lucha sin temor. ¿Se imaginan la demanda que tendría un ejército de soldados sin miedo alguno?

Desde ese punto de vista el miedo es un complemento y una extensión de la función del dolor. Nos alerta de peligros que no nos han ocasionado todavía ningún daño, sino más bien una amenaza a la salud o a la supervivencia. Del mismo modo en que el dolor aparece cuando algo nocivo ataca nuestro cuerpo, el miedo aparece en medio de una situación en la que se teme correr peligro.

Hay quien ve también en esa emoción una componente mística y el origen de las religiones. Nuestro hábitat, que resulta a menudo tan hostil, nos puede generar inseguridad y miedo. ¿Cómo enfrentar el problema? La búsqueda de un apoyo capaz de desafiar esos riesgos dio origen a que el hombre primitivo descubriera el fenómeno religioso. Es obvio, no obstante, que aquellas religiones llamadas a proteger, tenían también una muy alta relación con el miedo humano. Tal es así que, incluso hasta hace bien poco, muchos de nosotros fuimos educados en un cristianismo donde primaba el temor a un Dios justiciero. Miedo al castigo con un infierno de suplicios y llamas eternas, a manos de demonios atormentadores que mortificarían hasta el infinito las almas. Así, ya desde el Génesis, el primer libro bíblico, el miedo al castigo divino campaba por doquier. Veamos a ese respecto una cita: «Mas Jehová Dios llamó al hombre, y le dijo: ¿Dónde estás tú? Y él respondió: Oí tu voz en el huerto, y tuve miedo, porque estaba desnudo; y me escondí». Desde este punto de vista se puede considerar el miedo religioso como parte de la cultura a la que se pertenece; aunque también es cierto que hoy el cristianismo ha evolucionado, y se comprende que nuestra religión es más una esperanza, por el amor de Dios hacia nosotros sus hijos, que un temor.

Desearía decir también que atacar un dolor insufrible, como puede ser el miedo, es una labor profundamente cristiana. En efecto, el ejemplo de Jesús y toda su doctrina evangélica se dirige más hacia suprimir el sufrimiento y hacer más humana la vida, que a denunciar pecados o exigir penitencia a los pecadores. Médicos, psicólogos, y todo tipo de terapeutas de vocación, serían por tanto, tareas tan cristianas o más que el propio sacerdocio.

La RAE define el término con dos acepciones, como: «Angustia por un riesgo o daño real o imaginario» y «Recelo o aprensión que alguien tiene de que le suceda algo contrario a lo que desea». La palabra proviene del vocablo latino "metus" y se ajusta como anillo al dedo, a lo que ya les he dicho que siento yo ahora.

¿Angustia, recelo, aprensión?... y parece que el más grave efecto negativo que tiene esta emoción primaria es precisamente la ansiedad, o miedo neurótico, que se deriva del temor por algo imaginario. Se trata, en realidad, del miedo a no saber resolver lo que se nos viene encima.

¿Qué es lo que se nos viene encima realmente? ¿Tenemos la certeza de que es tan importante y tan real o que nos va en ello la vida? Hoy, en vísperas de unas elecciones múltiples y con un panorama tan oscuro en que todo parece aventurar que estaremos en manos de quienes pretenden destruir nuestro país, el miedo que yo siento es un fenómeno natural, pero también podría ser una mera aprensión porque las encuestas señalen que no triunfará el partido que yo desearía.

¿Pero, sabían que el miedo es una notable fuente de placer?

Cuando veo que mis nietos disfrutan en una montaña rusa, compitiendo en un salto de riesgo, o viendo una película de terror, comprendo que también el miedo es un placer al que no resulta fácil renunciar. Parece incongruente que paguemos para gozar del miedo, pero no cabe duda de que el terror contenido sea una experiencia de éxito. Hoy será el salto de una valla, pero mañana, si la economía lo permite, puede ser una ascensión al Everest o un viaje a Marte. Ustedes saben muy bien que no estoy exagerando.

Y quizá ahí resida la explicación del resultado de las próximas elecciones generales, autonómicas y europeas en España. Muchos creerán que están viajando hacia un planeta nuevo... ¿Quién sabe si encontrarán en ese éxodo al Principito?

CARTA AL DIRECTOR

DEL GEN EGOÍSTA AL MEME ALTRUISTA

Juan Mata Hernández, 04 de mayo de 2019 a las 11:02

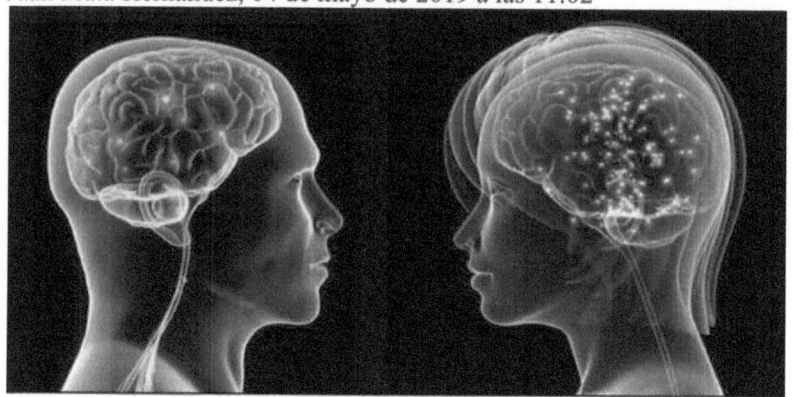

Hombre, mujer y cerebro.XY
OPINIÓN | COLUMNISTAS

El gen egoísta es una obra de Richard Dawkins que analiza las bases biológicas en el comportamiento animal. En más de una ocasión he debatido acaloradamente sobre este tema con mi amigo Diego, sentado frente a mí, en la cafetería de la Facultad de Medicina de la Autónoma de Madrid.

¿Se podría pensar que discutíamos o sería esa una escusa para buscar una respuesta lógica? Fuese una cosa o la otra, estoy seguro de que la vida es demasiado compleja como para pretender entenderla y, quizá, el único valor añadido de esas conversaciones estuviera en desperezar nuestras células grises en un ambiente de amistad.

El gen egoísta nos habla precisamente de eso. De que las moléculas adoptaron la cualidad de hacer copias de sí mismas multiplicándose y uniéndose a otras afines: formando el sujeto de la selección, el gen. A los amigos nos gusta debatir sobre temas en los que coincidimos en lo fundamental, aunque con diferente punto de vista; luego, seguramente de esas coincidencias y diferencias surge la amistad. ¿A qué negarlo?

La aportación de Dawkins consiste en situar la unidad de herencia para la selección en el gen; por encima de la especie, el grupo, e incluso el propio individuo. Es el gen quien adquiere la responsabilidad de

110

perpetuarse, y los seres humanos existimos porque se han preservado los nuestros.

Aunque, éstos, al replicarse no persiguen eternizarse, como si fueran seres conscientes. Sencillamente existen, y los que mejor se adaptan son los que se mantienen, por eso son egoístas puesto que lo hacen a costa de los vecinos. Sin embargo, el ADN que agrupa esos genes recoge también errores ocasionales en la replicación, y alguna influencia externa.

Hasta aquí valdría la afirmación de mi amigo cuando me dice taciturno: «Nosotros somos pura química». Yo discrepo en lo fundamental porque opino que es más importante aún la cultura y el modo en que pretendemos interpretar los sucesos, que nuestras existencias de serotonina, dopamina, etcétera...

Nuestra vida cultural, la que resulta de la tertulia, lectura, contemplación y convivencia con los demás, está llena de impulsos que parecen propagarse como virus de una mente a otra; ideas, dichos, modas, tonos y en suma, todos esos mensajes que tienen vida propia, a los que Dawkins llama memes -del griego mimeme o imitación-. Incorpora, pues, un nuevo tipo de replicante externo al gen y por tanto a la bioquímica.

Recibidos así los memes por nuestro cerebro; allí se transformarían en opiniones y crearían réplicas de modo que, a través de los medios, podrían establecerse en infinidad de cerebros en un tiempo ínfimo. Vean el ejemplo en este mismo artículo que ustedes están teniendo la amabilidad de leer.

Él mismo sería un meme de lo que mi cerebro ha elaborado sobre la evolución, el egoísmo y el altruismo. Aunque mis genes egoístas han creado el cerebro, éste es quien toma las riendas de mi comportamiento; por ello, bien pudiera transmitir ahora ideas menos interesadas y más altruistas, contrarias al objetivo de quienes lo generaron.

Pero así como los genes que pueden hacer copias no siempre lo hacen con éxito, es evidente que algunos memes tienen más posibilidad de triunfo que otros. Seguramente el que emitiera, por ejemplo en otro artículo sobre el mismo tema, el cerebro de Arturo Pérez Reverte, sería para ustedes más fiable. Y aunque en algún caso podría reforzar el mío, también puede ocurrir que se contradigan.

Pero los genes egoístas no tienen visión de futuro. Además, la persona tiene capacidad de predicción y puede ser altruista, con lo que se prepararía para cambiarla y no perseguir solamente intereses egoístas inmediatos.

La epigenética nos dice hoy que la propia experiencia marcará también nuestro material genético, y esas marcas serían transmitidas a generaciones futuras. Sin duda, nos influyen los genes que llevamos, pero sólo el hombre puede condicionar ese comportamiento.

¿Pero entonces, qué somos los humanos? ¿Egoístas o altruistas?

La pregunta apuntaba al argumento básico de comportamiento de mi amigo; así que él respondió de inmediato que la química de los genes egoístas nos condiciona a ser así. Yo traía preparada la respuesta en boca de un párrafo del libro "Teoría de los Sentimientos Morales" de Adam Smith, que dice así:

«Por más egoísta que quiera suponerse al hombre, evidentemente hay algunos elementos en su naturaleza que lo hacen interesarse en la suerte de los otros de tal modo que la felicidad de éstos le es necesaria, aunque de ello nada obtenga, a no ser el placer de presenciarla».

El tono del texto era tan firme y tan real que ambos permanecimos callados tratando de digerirlo. Pero, claro, también es el propio Adam Smith quien declara que en el mundo del comercio el hombre busca siempre su interés personal para obtener el máximo beneficio.

Mi interlocutor estaba más de acuerdo con el último enfoque, eso saltaba a la vista. Él considera que son los propios sentimientos derivados de nuestra "química", quienes nos dotan de las hormonas que proporcionan la simpatía, la empatía o el buen humor, tan necesarios para caer bien a los demás. Por tanto, y según mi amigo, la relación cultural no sería causa sino consecuencia de nuestra química, aunque, en realidad, él tampoco ve la vida en sociedad como algo necesariamente positivo para el hombre.

Tratamos de asimilar la aparente contradicción y concluimos que toda acción humana conlleva una cierta relación entre lo que se da y lo que se espera recibir. Así, podemos pensar que el generoso se conforma con recibir gratitud, y la altruista admiración. Quizá ambos dejarían de serlo si comprobasen una y otra vez que sus gestos no devuelven el efecto de gratitud o admiración que esperaban. Visto así, el concepto se vaciaría de contenido puesto que se reduciría a una mera transacción de bienes o servicios por sentimientos.

Curiosamente, Adam Smith, intercala en su libro un término que denomina "simpatía", y que vendría a corroborar la teoría del gen egoísta de Dawkins. Lo define el autor como la atracción que tenemos hacia otros de modo que esperamos y deseamos su aprobación hacia nuestros actos. Es algo así como el hecho lógico de que yo deseara que todos ustedes juzgaran favorablemente la exposición de mis ideas en libros, poemas, o artículos de los medios.

Esa "simpatía" adquiere mayor importancia cuando la relación es más próxima, de manera que en el centro estaríamos nosotros mismos con nuestra autoestima, luego nuestra familia, hijos, parientes y amigos. En este proceso social, la compensación reside en que se aprueben nuestros valores. Cuando un intercambio de ese tipo se hace general, es decir, que lo compartimos con personas con las que apenas tenemos relación, se convierte en una norma ética y moral de convivencia.

Nunca hasta ahora me había detenido a pensar en que las historias heroicas pudieran ser meras transacciones de esfuerzo y valor por admiración, seguramente porque también hay muchos héroes anónimos que no la recibieron. Finalmente ni Diego ni yo compraremos en ese mercado, como tampoco a los voceros que proclaman el valor de quienes se inmolan por una causa esperando la gloria eterna, de lo cual, además, mi amigo es bastante escéptico.

Dawkins, en su libro, transmite la esperanza de que la especie humana -única en la tierra con posibilidad de rebelarse contra el gen egoísta- decida desafiarlos y generalice el altruismo en el mundo.

*(F. A. **Juan Mata Hernández**, c. t.)*

Las promesas del Príncipe

Juan Mata Hernández, 11 de mayo de 2019 a las 09:25

El florentino Niccolò Machiavelli (Maquiavelo). PD
OPINIÓN | CARTAS AL DIRECTOR

Esta noche tuve un extraño sueño -un hombre que hablaba ante una multitud enfervorecida con voz cautivadora, prometiendo mil prebendas y felicidad para todos; mientras sonaban los aplausos, un mendigo, que se recogía junto a una escalera, sonreía con gesto mordaz mordisqueando un mendrugo de pan-. Me despertó el claxon de un vehículo que se detenía.

Al asomarme a la ventana vi, todavía confuso, que alguien pegaba un cartel electoral en la pared con la imagen del político de mi sueño. Desde lo alto de la escalera, el trabajador se volvió hacia mí y reconocí el rostro y la sonrisa pícara del mendigo. «¿Quién es usted?», grité, y entonces el hombre adosó una pegatina blanca sobre las siglas del partido del candidato. Luego desapareció. Cuando salí de casa me acerqué curioso para leer el texto adosado. Era un nombre: «Nicolás Maquiavelo», decía simplemente. Entonces lo comprendí todo, no había soñado nada.

La temperatura política ha subido tanto que, para tratar de entenderla, parece necesario repasar el libro de cabecera de cualquier gobernante que pretenda perdurar, me refiero a "El Príncipe", de Nicolás Maquiavelo. El filósofo italiano era, por cierto, el discípulo aventajado de un romano de origen aragonés, Cesar Borja, o Cesare Borgia, como decidió llamarse después. De su ejemplo extrajo el autor gran parte de sus máximas para perdurar en la política, y una de ellas tenía plena relación con mi frustrado sueño: «Un príncipe nunca carece de razones legítimas para romper sus promesas».

Es esa también mi percepción de la situación actual, pues observo que se gobierna atendiendo a unos objetivos de poder que en nada respetan el interés general, pues, como dice Maquiavelo, «la política no tiene relación con la moral».

Quizá por ello el doctor Pedro Sánchez halló razones para no cumplir compromisos que asumió al abordar la moción de censura, como por ejemplo:

-Aquel compromiso reiterado de publicar la lista completa de todas las personas que se acogieron a la última amnistía fiscal.

Escuchemos lo que dice Maquiavelo: «Los hombres van de una ambición a otra: primero, buscan asegurarse contra el ataque y luego, atacan a otros». Claro que no sabemos si, del resultado de la lectura de aquella relación de nombres, pudieran aparecer gentes que, por una razón u otra, no interesara desprestigiar para evitar que le ataquen a uno mismo. Sobre todo, si tenemos en cuenta que el principal motivo de aquella "moción de censura" era la lucha contra la corrupción política.

-Tampoco puso en marcha el cacareado impuesto a la banca como salvaguarda de las pensiones.

Dice el filósofo italiano a ese respecto: «La promesa dada fue una necesidad del pasado; la palabra rota es una necesidad del presente». ¡Qué cosas hay que oír! Cualquier economista poco versado le diría al oído que el déficit de las pensiones es un órdago tan grande que, de hacérselo pagar a la banca en el momento de crisis que esta atraviesa, generaría un tsunami financiero de proporciones mayores que el del crack inmobiliario. Las victorias pírricas se construyen así, y Sánchez lo sabe.

-Solucionar el problema de la inmigración.

Como desconozco la faceta humorística de don Nicolás, voy a aplicar a este apartado aquella frase suya que dice: «Es doblemente placentero mentir al impostor». Miren ustedes, si nuestro presidente es capaz de contener, seleccionar, regular, organizar y rentabilizar, tanto para los que llegan como para los que estamos, la marea migratoria que se abalanza hacia estas tierras, daré por buenas todas las restantes promesas que él no pudiera o no quisiera cumplir.

-No pactar con los independentistas.

Yo no sé con qué argumentos, amén de los ya descritos, justificaría otra vez el doctor, el apoyo reclamado y recibido de los partidos independentistas y/o pro terroristas. Quizá no tiene en cuenta que "El Príncipe" es un libro para todos y que, unos y otros, tejen ahora precisamente la estrategia que Maquiavelo diseñó para un objetivo como el que pretenden ellos: «Nunca intentes ganar por la fuerza lo que puede ser ganado por la mentira». Efectivamente, una vez visto el fracaso de la fuerza mediante la acción terrorista, han medrado hacia sus objetivos secesionistas inventando una historia pasada, y mintiendo sobre la realidad actual. Esas falsedades proclamadas desde medios que les son afines, y que el 155 de Rajoy omitió atender, están presentes cada día más en Cataluña; desde una educación sesgada por una historia quimérica, la marginación de la lengua común, o el rechazo de la Constitución que nos hemos otorgado.

Pues ya ven ustedes que nuestros políticos de hoy, como los que hubo antaño y habrá probablemente en el futuro, han estudiado casi todos en la misma universidad, y se han aplicado a los consejos sabios de un modo de gobierno, que está exclusivamente dirigido para alcanzar y conservar el poder.

Claro que "El Príncipe" explica perfectamente todo ese proceder que quizá a nosotros, los súbditos, nos parece tan enigmático. Lo entenderán con otra de sus máximas: «El político no dice nunca lo que cree ni cree nunca lo que dice y si se le escapa alguna verdad de vez en cuando, la esconde entre tantas mentiras que es difícil reconocerla». Probablemente por eso nos cuesta tanto comprender, cómo es posible que se alíe un partido que en sus siglas lleva lo de "español", con quienes pretenden precisamente romper España.

Señores, estamos donde estamos, porque tenemos lo que queremos, y esta frase es mía. Pero, caramba, al menos deberían fingir que sienten lo que son. Tal debería ser, sin duda, la convicción de cuantos apoyan sus candidaturas, y también para eso tenía don Nicolás Maquiavelo una frase: «No es preciso que un príncipe posea todas esas virtudes, pero es indispensable que aparente poseerlas».

Jamás se me ocurriría soñar que ese 50% que ve las cosas de otro modo haya de compartir igual criterio, pero quiero poner sobre la mesa mis razones para argumentar por qué pienso que están equivocados. Todos querríamos vivir en una isla feliz sin políticos, pero no hay tantas islas. Así que hemos dispuesto de un sistema de gobierno que llamamos democrático, donde cualquier colectivo humano puede regular su entorno, en base a unas normas de convivencia que le sean propias y afines. Y existen al respecto, diversas alternativas pues, para ello están los votos, los referéndums esos que piden algunos, pero donde nos excluyen a los demás, como si por no vivir ahora en aquella región tuvieran ellos más derechos que otros, cuyas raíces quizá, fueran incluso más profundas.

¡Claro que sí! Tenemos que leer todos "El Príncipe", ese podría ser el único modo de comprender a quienes nos gobiernan y quizá elegir en el futuro con mejor criterio.

(F. A. Juan Mata Hernández, c. t.)

ANÁLISIS

«¿Es necesaria una guerra en Venezuela?»

F. A. Juan Mata Hernández . 23 May 2019 - 13:07 CET

Represión en Venezuela
Archivado en: Boeing | Columnistas | Podemos

«*Guerra justa es aquella que es necesaria*» -Nicolás Maquiavelo «El Príncipe»-.

En el mundo no habría guerras si el hombre se hubiera ahorrado las alambradas de espino de las fronteras.

La declaración de una guerra que, como dice von Clausewitz, «es la continuación de la política por otros medios», habla a gritos del fracaso de nuestra especie. Sin embargo, esta idea no tenía el menor matiz de cinismo en el contexto del ensayo que nos dejó el militar prusiano. Él no hacía sino definir el enfrenamiento armado moderno como un «acto político», pues destacaba ese elemento racional, sobre los otros dos que subyacen en toda guerra: el instinto de violencia primitiva, y el juego del azar que, en nuestra era atómica, se parece mucho a «las tres en raya», porque ninguno de los contendientes podría, lógicamente, vencer.

Leía estos días la creciente posibilidad de iniciar un conflicto armado en Venezuela y, por agitar de algún modo la opinión ante lo que podría

118

ser un baño de sangre inocente, me decidí a escribir sobre ello. En este momento nada me preocupa más que la componente lógica del comportamiento humano. Tal es así que no soporto el absurdo. Diría más, cuando observo esa manera de obrar, me saca de quicio.

Si una fuerza militar va a intervenir en un país extranjero, con el objetivo de remover a un dictador parapetado entre corrupción y fanatismo, más les valía ir preparando ataúdes de madera o sacos de plástico con cremallera. Al fin y al cabo, la idea de salvar a un pueblo destruyéndolo habría podido ocurrírsele a cualquier directivo de la Northrop Grumman, que recientemente anunció la compra de un fabricante de misiles por unos 8.000 millones de dólares. ¿Qué curioso, verdad? ¿Se trataría entonces únicamente de deponer a un dictador, o habrían pensado en comenzar a reducir su stock? Pues en algún momento van a tener que hacer uso de ellos antes que esas armas se queden obsoletas, así que si no es en esta u otras guerras, les va a sobrar mucha chatarra.

No me interpreten mal, pues eso no frena, sin embargo, que los pueblos -al observar las intenciones de otros- descubramos actitudes belicosas que exijan tomar medidas para defendernos.

Antes de preparar este artículo, yo imaginaba que no sería muy normal hablar de guerras justas en el siglo XXI, porque instintivamente pensamos que todas las guerras en el fondo son profundamente injustas, aunque a veces solemos mirar hacia otro lado. ¡Y, claro que la vida de un niño inocente sería un gran argumento contra el belicismo! Eso no lo dudaría nadie que esté en sus cabales. Bueno pues, oiga, no saque conclusiones tan precipitadas… me he puesto a leer y analizar opiniones sobre el tema, y he aquí la sorpresa con que me he encontrado:

¿Saben ustedes que hay voces muy autorizadas que apoyan y consideran que una guerra puede no ser sólo justa, sino necesaria?

Aristóteles y Platón establecen los argumentos sobre los que debiera descansar la proclamación de una guerra justa.

Para San Agustín de Hipona, el orden es la paz. Pues, aunque parte de la idea de que toda guerra es malvada cuando se trata de atacar y saquear a otros pueblos, acepta una «guerra justa» como último recurso, cuando media para ello una causa justa, porque la ve como un medio para conquistar la paz -o sea el orden.

Santo Tomás de Aquino es más pragmático y, para evitar confusiones, marca tres condicionantes para colocar el adjetivo «justo» a una guerra. Son los siguientes: Que la declare el Príncipe que representa a la comunidad; que medie causa justa, es decir que los atacados lo merezcan; y que se pretenda un objetivo recto de promover el bien y/o evitar el mal.

El salmantino, Francisco de Vitoria, se apoya también en esos mismos parámetros para justificar una guerra.

¡Qué ironía! Probablemente en todas las guerras se podrían pregonar desde ambos bandos «llamadas a filas» con esos argumentos. Todos hablarán de su gran cruzada y su búsqueda de justicia y paz, mientras los pobres soldaditos enfebrecidos con músicas militares y banderas esteladas se jugarán la vida, dejando viudas y huérfanos, aunque los Príncipes que declararon el conflicto jueguen al golf en Waterloo, revestidos de gloria si finalmente lograran su objetivo. ¡Oiga, al menos en la Edad Media, ellos iban también a la batalla, y a veces hasta morían en combate!

Ya supongo… Que muchos venezolanos vieran este tema desde otra perspectiva, porque no hallen salida a la situación de penuria actual, y algunos consintieran, sabiendo lo que se juegan, que tanta gente pudiera sufrir en una guerra… Debe de ser muy difícil hallar el modo de resolver un problema así, salvo que quien tiene el poder para cambiarlo lo comprenda, y se decidiera a hacerlo sin provocar una guerra civil.

El mundo está hoy más interconectado que nunca y los argumentos para las guerras de antaño no me parecen válidos. No lo son porque las comunicaciones han hecho del planeta un gigantesco barrio donde a todos nos importa, o nos debiera importar, lo que le ocurre al vecino. El ser humano no puede vivir de espaldas a los demás. Sin embargo, resta por definir el auténtico foro de decisiones universales que eviten esos conflictos. La ONU, con el bloqueo que otorgan los poderes de veto de unos cuantos países, ya no vale. Éste -aunque suene sarcástico- sólo sirve para lo que sirve y no para lo que debiera servir. La fuerza que otorgaría un organismo global para combatir un gobierno injusto, sería determinante, y haría innecesaria una guerra cruel con multitud de víctimas inocentes. En ese contexto, sólo aquellos que pretendieran lucrarse de algún modo con ella, podrían hoy justificar una guerra; por muy justa que la calificaran los argumentos de Santo Tomás de Aquino.

¿Una guerra justa? ¡Qué terrible candidez! Es probable que se incremente la percepción inducida en los ciudadanos sobre la maldad de determinados dirigentes, la amenaza externa, o el terrorismo, porque interesa a determinados políticos y/o empresarios que así sea. Por ello, sería insensato dudar que la opinión de las 5 big de la guerra: Loockheed Martin, Boeing Defensa, BAE Systems, Raytheon y Northrop Grumman, que facturan anualmente entres las cinco más de 150.000 millones de dólares, y otras muchas empresas afines por todo el mundo, consideren que la mayoría de las guerras no sólo son justas sino que son necesarias y, probablemente, incluso a alguno le pudiesen parecer pocas.

ANÁLISIS

"Campeones. Cuando la derrota es una gran victoria"

F. A. Juan Mata Hernández, 28 de mayo de 2019 a las 13:05

dvd-campeones.jpg
OPINIÓN | COLUMNISTAS

«que estamos atribulados en todo, mas no angustiados; en apuros, mas no desesperados; perseguidos, mas no desamparados; derribados, pero no destruidos...» -Corintios 4:8 y 9-

"Campeones" triunfó; un tema tan arriesgado y poco frecuente en los últimos tiempos que se nos hizo raro escuchar los aplausos al fin de cada proyección. Yo la vi cinco veces y, por alguna razón, se me quedó grabada la imagen de aquellos chicos que competían sin humillar y disfrutaban con la victoria del contrario: una película del más puro calor humano que nos desplaza al paraíso terrenal de la inocencia, mientras gran parte del mundo, sentado sobre los siete pecados capitales, blande los puños con soberbia.

En cierto modo, pienso, es como si de pronto Javier Fesser nos hubiese recordado que en todos nosotros subyace un yin y un yang. Desde la atracción que lo masculino siente hacia lo femenino, tan bien interpretado por Javier Gutiérrez y Athenea Mata, para buscar la armonía en el descubrimiento de unos valores poco apreciados hoy, como la amistad, el esfuerzo y la nobleza, que representaba el equipo de "Los amigos", unos

122

jóvenes con discapacidad intelectual aunque muy capaces de grandes logros.

El mensaje de "Campeones" nos puede ayudar a entender que las crisis de la vida son pasajeras y que la angustia no cabe donde hay armonía. Curiosamente, esa armonía que refleja el grupo de personas a las que solemos mirar con ánimo protector, como si estuviéramos un peldaño por encima de ellos. Voy a tratar de explicarme con un ejemplo: Uno de estos días, durante mi caminata matinal, me crucé con una jovencita invidente que trotaba casi a ritmo de marcha atlética por el barrio del Pilar. Cuando me pareció que iba a tropezar contra un bolardo, le hice una llamada de advertencia en tono de alarma. Ella se detuvo asustada, buscó con su brazo mi cuerpo, agarró mi camisa a la altura del hombro y la agitó con energía al tiempo que exclamaba en tono didáctico: ¡No le han enseñado que a un ciego no se le puede hablar así! Yo ya sabía que ahí hay un obstáculo, pero si creía que iba a chocar contra él debió decirlo con voz más suave. Aclarada la situación, me dio una palmada en la espalda, golpeó con su bastón el suelo, cerró los ojos y se adelantó por la acera con paso rápido. Dudo que la red 5G ofrezca mayor seguridad a los vehículos de conducción automática que la que exhibían las tinieblas aparentes de aquella jovencita.

La pena que nos produce una derrota, el fracaso de un proyecto, la pérdida de algo valioso, son momentos en que es preciso reposar la mente en algo superior. Los creyentes tenemos a nuestro padre Dios, pero también quienes no creen se pueden apoyar en la grandeza del universo. Nadie desea tener aflicciones, pero, ¿por qué son estas vivencias el modo de forjar nuestro carácter reconociéndonos débiles? Si recordamos momentos de ansiedad o pesadumbre finalmente superados, observaríamos cambios asombrosos, y no hubiéramos querido prescindir de la causa que nos ayudó a ser mejores. El viaje del orgullo a la humildad precisa mucho esfuerzo; bien los saben aquellos ídolos de barro que no llegaron a comprender la fragilidad humana, y la fatuidad que suele arrastrar el triunfo.

Porque, como en el sueño de Nabucodonosor interpretado por el profeta Daniel, todos tenemos de algún modo: la cabeza de oro, el torso de plata, las caderas de bronce y las piernas de hierro, pero siempre con pies de barro. "Sic transit gloria mundi" Era la frase que se utilizaba en la coronación del nuevo Papa y la que refleja lo efímero de los éxitos terrenos.

La película ha sido muy galardonada: premios Forqué, Feroz, Goya, Sant Jordi, y Platino, además de su nominación para los Oscar; y quedará como una de las obras cinematográficas de referencia del cine español. Un objetivo para quienes deseen disfrutar del excelente trabajo de estos jóvenes, unos actores de mérito, que desconocían sus elevadas capacidades quizá porque muchos los teníamos calificados como discapacitados. Fue un director arriesgado y valiente quien descubrió ese talento, para mostrarnos que las barreras que nuestro entorno pone a determinadas personas, marginan otras capacidades, dentro de la diversidad que nos enriquece como especie.

Francisco A. J. Mata

«Y la 51 estrella de los EE.UU. será... »

PERIODISTA DIGITAL

F. A. Juan Mata Hernández, - 11 Jun 2019 - 12:02 CEST

Archivado en: Columnistas | Opinión

La singular y enfermiza afición por el dinero del nuevo imperialismo americano, encarnada en ese ridículo empresario que lo representa, ha llevado al mundo a una situación de estrés de la que probablemente no seamos plenamente conscientes. El imprudente y antropológico mal estilo que ha exhibido el presidente Trump durante su visita al Reino Unido, no hace sino confirmar su irresponsabilidad e incoherencia. Los países europeos, socios incondicionales de los Estados Unidos, no dan crédito a lo que están viendo. Trump no sólo amenaza, la relación económica entre los dos bloques más importantes de occidente con sus aranceles, sino que se entromete también en el complejo proceso del bréxit, apoyando sin tapujos la disgregación de la Unión Europea.

No deja de ser chocante que un proyecto pionero del club Bilderberg, que representa a la elite global, como es la Unión Europea, esté siendo torpedeado precisamente por el presidente del estado del que surgen esos líderes. Claro que Trump no sólo no es un miembro al uso de esa clase dirigente, sino que ganó las elecciones sin su apoyo.

¿Pero por qué lo hace?

El populismo Trumpista que le aupó a la presidencia, disfruta con esos regates y gestos para la galería de la América profunda, tan a su estilo irreflexivo; pues no ven más allá que una defensa primaria contra el enemigo que amenace cualquiera de las señas de identidad del viejo imperio americano; no importa que esa competencia pudiera dirigirse hacia su moneda, frente a su economía o contra su influencia global. Y el caso es que en eso tiene razón: el euro ha ido socavando poco a poco la fuerza del dólar como moneda de refugio en el mundo; la economía China crece a múltiplos que doblan a los de EE.UU; y en los foros internacionales ya no se muerde la lengua nadie, ni en ideología ni en política, frente a lo que pudiera opinar el "Emperador".

Hay quien explica todo eso diciendo que los europeos no entendemos bien el estilo empresarial tan zafio de Trump, porque se limita a buscar, a su manera, aquello del "America First", sin pararse a pensar en todas sus consecuencias. Pero es bien cierto que nos sitúa frente al riesgo geopolítico más grave desde la II Guerra Mundial. Leíamos estos días, a ese respecto, que un buque de guerra estadounidense ha estado a punto de provocar un choque con un destructor ruso en el Mar de China, obligándolo a un viraje de emergencia para evitar la colisión. Por parodiar la situación diríamos que se asemeja a aquel carácter terco, tan peculiar de nuestro Aragón, con su "chifla, chifla… que si no te apartas tú…", sólo que no es un burro el que está en la vía del tren, sino un crucero porta misiles frente a un navío de la segunda potencia mundial.

En realidad parece que Trump desconozca cualquier afecto que no le conduzca al logro de sus objetivos, pero sobre todo, en esa competencia suya con China, se olvida de algo esencial: la capacidad para asumir un esfuerzo y la voluntad de trabajar. Como ya destacaba uno de sus líderes empresariales recientemente, China ha sido, y sigue siendo de algún modo, un país pobre, en el que la filosofía de sus gentes se centra en el esfuerzo, la utilidad propia y el servicio a la comunidad; por ello esa política para frenar su impetuoso desarrollo está condenada de antemano al fracaso. La economía China es un modelo de austeridad generosa como norma de vida. Esa cultura ascética del trabajo entendida no sólo como privación de lo superfluo, sino también como reconocedora del valor de las cosas; porque se sabe apreciar el esfuerzo que cuesta conseguirlas y, a diferencia de nuestro vivir occidental, entender que en un mundo donde los bienes son limitados, los que tiene en exceso una persona, de alguna manera se los está quitando a otra. Por eso, la política de Trump está condenada al fracaso. No puede encadenar a 1.400 millones de chinos

126

para que trabajen menos o peor; y tampoco puede obligar al mundo a comprar su "American" sólo porque sea "made in USA".

¿Y qué decir de su mirada despectiva hacia Europa"

Es un momento peligroso para la Unión Europea, apenas balbuceante y con muchos agujeros en su débil estructura; grietas que provocan los movimientos políticos extremistas como el Ukip de Reino Unido u otros similares en los diferentes países de la Unión. El proyecto europeo corre el riesgo de convertirse en un fiasco desencadenado por el bréxit sin ningún motivo consistente. Y ocurre quizá, porque alguien está poniendo mucho dinero a favor de esa demolición, sin que nadie parezca interesado en contenerla. Guardando las distancias, es un fenómeno similar al que amenaza la integridad de España, por la dejadez política que propicia la disgregación de las regiones nacionalistas. Pero no todo es achacable a esos intentos rupturistas, pues las amenazas comienzan a tener éxito cuando la mayor parte de los problemas no vienen de fuera sino del interior. Si repasan la historia verán que la caída de todos los grandes imperios tuvo siempre origen en la descomposición social que arrastraban en   su   final.

Trump lo sabe y conoce bien que el Reino Unido es una pieza fundamental de esa Unión Europea que podría equilibrar la geopolítica del mundo. Pero también es, probablemente, el lugar de Europa que más intensamente vive la pérdida de influencia en el tablero geopolítico mundial; y consecuentemente el eslabón más débil. Por eso, cuando se aprecia que allí comienzan a no ver tan clara la ventaja del bréxit, les ofrece ese caramelo, envenenado de un acuerdo comercial preferente. En realidad nada reconfortante, por venir de donde viene, y más conociendo la percha de quien habla. Porque Trump no da puntada sin hilo y no parecería de locos pensar que lo que comienza a tejer es una nueva estrella en su bandera. A fin de cuentas, allí no tendría problemas con el idioma.

Nada nuevo bajo el sol, desde luego, pero no cabe duda de que nos hallamos ante una geopolítica irreflexiva que amenaza severos nubarrones en el corto plazo.

«Quien nunca haya contratado a un Villarejo que tire la primera piedra...»

F. A. JUAN MATA HERNÁNDEZ. - 07 Feb 2020 - 12:07 CET

No cabe duda de que nadie que haya vivido una vida intensa ha tenido que dejar de acudir por fuerza a algún instrumento venial para eludir un problema de índole mortal; o es que acaso la mayor parte de nuestra sociedad española en los años sangrientos de la ETA, cuando contemplábamos impotentes por TV el atentado a la casa cuartel de Zaragoza, no abrigábamos la esperanza de que unos GAL justicieros, con capa de Supermán, se llevaran de la Tierra a aquellos desalmados. Otra cosa fue cuando, con otra intención que la de poner término a una nueva Ley del Talión, se atacó al Gobierno que había leído el sueño de tantos españoles, y se dio pábulo a la escandalosa campaña de intereses personales y políticos que todos recordamos. Hoy el problema contra BBVA y su ex presidente es en parte muy similar.

Por más que la Ley impida acudir a sistemas que utilizan el cohecho a quienes cuentan con poder o medios económicos suficientes para atacar o defenderse, nuestra sociedad parece quererlo así, o al menos cierra los ojos cuando el fin está dentro de las ambiciones personales de cada cual. Ayer, sin ir más lejos, nuestro Presidente, aquel al que parece que han elegido la mayor parte de todos ustedes, ha debido prometer a un "okupa", según dicen algunos medios, más TV3, mejor financiación y mayor control para una educación rayana en el fascismo. Y se trata nada

128

menos que una televisión que escupe a la Constitución, una Comunidad de las más ricas de nuestro País, y una educación que discrimina a quien se siente español. Pero resulta anecdótico que nadie se rasgue las vestiduras, y sigamos dando vueltas con Villarejo y su Tándem.

Claro que el caso Tándem, como una inmensa bola de nieve, no se puede detener en la defensa numantina que hizo FG por su entidad, porque la hipocresía que lo impulsa amenaza ahora con sepultar también a muchas de nuestras principales entidades. Sí, ¡despierten! Estamos hablando de firmas como ACS, Caixabank, Iberdrola, Indra, Repsol, etc… Sin duda parte de las que constituyen la marca España, aportando crédito y fuerza a nuestra economía. Y muy probablemente le proporcionan gran parte de su bienestar. ¿Pero entonces…? Se preguntará seguramente usted ¿A quién beneficia todo esto?

Pues según se mire, podría ser que el juez García-Castellón quiera abrirnos los ojos y ponernos ante el brete de que por una vez valoremos que todos nosotros, sin excepción, tenemos dosieres Tándem, con los que, cualquiera que contase con medios y poder para ello, podría ponernos en serios aprietos. Claro que la fiscalía no es del Gobierno, señor Presidente, y debería tratar por igual esas informaciones, de modo que se aireasen los trapos sucios de unos y otros sin responder al momento o al interés de nadie en concreto.

Si se preguntan ustedes el motivo por el que tomo partido en este juego de intereses, la respuesta es muy simple. Decía mi abuela materna que "agradecidos es de bien nacidos" y fui empleado del BB, eso sí, un simple auxiliar administrativo en los años 70 del pasado siglo, cuando decían que allí sólo podrían hacer carrera los vascos. Miren ustedes por donde, aunque yo lo dejé convencido de que sería así, el tiempo ha venido a desmentir aquel aserto, pues don Francisco González, su ex presidente, es un gallego de Chantada. Así que yo, que soy un asturiano de Salamanca, les certifico que en el departamento de créditos del Banco de Bilbao aprendí ética y estética empresarial. Esa que ahora parte de la prensa cuestiona poniendo en riesgo a la entidad que proporcionó mi primer empleo.

La desidia, la corrupción y los gruesos errores de nuestra sociedad no nos permiten ver la luz, porque la maraña de leyes que nos controlan está siempre a favor de los intereses de quienes saben y pueden manejarlas.

«Andrés, dígame usted cuando quiere morir y, luego, despídase de su familia»

F. A. JUAN MATA HERNÁNDEZ. - <u>17 Feb 2020</u> - 14:02 CET

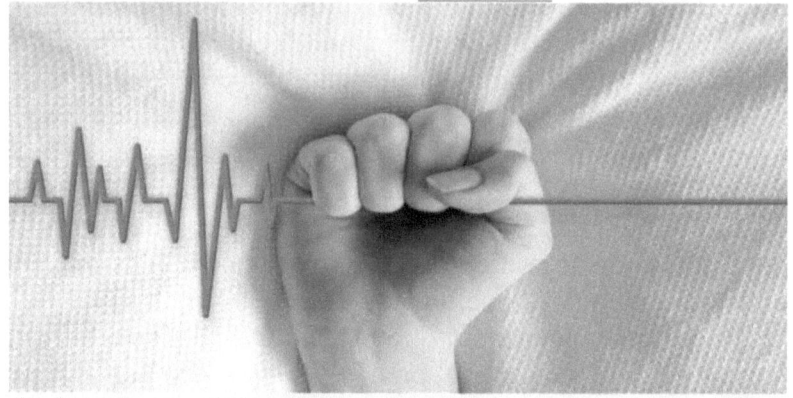

Archivado en: <u>*Columnistas*</u> | <u>*Opinión*</u>

Pero, oiga, ¿es que está autorizada ya la eutanasia? Lo digo porque esa pregunta, más o menos tal como yo la he redactado, se la dirigió el médico que atendía a un buen amigo, hace más de un lustro; y sucedió en uno de los más reconocidos hospitales de España.

Ocurre que hay quien teme que los cuidados paliativos no alivien su dolor en la fase terminal de algunas enfermedades, y ante ello opten por anticipar su fin para evitar dolores insufribles. No obstante, aunque no soy médico ni profesional sanitario, los casos que he conocido, salvo alguna excepción, indican que esos temores responden más al miedo que a la realidad.

Cabe que el malentendido al que podría llevar el título de este artículo nos hiciera pensar en la necesidad o no de esa ley sobre la eutanasia que comienza a tramitarse en el Congreso de los Diputados. Pero me sorprende que al consultar los países del mundo donde se considera legal la eutanasia, encuentro que citan a nuestra querida España. Pues relacionan los siguientes: Países Bajos, España, Canadá, Bélgica, Colombia y Luxemburgo.

(Véase https://es.wikipedia.org/wiki/Legalidad_de_la_eutanasia). Quizá consideran como tal la Ley 4/2017, de 9 de marzo, de Derechos y

Garantías de las Personas en el Proceso de Morir, promulgada por la Comunidad de Madrid. Aunque esta se refiere a un concepto denominado Ortotanasia, o muerte digna, que mantiene substanciales diferencias con la eutanasia.

Como el límite entre la sedación terminal y la eutanasia es a veces muy difuso, trataremos de analizar sus diferencias:

Sedación terminal, muerte digna, u ortotanasia: Sería la decisión de un enfermo desahuciado, o de sus familiares, de no prolongar con métodos médicamente inútiles la agonía. Habitualmente consiste en la aplicación de medicamentos paliativos como la morfina, cuyo efecto sedante precipita el fallecimiento del paciente. Así pues, en esta opción parece que la muerte no se busca, como sí ocurre con la eutanasia, pero se encuentra casi siempre con una alta probabilidad.

Eutanasia activa: Se realiza para provocar la muerte mediante acciones dirigidas directamente a ese fin.

Eutanasia pasiva: Cuando se suprimen tratamientos necesarios e insustituibles para mantener la vida.

Suicidio asistido: Es el propio paciente quien acaba con su vida con la colaboración de otros.

Hemos introducido el término de suicidio, porque de su denominación actual según la RAE: «Acción o conducta que perjudica o puede perjudicar muy gravemente a quien la realiza», se deduce que abarca ampliamente todos los casos antes citados.

Es bien sabido que el suicidio acompaña al hombre desde que tenemos conciencia como especie. Y no es una práctica exclusiva nuestra, pues muchos animales muestran un comportamiento autodestructivo similar. Pero el suicidio es el fracaso de la convivencia de una sociedad, y no parece que su legalización, de uno u otro modo, aporte ninguna ventaja; sino más bien ocurra lo contrario.

Con ese concepto, nuestro país no sería de los más indicados para ampliar el reducido club que tienen legalizada la eutanasia, porque nuestra tasa promedio de suicidio en 2002 fue de 8 personas por cada 100.000 habitantes, (4 en mujeres y 12 en hombres), bastante baja si se compara con las de: Países Bajos, 9; Alemania, 11; Reino Unido, 12; Estados Unidos, 12; Suecia, 14; Austria, 16; Francia, 18; Bélgica, 19; Japón, 22; Rusia, 34; o Groenlandia, 83. Claro que todo es relativo, pues los 3.600 compatriotas que se suicidaron en 2017 representan 3 veces más que los 1.200 que fallecieron por accidente de tráfico.

Pero además, si esta actuación legal del médico que atiende a quien padece una enfermedad calificada de incurable o en fase terminal, ya existe y se practica, ¿qué se busca con la implantación de la eutanasia? Probablemente se pretende abrir de nuevo la «caja de Pandora», al igual que se hizo antaño con al aborto, para poder deslizar una y otra norma posterior, que haga de esta práctica un velo para reducir gastos sociales. Si no es así, la Ley 4/2017, de 9 de marzo, de la Comunidad de Madrid, extendida a todo el País, debería ser suficiente.

Existe un matiz que diferencia notablemente lo que hoy está autorizado de lo que se pretende: La ortotanasia no permitiría, sin más, adelantar deliberadamente la muerte, mientras que la eutanasia no requiere las circunstancias incurables del paciente, ya que permitiría aplicarla en momentos de depresión, angustia vital, o dolor extremo por la pérdida de un ser querido.

¿Y qué es lo que argumentan para justificarlo?

Bueno, ahí nos encontramos con un pupurri de razones, entre filosóficas, críticas, geográficas, históricas y de moral. Yo no quiero pasar por todas ellas, porque sería un trabajo digno de una tesis doctoral, pero vamos a referirnos a algunas:

Se dice que uno llega a este mundo para vivir una vida placentera y está autorizado a remover cuanto le aleje de ella.

Si cada uno tuviera derecho a decidir el momento de su propia muerte simplemente porque no es feliz, estaríamos permitiendo la muerte anticipada de todo el mundo. ¿Quién no se ha sentido alguna vez en su vida infeliz?

Pues, miren ustedes, discrepo abiertamente con que nuestra misión en la Tierra sea vivir lo mejor posible. No sé a qué nivel de medida se refiere quien argumenta eso, ni si ha pensado en cómo se vive ahora y cómo lo hacían nuestros antepasados. Y lo digo sin acritud, porque no es preciso llegar al homo erectus, para comprender que nuestra especie tiene un objetivo social que no siempre persigue su bien sino el de su tribu. Piensen en aquellos bomberos de las Torres Gemelas, o los que cubrieron de hormigón la central nuclear de Chernobil.

Por no ir más lejos, si observan cualquiera de nuestras leyes se darán cuenta que regulan nuestro comportamiento, no para que seamos nosotros más felices, sino más bien para que no hagamos infelices a los demás, y evidentemente la pérdida por suicidio de hombres y mujeres que nos hicieron disfrutar con su arte y esfuerzo, fue una desgracia para la humanidad. Por recordar a algunos, piensen en Ángel Ganivet, Virginia Wolf, Alfonsina Storni, Robin Williams, Ernest Hemingway, Yukio Mishima, Cesare Pavese, Vincent Van Gogh, Marilyn Monroe, Emilio Salgari, Charles Boyer, Luis Ocaña, Janis Joplin, y una serie interminable de genios aquejados quizá de momentos de dolor y enfermedad.

Pero es que además, en realidad podemos llegar a vivir en el colmo de la desgracia y, sin embargo, sentirnos realizados y útiles para con los que nos rodean, aunque sólo fuera por poder dedicarles una sonrisa. De esta vida, que alguno podría calificar como sin esperanza, son ejemplo la multitud de héroes, muchos de ellos anónimos, que sufren, y han dado o siguen dando su vida por los demás. Seres maravillosos que han vivido por y para evitar sufrimientos ajenos, a los que honramos en el recuerdo, y que son el mejor ejemplo del sentido que deberíamos dar a nuestra vida.

El «Vivo sin vivir en mí, y tan alta dicha espero, que muero porque no muero...» de nuestra insigne Santa Teresa, nos presenta el argumento del laurel de la gloria eterna a que aspiramos los creyentes, y para mí sería mejor estímulo que algunos de los que esgrimen quienes abogan por facilitar la muerte a quien parece desearla. Cuando presumo que no es buena una Ley de la eutanasia me refiero a que se defiende en base a una pretendida libertad de elección, muy cuestionable y manipulable como casi todas las pretendidas libertades de nuestra sociedad.

Además la experiencia de los escasos países donde está legalizada, demuestra que es imposible regular una ley que vigile y proteja todos los supuestos que contempla, frente a los abusos o delitos que pudiesen ampararse en ella.

«El amor es un camino hacia la verdad y da sentido a la vida»

F. A. JUAN MATA HERNÁNDEZ. - 24 Feb 2020 - 10:52 CET

Archivado en: Columnistas | Opinión

«... Yo que hago profesión de no conocer otra cosa que el amor» (Sócrates)

Sócrates pensaba que el amor persigue el bien a través del conocimiento pues el mal sería consecuencia de la ignorancia. En su criterio, un sabio no podría causar un daño absoluto conscientemente. Algunas religiones identifican por ello a Dios con el amor, porque Él es conocimiento y quienes conocen el bien se sentirán tan atraídos por su belleza que ya no querrán obrar de otro modo. Sin duda tenía razón, porque el conocimiento es belleza, ciertamente; una forma superior de belleza, puesto que se presenta ante el hombre con toda la profundidad de la verdad.

Aunque los relatos que nos hablan de Sócrates acentúen que era consciente tanto de la ignorancia ajena como de la suya propia, sería ingenuo aceptar una lectura simplista de sus comentarios. Por ello, tras meditar las palabras con las que el filósofo de Alopece termina su elogio del amor en el libro de Platón, El Banquete, cuando dice: «... acabo de celebrar... el poder y la fuerza del amor», observamos que su objetivismo ensalza poder y fuerza, pero margina bondad y belleza. El caso es que él ya se había referido anteriormente de un modo desinteresado a esos

134

atributos, aunque también los había desechado. Y tiene razón cuando se refiere a la fuerza del amor porque una persona enamorada puede alcanzar metas que estarían fuera de su alcance en otro caso.

Entonces, ¿qué es lo que impulsa realmente el amor? La fuerza que conduce al amor hacia la belleza es precisamente la otra virtud que se persigue, la bondad. Las religiones son relatos de la bondad de hombres como Jesús y de cómo su fuerza fue capaz de cambiar el mundo. Claro que podemos pensar que la historia se ríe a veces de la bondad de estos hombres y encumbra a los malvados, o que la bondad de Jesús terminó en un fracaso, si consideramos como tal su crucifixión. Pero esa aparente derrota fue el origen de lo que hoy mueve nuestra fe.

Tendemos a pensar que el amor es una virtud, un soberano bien que simboliza el afecto que un ser siente por otro y lo convierte per se en persona buena, justa, veraz y bella. Sin embargo el amor no puede ser eso, porque sólo se ansía lo que no se tiene. Así pues, el amor, ese enigma que impregna el universo, siempre movería al enamorado con el anhelo de conseguir las cosas bellas y buenas de las que no dispusiera.

Aunque no resulta nada fácil conocer ¿qué es el amor? En mi opinión es la búsqueda de la belleza, del conocimiento, y la bondad, que den sentido a la vida; porque la felicidad perdurable reside precisamente en encontrar nuestra razón de ser en este mundo, y esta, no lo duden, tiene mucho que ver con los demás.

La sociabilidad es uno de los fundamentos humanos. Resultaría muy difícil sobrevivir sin el apoyo que representa la comunidad y los vínculos sociales que genera la convivencia. La relación de amor de una pareja, de una familia, unos amigos, o un grupo, que les haga sentir el apoyo mutuo, se nos ofrece como uno de los mayores consuelos en la vida. Pero si esas relaciones, que generan los diferentes tipos de amor, son necesarias para ser felices, los conflictos familiares y de amistades pueden, por otro lado, ser también un motivo importante de sufrimiento. Quizá uno de los porqués más habituales de las depresiones tenga origen en problemas de relación y comunicación.

También hay quien busca con el amor la consecución de objetivos personales, y se compromete en ellos para ser feliz. En realidad no descubrimos nada nuevo si recordamos los pactos matrimoniales por intereses familiares, políticos, económicos, o similares; aunque el hecho de perseguir metas ligadas al bienestar a largo plazo no es exclusivo de las clases pudientes. Desgraciadamente, el sentido de la vida de muchas personas se estructura en torno a ambiciones que tienen que ver preferentemente con poder y dinero. Claro que no se trata del que querrían tener en relación con el que disponen actualmente, sino de lograr una posición de ventaja sobre quienes les rodean.

El hecho de hallar un sentido a nuestra vida puede ser una condición necesaria para ser feliz, pero no siempre es así. Para ello sería preciso que acompañen nuestro camino afectos positivos vinculados al fin que perseguimos, pues el amor no correspondido no suele hacer feliz a nadie. Aunque, no se debe olvidar, el mero hecho de comprometerse en un objetivo ya aporta algunas dosis de felicidad.

El compromiso siempre supone un esfuerzo que conlleva su recompensa. Todos los miércoles del año un grupo de buenos amigos, con los que de vez en cuando comparto el desayuno, se reúne para buscar un atajo que dé sentido a esa parte de la vida que peina canas, y se recrea en la nostalgia de batallas incruentas. Es cierto que la tertulia suele acabar con la elaboración de unos boletos de lotería que son fuente de otras ilusiones, pero ojalá nunca se abra esa puerta.

«¿Coronavirus? ¡Es la economía, estúpido!»

F. A. JUAN MATA HERNÁNDEZ. 02 Mar 2020 - 10:43 CET

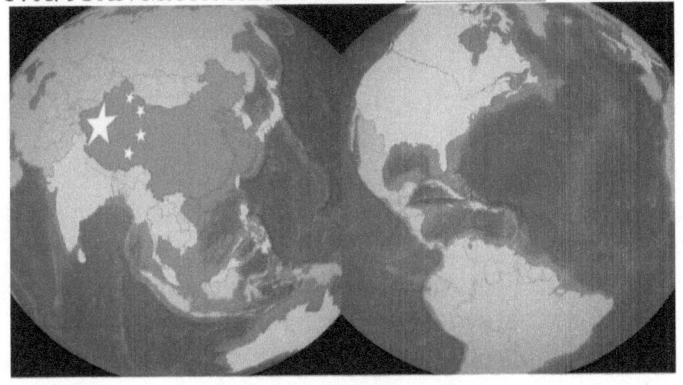

Archivado en: <u>Columnistas</u> | <u>Opinión</u>

«Luego, cuando me entra el pánico ante la explosión demográfica…, imagino que convoco a una decena de biólogos y les doy la orden terminante de lanzar sobre el planeta un virus atroz que lo libre de dos mil millones de habitantes. Aunque, eso sí, empiezo diciéndoles valerosamente: Aunque ese virus tenga que atacarme a mí. Luego, secretamente, trato de escurrir el bulto…» (Luis Buñuel. Mi último suspiro)

Ayer por la noche al escuchar las noticias sobre el coronavirus que esparcían por el mundo el terror a una pandemia, me vino a la memoria ese texto de mi admirado Luis Buñuel, y recordé la debacle que provocó la gripe española de 1918, cuando el genial aragonés tenía 18 años. Recibí con una sonrisa la casualidad de que ambos sucesos se distanciaran exactamente un siglo, aunque confieso que ese gesto debiera haber sido más bien una mueca de inquietud. Y lo digo, porque aunque ni cabe interpretar semejanzas, ni extrapolar en el tiempo las consecuencias, ambos casos llevan tras de sí una advertencia capital: somos muy vulnerables.

Los primeros seres vivos, cianobacterias procariotas y virus, que aparecieron hace 3.800 millones de años, no tuvieron competencia durante los 2.000 millones de años en que se dedicaron a fabricar estromatolitos y transformar el CO_2 del aire en el oxígeno que respiramos. Pero dejaron de lucir como dominadores de la Tierra, cuando, hace unos 1.800 millones de años, fueron apareciendo los grandes organismos multicelulares, destinados, sin saberlo, a ser sus hospedadores, su nido, su alimento y, a menudo, sus víctimas.

En nuestro caso esa debilidad es tal que, de producirse una catástrofe similar a las 5 grandes extinciones masivas que ha sufrido la vida en la Tierra, seríamos de las primeras especies en sucumbir. La capacidad de resistencia de la raza humana apenas podría soportar ligeros cambios del entorno vital en cuanto a radiación, temperatura, presión, nivel de oxígeno, calidad del agua o, como sufrimos hoy, el ataque de un organismo submicroscópico que necesita para reproducirse las células que invade. Apenas se han estudiado unos 5.000 tipos de virus, pero se estima que podrían existir millones de variedades diferentes y, aunque alguna puede ser incluso beneficiosa, la mayoría resultan fatales para nuestra salud. Recuerden lo cercanos que están el VIH, el ébola, o el SARS, por citar tan sólo los próximos, e imaginen, por tanto, que lo que está pasando era algo que cabía esperar como muy probable.

¿Es razonable la alarma social?

Sin duda es un tema de actualidad lo suficientemente importante como para merecer tantos titulares en los medios, pero el verdadero problema, con ser muy grave, no es la sanidad, no. «Es la economía, estúpido», esa fue la frase icónica que llevó a Bill Clinton a la presidencia de EE.UU. en su campaña frente a George W. Bush, y vuelve ahora a la actualidad de la mano de esta pandemia. Desde luego no sería, ni mucho menos, la primera vez que el mundo se inquieta por la economía y sus consecuencias: Hace más de dos siglos que Malthus advirtió que la expansión demográfica traería la hambruna a la humanidad por la consiguiente escasez de alimentos (claro que les recuerdo que entonces la Tierra tenía 1.000 millones de personas y ahora alimenta a más de 7.700 millones). Pues bien, el Corvid-19 en realidad es un ejemplo de esa vulnerabilidad económica. Porque de nuevo, la economía es lo que más preocupa y, como muestra, ahí tienen los primeros síntomas en la reacción de los mercados financieros sobre lo que puede llegar con esta crisis.

Se observan reacciones de los inversores al temer que el pánico se imponga a la lógica. Hoy mismo leemos titulares como: «Las bolsas se desploman por cuarto día consecutivo ante el temor por el coronavirus».

Y esto es sólo cuando apenas hay algo más de 80.000 contagiados y no llegan a 3.000 las víctimas mortales. Imaginen si la pandemia alcanzara la dimensión de la Gripe Española, con sus 100 millones de muertos entre 1.000 millones de afectados, y tres años de oleadas sucesivas a cuál más agresiva, que fue lo que duró aquel Primer Jinete del Apocalipsis. No duden que, mucho antes de que algo así ocurriese, tendríamos servida en bandeja una depresión económica descomunal. Entonces sí que podría cumplirse la profecía que Malthus hizo hace más de dos siglos.

Algún pesimista nos advertirá sobre la facilidad que representa también este virus para atentados terroristas con portadores de él o de sus muestras. Bueno, ya nos avanzaron que el Reloj del Juicio Final está a menos de 100 segundos del fatídico evento, así que, para ese grupo de agoreros, lo que ocurre ahora nos situará más cerca de la medianoche. ¡Qué miedo! Pues miren ustedes, yo a esa hora suelo dormir plácidamente y les sugiero que hagan lo propio.

¿Qué se puede hacer?

Ante todo desactivar la presión mediática y convertir al Covid-19 en lo que realmente es, una infección similar a la gripe común, en una variante especialmente agresiva. La contabilidad consecuente de su evolución debiera dejar de ser noticia, como tampoco lo es su análoga, salvo para algunos consejos prudenciales. Quizá porque nos visita puntualmente cada año sin que nadie se rasgue las vestiduras.

Compensar con medidas públicas de estímulo la penuria que arrastrará forzosamente la parálisis de actividad que se avecina. Un proceso que ya se ha anunciado en Hong Kong, donde entregarán el equivalente a 1.180 euros a cada residente mayor de 18 años. Qué curioso que aquí en nuestro país, por el contrario, se estén anunciando subidas del IVA y de otros impuestos.

¿Es más importante paliar el déficit público que generará una política que me resisto a calificar, que evitar esta debacle económica? ¿Qué les van a decir a los hoteleros, taxistas, pequeños empresarios de cafeterías, espectáculos, etc… cuando los vean vacíos, y tengan que despedir a sus empleados? ¿Esperan realmente que el IVA del 23%, y los restantes impuestos que preparan, recaudarán más en esa situación? ¿Creen realmente que es esa la política correcta para generar más empleo?

Claro que Luis Buñuel no será el culpable. Él ya no está por aquí y la frase que inicia el artículo era el resultado de una de esas ensoñaciones suyas, que, a veces, transformaba en estupendas películas surrealistas. Pero para que las Hurdes no tornen a ser una tierra sin pan, ni al Perro andaluz se lo coman las pulgas, tenemos que reaccionar con coraje y optimismo. Así que, no tengamos tanto miedo a la muerte por el virus y, en lugar de intentar comprar esas caras e inútiles mascarillas, lavémonos las manos más a menudo, y ocupémonos en llenar bien la despensa.

Francisco A. J. Mata

«El coprolito gigante»

F. A. JUAN MATA HERNÁNDEZ. 10 Mar 2020 - 20:59 CET

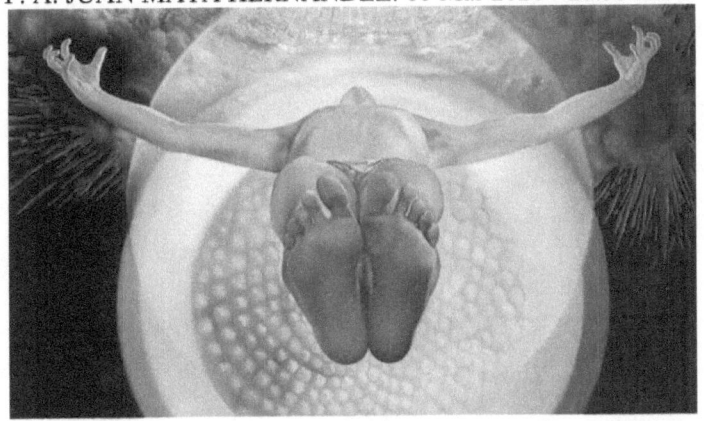

Archivado en: Columnistas | Opinión

«Y Jesús respondió: Médico, cúrate a ti mismo» (Lucas, 4:23)

Esas palabras de Jesús de Nazaret, que nos presenta Lucas en su evangelio, nos animan a mirar hacia nuestro interior para conocer las propias virtudes y defectos que nos hacen fuertes o débiles ante la adversidad. Me vienen a la memoria muchos momentos, miedos, errores, éxitos, ilusiones, lamentos, pero ninguno quizás tan reiterativo como la pregunta de ¿hacia dónde voy?

Es una constante humana volver la mirada al pasado para tratar de adivinar el futuro, con el ansia de conocer hacia dónde nos dirigimos. Claro que la Historia no ha sido siempre como nos la quieren contar algunos con su "Memoria Histórica". Y, en estos tiempos de retiro forzoso, esa sensación actúa con mayor intensidad porque es cuando más precisamos sentirnos útiles y necesarios para algo y/o para alguien.

Van a ser ya cuatro años los que paseo como guía voluntario por el Museo Geominero de Madrid acompañando grupos de visitantes, en su mayoría escolares muy jóvenes. Es, probablemente sin saberlo, un refugio entre el calor de los fósiles petrificados de seres vivos, que existieron millones de años atrás. Suelo comenzar la explicación ante la vitrina que exhibe un coprolito (excremento de una hiena del Mioceno, cuyo origen se estima en 15 millones de años). Invito a los chicos a que identifiquen aquella muestra y, evidentemente, todos lo hacen con un gesto entre el asco y el asombro.

Pues bien, entre esas dos sensaciones podríamos decir que nos encontramos ahora en nuestro País: Asco al ver como se establecen normas para complacer a grupos egoístas, insolidarios y falsos, que ostentan el poder de las minorías imprescindibles, para mantener el gobierno. Asombro, porque la atención del pueblo margina esta traición, y se centra exclusivamente en la pandemia del coronavirus. Parecemos un gigantesco coprolito.

En realidad, lo que las vitrinas del Museo nos muestran no son, sino unas extrañas fotografías del pasado suspendidas en el tiempo, unas instantáneas que roban la intimidad de seres que, en su gran mayoría, ya no existen porque un ángel exterminador los extinguió. Pues, si algo parece que tenemos claro, es que no podemos dar marcha atrás y reanudar la existencia en el punto en que quizá nos gustaría. Nuestra inteligencia nos condena a la prepotencia, pero nos creemos dioses y solo nos despierta, muy de vez en cuando, una partícula de vida unicelular, aunque capaz de fosilizar nuestro recuerdo como aquellos sedimentos petrificados. Pero, ¡ojo! No tengan miedo, este coronavirus no es ningún ángel exterminador, por mucho que ahora pudiera parecerlo. Y, no sólo eso, más me parece que pudiera representar una gran oportunidad de cambio de mentalidad hacia un mundo menos individualista y más solidario.

Se podría decir que el miedo del individuo aislado lo desterró el mensaje cristiano con la fe, pero la fe es acción y oración, tanto para el individuo como para la comunidad.

Oración

Sin duda ese es el mejor camino para desterrar el miedo a los problemas que nos trae la existencia. Ahora bien… fe no significa, a mi modo de ver, imprudencia. Miren, doy fe de que hay mucha irresponsabilidad a nuestro alrededor. Les voy a poner un ejemplo que he vivido en la eucaristía de hoy: Aunque en la ceremonia el sacerdote obvió adecuadamente la petición de darse la paz, sin embargo, a la hora de dar la comunión su monaguillo, un hombre de cierta edad, aceptó situar la ostia en la boca de los que así lo solicitaban. Cuando al terminar le hice la observación de lo arriesgado que eso podría suponer para los comulgantes, se limitó a responder que él la daba, según se lo pedían... Juzguen ustedes.

Acción

Pero ese sentimiento de utilidad que necesitamos en estos días no lo reparará nadie ni se irá desvaneciendo por sí solo mientras tomamos una cerveza o vemos la televisión. Se está viendo que la cadena humana de atención hospitalaria puede romperse por una demanda inusual. Nosotros, los jubilados, seríamos una buena solución para ayudar en cometidos de logística y organización. Localizar contactos de personas infectadas, avisar y vigilar sobre protocolos de actuación, necesidades básicas de suministro de comida a personas en cuarentena... ¡Qué sé yo! Señores estamos aquí para ayudar, y esta es una buena ocasión para curar a los demás y curarnos nosotros mismos, como sugería Jesús.

Quiero finalmente insistir sobre estos elementos individualistas y arcaicos, como nuestro monaguillo de hoy, que arrastran una concepción singular de los problemas del mundo, como si la fe salvífica del alma librara al cuerpo de las infecciones por besar los pies de las imágenes sagradas, o insistir en recibir la comunión en la boca. No olviden aquel versículo del evangelio de San Lucas con el que comenzaba el artículo. Ni tentemos a la suerte, porque Dios no juega a los dados.

«Felicidad abarrotada de silencio»
PERIODISTA DIGITAL

F. A. JUAN MATA HERNÁNDEZ. 10 Mar 2020 - 21:47 CET

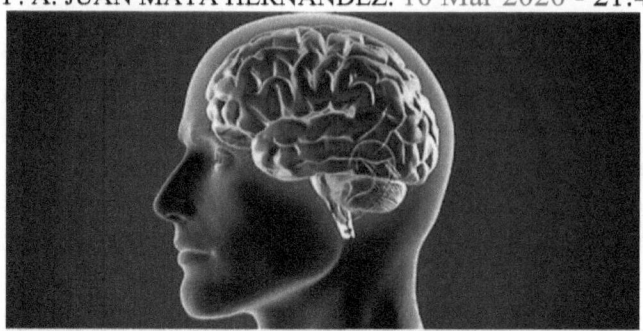

Archivado en: Columnistas | Opinión

«Ni tus peores enemigos pueden hacerte tanto daño como tus propios pensamientos» (Buda Gautama)

Acorde con esa máxima, la profesora mejicana Carmen Navarro calificó los pensamientos negativos como la «peste de las neuronas», y aunque la reflexión de Buda tiene ya más de 2.300 años, el problema sigue siendo de candente actualidad en nuestro siglo XXI. El mayor daño que puede producir un suceso derivará precisamente del pensamiento negativo con el que lo abordemos. Es habitual e instintivo que al ver que una multitud corre espantada por un evento trágico, nos unamos a ella sin meditar los cómos ni los porqués. La mente nos engaña por un instinto primario de supervivencia y sacamos conclusiones precipitadas e ilógicas. Eso es lo que está ocurriendo ahora mismo en el mundo con la pandemia del coronavirus. Sufrimos y sufriremos las consecuencias porque exageramos nuestros propios pensamientos negativos irracionales. Muchos son los que reconocen esa realidad, pero pocos o muy pocos quienes compran hoy en las bolsas de valores que se desploman por todo el mundo.

Quizás al contemplar las ciudades vacías y en silencio por el pánico al coronavirus, Buda habría recomendado la meditación de otra de sus célebres frases: «Lo que eres es lo que has sido. Lo que serás dependerá de lo que hagas a partir de ahora». Probablemente esos pocos que guardan la calma sean quienes se feliciten mañana por su decisión. Sin duda hace falta un mensaje de reflexión, esfuerzo, y fe, pues, incluso tras los peores aconteceres, debe prevalecer la esperanza y el ánimo para volver a caminar erguido.

Si analizamos el devenir de la vida, coincidiremos en que no surge la felicidad precisamente en los instantes de triunfo, pues los laureles y las alegrías suelen ser efímeros e inconformistas. Siempre querremos más. Nuestro instinto como especie nos exige esa superación continua, porque lo llevamos codificado en los genes. Observaremos que lo que realmente nos hizo disfrutar fue precisamente la voluntad para alcanzar el éxito y no el triunfo en sí. El esfuerzo y el sacrificio para llegar a la meta nunca son parcos en cansancio, dolor, temor y muchas otras sensaciones negativas; forman parte de una desdicha temporal necesaria para saborear el resultado, pues lo que no cuesta nada vale bien poco. Nuestro archivo mental transforma siempre el resultado en niveles de felicidad en función de esfuerzo que supuso lograrlo.

Ahora vuelvo a tomar la inquietud que nos atribula por las consecuencias de lo que nos está tocando vivir. Coincidirán conmigo que va a depender del modo en que lo enfoquemos gran parte de nuestra felicidad futura. Es evidente que habrá que andar un camino abrupto, difícil y, a veces, regado de momentos de sufrimiento. Muchos de ustedes me dirían que la meditación no les va a traer un salario para comer, pagar la luz o los plazos del coche, sobre todo, si tras esta epidemia se quedan sin trabajo, o lo que es peor, se lleva a parte de su familia. Replicarán que si el virus no los mata lo hará el hambre. Pero eso no revela nada que desconozcamos, pues, hasta la fecha y mientras no se descubra un elixir que perpetúe al homo sapiens, todos tendremos que morir en algún momento.

Y en cuanto a las necesidades vivenciales ¿qué les puedo decir? Bueno, supongo que tenemos un gobierno que presume de sensibilidad social, y dice luchar por la igualdad y la fraternidad de todos y de todas. Además, tienen un buen ejemplo en otros países que han ido por delante: se han concedido ayudas, reducido o aplazado el pago de impuestos y tasas, facilitado la liquidez a autónomos y pequeñas empresas, etc... Espero y deseo que sea así, y que no nos traicionen o nos vayan a engañar también ahora; quizás podamos confiar en que este examen haga caer la venda de su mente; quizás, en fin, las picas se tornen palas de una vez.

Vivimos a este respecto una incógnita existencial, pero los españoles somos recios, austeros y estoicos, como gran parte de nuestra tierra. Así que, a buen seguro, mañana volverá a amanecer, la economía se recuperará, y no dejarán de florecer los cerezos del Jerte.

Francisco A. J. Mata

«Y el Presidente, al fin, presidió»

F. A. JUAN MATA HERNÁNDEZ. 16 Mar 2020 - 11:38 CET

Archivado en: Columnistas | Opinión

«-Señor Lenín, ¿cuándo permitirá su gobierno la libertad de sus ciudadanos?...
-¿Libertad para qué? Respondió Lenín» (conversación de Lenín con Fernando de los Ríos en 1920)

Pero aparece el político de talla cuando España está a punto de convertirse en una leprosería y una cárcel para sus ciudadanos, y mientras algunos necios resuellan aún de estupor con mezquinas quejas nacionalistas. La decisión de cerrar España ya no era discutible; Pedro Sánchez puede ser calificado de lo que cada cual le plugua, y yo no he sido ajeno a ello cuando me ha parecido oportuno. En resumidas cuentas, dijo algo que todos esperábamos, sin duda, pero lo hizo con una gran demostración de talento político. Nos envió a una cárcel, peor, al menos para algunos, que las que acogen a delincuentes, aunque lo hizo con un punto de máxima delicadeza, y desde la alta responsabilidad que le correspondía asumir. Y luego, apenas terminada su exposición, supimos que su esposa Begoña estaba contagiada por el coronavirus. Ayer, si no lo digo reviento, me sentí orgulloso de tener como gobernante a Pedro Sánchez.

Cuando en España brille plenamente la luz que hoy se cuela por las rendijas de nuestras ventanas, muchos de ustedes, que quizás discreparán con "algún pero" que yo hoy quiero obviar, reconocerán que con las mimbres que nos hemos dado, en una nación dividida y a merced de minorías mercenarias, ha sido una heroicidad política esa llamada a la solidaridad frente a la visión egoísta, partidista y excluyente de sus socios parlamentarios. Por poner un ejemplo a los escépticos, les haría esta pregunta: ¿Se imaginan sentados junto a un "cuarenteno del virus" con gesto adusto y amenazante, del que además depende vuestro puesto, tratando de razonar que lo primero es lo primero? Pues eso fue lo que probablemente precedió al discurso de ayer de nuestro Presidente.

Aunque esta no fue la primera vez que el partido socialista español ha sido ambas cosas, socialista y español. Quisiera recordar entre sus figuras señeras, la del socialismo humanista de Fernando de los Ríos, a quien ayer me recordó enormemente Pedro Sánchez. Es muy probable que, en el que debió ser debate conflictivo del Consejo de Ministros, supo anteponer la ética krausista a su difícil estabilidad parlamentaria, y estoy seguro que ese idealismo generoso tendrá su recompensa. Aunque es cierto que Fernando de los Ríos no pudo o no supo parar la deriva socialista del 34 cuando sus correligionarios se lanzaron por el sendero de la violencia, yo no vi ayer en su rostro, aquellas lágrimas de impotencia de las que hablaba Azaña tras su entrevista con el rondeño; por el contrario, en el gesto firme de Sánchez, creí ver a un verdadero hombre de estado. De momento tiene mi reconocimiento y disculpas por otros días en que mi pluma escribía con tinta menos pangeista.

Sin duda alguna son momentos de solidaridad y, aunque siempre debería ser así, somos como somos y vivimos en un mundo donde el buen samaritano o el peligro mayor, están a la vuelta de cualquier esquina, es más, curiosamente ambos podemos ser la misma persona en diferentes momentos de nuestra vida.

No es, señores nacionalistas, momento de arrebujarse en su capa y calarse la barretina, ya es bastante malo lo que han discurrido con esa necia sublevación y rebelión absurda, como para seguir tocando el tambor a rebato. Trabajemos juntos sin colores ni fronteras porque el mundo no es de nadie y no es justo que alguien pretenda hacerlo aún más estrecho.

El impacto de esta pandemia va a ser muy alto, no lo duden. Desconozco, porque no soy ningún experto, cuál será la mortalidad final esperable ni cuánto durará, pero hay algo que no es preciso ser ningún halcón para ver, la economía, eso que nos proporciona bienestar, seguridad y salud, está sufriendo ya un impacto tremendo, y necesitaremos las más altas dosis de solidaridad y esfuerzo para remediarlo.

Además, cuando muchos grupos humanos exacerban sus peculiaridades para justificar diferencias que no lo son... un convencimiento de que todos formamos parte del mismo tronco es preciso para fortalecer y acercar un proyecto común. En nuestra mano está, en definitiva, mantener un comportamiento cívico y austero, que colabore en construir, limpiar y conservar nuestro entorno. En trabajar para mejorarlo, porque el trabajo dignifica al hombre, y estos días de asueto forzado probablemente nos habrán dejado un sentimiento de frustración por el tiempo perdido. Ayudemos pues a reformar y limpiar la casa de todos, la que nos recibió cuando llegamos a este mundo, y la que deberemos legar a otras generaciones.

«Tenía razón… el enfermo era la economía»

F. A. JUAN MATA HERNÁNDEZ. 22 Mar 2020 - 12:08 CET

Archivado en: *Columnistas | Opinión*

Cuando leía hoy la prensa me detuve sonriendo, mientras miraba desde el alféizar de la ventana la plaza vacía. Me hacen reír las personas que presumen siempre a posteriori de tener razón. Las opiniones, cuando son honestas, lo que no siempre ocurre, suelen basarse en la valoración que nuestro cerebro hace sobre los datos que le vamos aportando. El que después resulte más o menos acertado va a depender de tantos y tan incontrolables factores, como trata de explicar sin completo éxito la teoría del caos. Por tanto, es probablemente más fácil que nos toque la Primitiva, que prever lo que va a ocurrir con esta crisis del coronavirus. Convencido de mis reflexiones, aparté las cortinas que hacen de fraileros en el salón, y respiré el aire más puro que Madrid nos ofrece desde hace decenios. Fue entonces cuando, dejando a un lado las estimaciones sobre cifras de contagiados y muertos, me inquietó más el olor a quemado que desprenden las páginas de color salmón.

Si tomamos como referencia lo ocurrido en la pasada crisis de 2008, constataríamos que se avecina un colapso financiero global. "Lo prioritario son las vidas humanas" repiten machaconamente los técnicos y políticos en sus comparecencias informativas. ¿Pero oiga, a quién cree usted que se dirige al decir eso? Bien lo sabemos, y estamos casi todos de acuerdo. Aunque habría que matizar si esa afirmación incluye los 8.500 niños que mueren cada año de desnutrición en el Tercer mundo. ¿Pero se han detenido a pensar en los que morirán tras el desastre que el coronavirus está sembrando? Y no será tan sólo de hambre. Pues bien, si dejamos que esta pandemia arrase con la economía, ya pueden ustedes multiplicar esa cifra de muertes de pequeñuelos por 10 o por 100, que quizás se queden cortos. Pero además habría otras víctimas de esa pandemia, me refiero a la "muerte moral" de las personas que pierdan toda esperanza de encontrar trabajo y no puedan atender a sus familias. Alguno quizá podría pedir, llegado el caso, la aplicación de esa eutanasia que el gobierno tenía tanta prisa en aprobar.

¿Pero cuál es el riesgo de esa perturbación sin precedentes que advierte el Banco de España?

La situación deriva, señores gobernantes, de que nos hemos comido o regalado las vacas gordas que no teníamos, y nuestras arcas están ahora llenas de deudas. Cervantes tenía razón, porque somos un país de Quijotes. Pues miren, el caso es que España adeuda cerca del 100% del PIB, algo más de, 1,2 billones de euros. Eso antes del presupuesto extraordinario de más de 200.000 millones, que inicialmente se va a destinar a garantizar créditos que pudieran resultar fallidos, como consecuencia de la crisis. No nos consuela que Italia nos supere con una deuda del 137%, o Grecia y Portugal con el 182% y el 126% respectivamente. No, desde luego, el mal de muchos sólo es consuelo de tontos. Y no es únicamente por estos lares donde la moda del endeudamiento ha sido la regla de gestión, porque ahora no son exclusivamente los países quienes acumulan créditos. Muchas de las grandes empresas de medio mundo, han aprovechado el dinero barato y están en unos niveles de apalancamiento históricos. Y lo peligroso es que, una parte notable de esa deuda está referenciada en dólares, cuando sus propias divisas valen cada vez menos.

¿Cómo se pueden paliar esos efectos?

Los bancos centrales están inyectando liquidez para ayudar a detener el pánico de las bolsas de valores y de las divisas, pero es obvio que no lo están consiguiendo plenamente. Eso está generando una huída del dinero hacia la liquidez, y hacia el dólar como moneda refugio. El dinero, señores, siempre tiene miedo. Parece que la solución sería que se regara el mundo de dólares, pero eso no es tan fácil, pues tiene sus dificultades y sus consecuencias. Para empezar, quienes tienen la máquina de hacer dólares es la Reserva Federal Americana, y aunque desde la crisis de 2008, la Fed utilizó las "líneas de swap de divisas" para intercambiar su moneda con las de los bancos centrales de algunos países, esto podría aliviar el problema, pero ¿qué ocurre con China, cuyas empresas están altamente endeudadas en dólares, y sus relaciones con USA no atraviesan el mejor momento? Pues podría suceder que se vieran obligados a deshacer sus inversiones en bonos y activos americanos, ahondando las caídas en Wall Street y provocando un "efecto mariposa" en todo el mundo.

Pero volvamos a nuestro país, y hagan cuentas: Empresas que no venden porque la gente no compra; luego tiene que reducir plantillas con aumento del paro y la precariedad, etc. Un círculo vicioso del que sólo se podría salir con un gobierno de unidad que ilusione y anime un proyecto común. Unos líderes, por otro lado, que dieran ejemplo desde el primer momento en cuanto a austeridad y generosidad, porque no comprendo que haya políticos que animen caceroladas contra un rey ejemplar, mientras se incumplen cuarentenas, o quizá se aceptan preferencias en el trato sanitario. No hay privilegios regios, pero tampoco políticos, y si el coronavirus nos atacara, tanto a nosotros, como si lo hiciera con algún familiar cercano, deberíamos estar todos en la misma cola. No le demos vueltas, el ejemplo más generoso y fiel de amor al pueblo, es el de quienes lo colocan siempre por delante de sus intereses. Cuando se dé esa imagen, se estará en el camino de conseguir la unidad y el afecto de la nación.

Pero yo no he visto aún que ni gobernantes, ni diputados o senadores, centrales, autonómicos, o municipales, renuncien a ninguna de sus prebendas. Más bien diría que está ocurriendo justo lo contrario; comenzando con este gobierno de ministerios múltiples y variopintos.

«¡Sánchez, cuídate de los idus de marzo!»

F. A. JUAN MATA HERNÁNDEZ. 30 Mar 2020 - 13:33 CET

Archivado en: Columnistas | Opinión

«Los idus de marzo ya han llegado»…«Sí, pero aún no han acabado» (Plutarco, en su relato sobre el asesinato de César)

Ciertamente, cualquier vidente, salvo el señor Tezanos, que hubiese advertido a Pedro Sánchez sobre lo que se le venía encima, habría perdido credibilidad de inmediato. Más tarde, al recordar aquellas palabras del asesor técnico de la pandemia, cuando dijo: *«Si mi hijo me pregunta si puede ir a la manifestación del 8-M, le diré que haga lo que quiera»*, algunos elevaríamos su consideración desde adivino, a profeta. Bien podría haberse ahorrado el comentario el bueno de Fernando Simó, salvo que, imprudentemente, pensara tan sólo en la juventud del muchacho.

Luego, Pedro Sánchez nos habló el sábado 14 con una voz de apariencia firme, casi inspirada; porque lo hizo con una llamada a la unidad y a la solidaridad que, al menos a mí, me convenció de que estaba velando, no por intereses personales o de partido, sino por España entera. Y fue un vuelco, sin duda noble y esperanzador, pues entendimos que rompía de una vez sus ataduras con la nobleza de Galapagar, y con los que piensan excluyentemente en lo suyo, léase, PNV, ERC, y, obviamente, con el pro-etarra Bildu. La situación en esas fechas ya no admitía vacilaciones ni dudas, y exigía un gobernante de talla. Supongo que dio un golpe en la mesa, volvió la cara ignorando a quien se había saltado la cuarentena, Dios sabe para qué, y quiso olvidar que había sido excesivamente ingenuo al confiar en aquellos socios. Ese día creí haber encontrado el motivo por el que los idus eran días de buenos augurios para los romanos; ese día era la víspera de los idus de marzo de 2020; ese día comenzaba en España una forzada cuarentena como remedio final contra el virus invasor.

Claro que, no debimos adelantar tanto la fiesta, pues ese mismo día, en los idus de marzo de una fecha que perdura en el tiempo, se perpetró el crimen que terminó con la vida de Julio César. Y sus asesinos mataron con él a la República romana, dando paso al Imperio. Ocurrió en el 44 a.C., hace 2064 años, menos diez días; los que median entre el 4 y el 15 de octubre de 1582, decena desaparecida en el cambio del calendario juliano al gregoriano. Así que, ya ven que no siempre los idus traen buenos augurios.

La pregunta que toca hacer ahora es ¿Qué nos traerán los de marzo de 2020?

Miren, yo lo de los augurios, como que no lo veo nada claro. El futuro, en su definición actual, es algo que todavía no ha sucedido, pero que bien pudiera ser calculado si se tuviesen todos los parámetros que influyen en él. ¿Pero, oiga, cuáles son todos los parámetros? ¿Quién podría prever que un murciélago iba a morder a un pangolín que, a su vez, iba a ser comido por un chino? Pues ya ven la que ha liado el mamífero volátil. Y es que, ni aquel prestigioso oráculo de Delphos podría aventurar el final de esta que parece una película de terror. Podrán disculpar ustedes la comparación, porque todos sentimos en el alma el daño que ya sufre gran parte de la humanidad, pero ni en economía, ni en política, ni, lo que resulta más importante, en convivencia social, parece fácil adivinar lo que llega.

Pronosticar ese futuro del que hablaba, conlleva muchas incertidumbres; claro que sí. Aunque siempre cada cual puede evaluar las que llegan a su cerebro, en función de los datos de que disponga y la importancia que dé a cada una de ellas.

Esta es mi reflexión sobre lo que considero que tiene mayor probabilidad de ocurrir:

Economía

La economía sufrirá un shock temporal de demanda, acompañado de otro más prolongado de oferta. En un contexto en que el mundo nadará en la liquidez que van a regar los bancos centrales, y donde la mayor parte de las deudas serán impagables. Todo ello conduciría, más pronto que tarde, a una nueva era inflacionaria. En realidad, si se han molestado en comprobar los precios de algunos productos alimenticios que adquieren desde sus forzados confinamientos, o determinados productos sanitarios que pugnan por comprar los gobiernos, reconocerán conmigo que algo así ya está sucediendo. De ese modo se liberarían las cargas del endeudamiento tan elevado que ya existe en entidades públicas y privadas de todo el mundo, y que va a aumentar considerablemente tras esta crisis.

Política

La extrema izquierda radical y los partidos nacionalistas tratarán de aprovechar la debilidad extrema del PSOE, habida cuenta de su penosa gestión, para reafirmar su apuesta republicana e independentista. No les puedo decir el resultado de su intentona; y tampoco confíen mucho en el CIS. En realidad ese dato sólo lo tendrán ustedes cuando decidan el futuro con sus votos.

Sí que me gustaría recordar, por si alguno ha olvidado los desastres que para España supusieron tanto la I como la II República, que el rey Felipe VI ha sido la mejor muestra, con su actitud ejemplar de renuncia, sobre cómo se deben afrontar determinados problemas familiares. También destacaría su sensibilidad y firmeza en anteriores crisis y en la que nos ocupa, donde ha querido anteponer el interés de España al suyo propio. Tuvo un buen ejemplo, pues su bisabuelo, Alfonso XIII, evitó una guerra civil por no enfrentar una estafadora declaración de la II República. Miren en el otro lado, sectarismo, irresponsabilidad, insolidaridad, e incapacidad, actitudes bastante distribuidas entre esos políticos de la New Casta. Ahí están, sin ir más lejos, los casos de, quebrantar cuarentenas, rechazar enfermos de otras comunidades, comprar tarde y mal equipos médicos que no sirven para nada, etc...

Social

Tenemos muchos héroes de esta batalla. Multitud a la que habría que reconocer en un grandioso monumento para recuerdo de generaciones venideras. Una Torre de Babel en un Valle de Paz, donde figuren los nombres de los hombres valientes de la sanidad, las fuerzas armadas, la limpieza, el transporte, las comunicaciones, y tantos otros sectores. Valerosos y esforzados españoles que han dado y siguen dando su esfuerzo con riesgo, y a veces entrega, de su propia vida. Una España unida frente a un monumento grandioso que recogiera las cenizas de tantas víctimas, junto a los nombres de sus héroes, como reconocimiento para siempre de su esfuerzo, dedicación, y valor.

Y al igual que la Unión Europea nació tras la II Guerra Mundial, esta, que bien se podría considerar la III, tendría que alentar una unión universal en una nación para todos.

Quiero terminar como empecé, recordando a nuestro Presidente, Pedro Sánchez, que aún hay solución. Si busca unir realmente a toda esa España que aplaude a sus héroes tras de sí, debe deshacerse del lastre sectario e insolidario y buscar el apoyo del resto. De los dispuestos a renunciar a sus intereses por los de todos los españoles.

Que no le suceda a usted, señor Presidente, como en aquella ocasión en que el vidente advertía a Julio César de los peligros que le acechaban en el Senado, y que el griego Plutarco narró así: "¡Cuídate, César, de los idus de marzo!". Julio César respondió al vidente, riendo: «Los idus de marzo ya han llegado»; a lo que el vidente contestó compasivamente: «Sí, pero aún no han acabado».

Así que *¡Cuídate, Sánchez, de los idus de marzo!*

Francisco A. J. Mata

«Dulcísimo recuerdo de mi vida»

F. A. JUAN MATA HERNÁNDEZ. 05 Abr 2020 - 12:29 CET

Archivado en: Columnistas | Opinión

«¡Dulcísimo recuerdo de mi vida...»

Todavía recuerdo con nostalgia y cariño aquellas tardes de finales de mayo, cuando en el patio central del colegio, frente a la Inmaculada de mármol que lo presidía, se escuchaban los versos que despedían a los del Preu. ¿Cómo podría yo, un espíritu ardiente y pragmático, rechazar tal pacto con la Virgen?

—¡No lo vas a cumplir! —escuché su mensaje en mi mente.

¡Qué podría evitarlo! Reiteré mi negativa con un giro brusco de cabeza. Ni siquiera intenté analizar de dónde podrían surgir aquellas dudas que llegaban desde los ojos de la imagen marmórea: habría sido complicado sacarlas del contexto de la oración que el poema del padre Alarcón dirigía hacia el Cielo en nombre de todos: *«¿Seré yo también sordo a tu gemir? ¡No! Yo no quiero frutos que envenenan, no quiero goces que a mi madre apenan, ¡No quiero ser así!»*... «Jamás sin tu recuerdo he de vivir. Tuya será mi lágrima postrera... ¡Hasta que muera, Madre; hasta que muera me acordaré de ti!». Bajé la cabeza, resignado y confuso, con los ojos húmedos, y pedí perdón por mi futuro. Sé que hay quien piensa que no procede la indulgencia porque nadie es pecador, pues el pecado es una respuesta natural de la debilidad humana. Pero yo pienso que es la ofensa al precepto divino, que ha marcado en nuestra mente una moral natural de comportamiento, lo que nos hace sentir pecadores. Si no fuera así, nadie tendría que pedir perdón por nada, los agravios a otros, resultarían gratuitos y la convivencia insoportable.

No quiero profundizar en la experiencia personal que, como introducción, les he dedicado. Dar la espalda a María, la rosa mística, puerta del cielo, como describe la letanía del rosario, sería mala factura cuando el sol está ya en el poniente de la vida. Pero es que además, hemos tenido la fortuna de nacer y vivir en un país que adora a la Virgen.

«¡Hasta siempre España!, ¡Hasta siempre, tierra de María!» Así se despidió el papa Juan Pablo II, con ocasión de la última de sus visitas a nuestro país. Es una clara demostración, de que la devoción a las diferentes advocaciones de la Virgen, que arrastran pasiones por toda España, se impone sobre la leyenda negra que aún muchos extienden sobre la historia, maravillosa a veces y heroica las más, de nuestra patria. Por cierto, aquel Papa no pareció apreciar en nuestro país signo alguno de violencia, como argumento falaz que se esgrime ahora desde Roma, para justificar el deseo de no visitar nuestra tierra. El pueblo, quizás, que más ha defendido desde tiempo inmemorial y, muchas veces a costa de su propia sangre, a la Iglesia, al Vaticano, y a sus miembros y jerarquías más representativas. Aquella sí fue violencia, tan propiciada y bendecida como las Cruzadas hacia Tierra Santa. Me pregunto con coraje si es posible que este tipo de opiniones, confusas y de doble sentido, se expresen a consciencia del daño que provocan. Quizá se ha podido ceder ante un sentimiento subjetivo de los que le asesoran. No lo sé, pero me duele y siento piedad por ambos, pero también inquietud por nosotros mismos.

Desde la distancia te miro, Madre, y siento una duda terrible y dolorosa: el instintivo recuerdo de aquel poema, que recitaba siempre el Príncipe del Colegio, y la irremediable duda por que aquellas estrofas formaran parte de una premonición que ahora aflora entre el baussant blanco y negro de nuestra Iglesia. Pero me resisto a creer que podamos estar solos para "luchar en religiosa lid", y me apoyo para ello en esta otra: «*¡Ah, no, dulce recuerdo de mi vida! Siempre que luche en religiosa lid, siempre que llora mi alma dolorida, al recordar mi adiós de despedida, ¡te acordarás de mí!*». España tiene en su corazón a María Inmaculada, y poco podrán las fuerzas de la Tierra contra ese amor incondicional.

Me distraigo y os distraigo. Mi pensamiento se centra en algo que no tendría mayor importancia si no fuera porque afecta a mi sentimiento de español, europeo y pangeista; un modo de ver la vida que rechaza cualquier atisbo de ataque a esa trilogía identitaria; y eso es lo que yo he creído leer en la denuncia pro secesionista que aparenta la confusa afirmación de: "Iré a España cuando haya paz". Todo, por supuesto, desde el respeto debido a quien pronunció esa desafortunada frase, todavía sin aclarar, pienso que es una incursión política, amén de carente de razón y sin argumentos, desequilibrada, injusta y a favor de parte.

Pero sigamos con nuestra Madre, la Inmaculada: «*Tota pulchra est Maria*». Hubo un tiempo, no muy lejano, en que el patronímico con que los padres bautizaban a sus hijas en España solían comenzar con el de María. Este fervor abarcaba la convivencia diaria al punto que era costumbre saludar al ir a confesar, o al llegar a una casa con un: "ave María purísima"; a lo que se respondía desde el interior: "sin pecado concebida". Luego, aquella moda cambió, y llegaron las denominaciones, con referencias diversas a heroínas, diosas, lugares, o flores; aunque la devoción a la Virgen se mantuvo. El sentimiento, evidentemente, no esgrime razones metafísicas, se mueve por el impulso del corazón, y poco importa si la lógica humana cuestiona ese dogma. Se proponen argumentos mucho más elevados que nadie podría discutir. Se trata de un simple silogismo: Si María es madre de Dios, y Dios llenaría de gracia a su Madre por el hecho de serlo; el resultado lógico es que María contase con todas las perfecciones, entendiéndose como una de ellas, estar libre del pecado original desde su misma concepción.

En cualquier caso, viene de antiguo el fervor que relaciona a España con la Inmaculada Concepción. Parece que la festividad se remonta a la España visigótica bajo el reinado de Chindasvinto, tras el VII Concilio de Toledo del año 646. Fue entonces cuando al obispo San Ildefonso ordenó fijar la celebración a la Inmaculada, que se convirtió en día de precepto para toda España mil años más tarde. Así, el XI Concilio de Toledo daba el título de «Defensor de la Purísima Concepción de María» al rey visigodo Wamba.

Un argumento mariano a favor de la unidad de España sería también que esa vinculación histórica de la Inmaculada con nuestro país se consolida con la creación de numerosas cofradías creadas en su honor y, significativamente, la más antigua es la de Gerona que se formó en 1330, bajo el reinado de Alfonso IV el Benigno, Rey de Aragón y conde de Barcelona, un siglo antes de retornar la unidad de España con el matrimonio de los reyes de Aragón y Castilla. La fiesta de la Inmaculada fue fiesta de precepto y patrona de España desde 1644, casi dos tercios de siglo antes que el papa Clemente XI extendiera la obligación a toda la Iglesia. También es patrona del Arma de la Infantería española en conmemoración al milagro que otorgó en Empel una gran victoria a los tercios españoles de Flandes.

Quisiera terminar este artículo con la petición que contiene la última estrofa del poema del Padre Alarcón:

(…)
Tu en pago, Madre, cuando llegue el plazo
de alzar el vuelo al celestial confín,
estrechándome a ti con dulce abrazo,
no me apartes jamás de tu regazo.
¡No me apartes de ti!

Francisco A. J. Mata

«30 millones de toneladas de papel higiénico»

F. A. JUAN MATA HERNÁNDEZ. 06 Abr 2020 - 16:47 CET

Archivado en: Columnistas | Opinión

Es cierto que había visto colas interminables tan absurdas para comprar en 1975 aquellos sellos de la serie "orfebrería española", pero el pavor que se ha desatado por acaparar papel higiénico en el inicio de esta crisis, es probablemente superior. Cuando las barbas de tu vecino veas pelar, debemos pensar, pon las tuyas a remojar. Observamos que otros llenan sus carros con un producto que, además, destaca por su tamaño, y algo en nuestro interior nos mueve a imitarlos con un comportamiento un tanto gregario. ¿Qué es lo que pretendemos prevenir con ello? Esa es una respuesta que requeriría el consenso de psicólogos y sociólogos. Ellos nos dirían algo así como que nos mueve una obsesión derivada del sentimiento de amenaza, y que con ese comportamiento tratamos de preservar al menos la dignidad. Claro que eso no explicaría por qué damos preferencia a la higiene del cuerpo que vendría tras alimentarnos necesariamente con unos productos por los que, sin embargo, no parecemos preocuparnos tanto.

Antes de emitir un juicio de valor, quizá conviene que analicemos de donde viene este uso y cuáles son sus consecuencias sanitarias y ecológicas. Seguro que no imaginan que el consumo anual en el mundo del papel íntimo o de confort, como también se le llama, se eleva a la exorbitante cifra que da título a este artículo: 30 millones de toneladas. Si se molestan en hacer un cálculo, y dado que son necesarios entre 10 y 15 árboles para fabricar una tonelada de papel; llegamos a la conclusión que habría que talar 400 millones de árboles para cubrir esa demanda. Con ello, tomen nota y reaccionen: estamos eliminando una milésima parte de la foresta del Amazonas tan sólo para tirarlo por el inodoro cada año. Además es notable el problema de los atascos que papel y toallitas húmedas provocan en las cañerías sanitarias, y en la contaminación de los ríos. No parece ni lógico ni ecológico, desde luego. Y todo esto viene sucediendo mientras los proctólogos opinan que es más sano enjuagarse tan sólo con agua.

En realidad el uso del papel para el aseo íntimo se remonta al siglo II, donde se cita al chino Cai Lun como su inventor; aunque hay referencias de utilizar el papel para tal fin desde ocho siglos antes. Las dinastías Yuan y Ming introdujeron mejoras en la textura y el perfumando, extendiendo su uso con carácter general entre la corte imperial china. En otras partes del mundo donde se desconocía el papel, se usaban hojas de plantas, pequeñas piedras redondeadas, trozos de cerámica, o esponjas sujetas en el extremo de varillas que después lavaban con vinagre. Ya en el siglo XIX se patentó en Estados Unidos el rollo de papel que evolucionó con diferentes texturas y perfumes, hasta los que conocemos actualmente. Aquí en Europa fuimos inicialmente más prácticos y popularizamos el bidé, pero no logramos desterrar la costumbre ancestral del papel sanitario.

Parece claro que no tiene ningún sentido esa obsesión por acaparar rollos de papel, y podríamos aprovechar la situación actual para cambiar nuestros hábitos. No hay ningún papel higiénico que proporcione mejor limpieza que el uso del agua para enjuagar, usando para ello el bidé, la ducheta, o directamente con la mano y el grifo. Claro que la limpieza es fundamental para evitar graves enfermedades que pueden transmitirse con las heces, como las afecciones intestinales, el cólera, la fiebre tifoidea, disentería o diarrea. También el coronavirus que nos ataca hoy, sería un buen ejemplo para animar a esas abluciones de purificación sanitaria.

Es cierto que en muchos lugares y épocas, cuando se carecía de él y para evitar un gasto superfluo, se utilizaba el papel de libros usados y hojas de periódicos. Hoy, cuando el dolor y la tensión por la pandemia hace más necesario que nunca encontrar momentos para la risa, parece

162

conveniente ridiculizar nuestro propio absurdo. Así, algún imaginativo popular llega a mezclar la búsqueda compulsiva del papel higiénico con la crítica política, y para ello nos ofrecen por las redes digitales la imagen del libro "Manual de Resistencia" de Pedro Sánchez, colgado junto al inodoro, como sucedáneo de emergencia con el mismo fin. Sin duda muchos otros libros, probablemente también alguno de los míos, tendrían mejor utilidad en nuestros retretes.

«Los pactos de la Moncloa. No, la cigarra y la hormiga»

F. A. JUAN MATA HERNÁNDEZ . 12 Abr 2020 - 12:35 CET

Archivado en: *Columnistas | Opinión*

«*La verdadera comunidad nace de comunión espiritual, verbal, y esta de entendimiento común, de verdadero sentido común nacional.*» (Don Miguel de Unamuno y Jugo. Inauguración del curso universitario de Salamanca.1934-35)

A lo largo de la historia, los grandes hombres de España, como don Miguel de Unamuno, han difundido y animado hacia una idea de conciliación de nuestra sociedad, siempre apoyada en la unidad nacional. Sirva de referencia la cita que entrecomillo en el párrafo anterior. Los pactos de la Moncloa de 1977, promovidos por don Adolfo Suárez, hallaron una respuesta favorable en la mayor parte de los partidos políticos y en las organizaciones patronal y sindical, con la excepción de la CNT. El antecedente a la nueva carta de prestidigitador del Presidente del Gobierno, parece claro, y la situación, que en 1977 tenía a nuestra economía hundida en crisis, y con una inflación galopante del 26,40%, encuentra ahora un argumento notablemente más grave porque la pandemia y sus consecuencias afectan a todo el mundo; tenemos un gobierno frágil, sometido a otros, y notablemente incompetente; y, además, como estamos viendo en la UE, cada país desconfía de los otros para atender antes a los suyos. Así suelen ser desgraciadamente, las reacciones humanas multitudinarias, que no las individuales, cuando se trata de supervivencia.

Sin embargo, al proponer unos nuevos pactos de la Moncloa, el señor Sánchez —que aún mantiene a la nobleza de Galapagar en su gobierno— estaba delirando. Porque dudo que, además de los comunistas, tampoco apoyen sus interesadas quimeras ni los pro etarras de Bildu, ni los independentistas vascos y catalanes. Se ve muy lejana la sabia lectura que de la vida había aprendido Santiago Carrillo, la nobleza de un español y catalán como don Miguel Roca, o la inteligencia de un buen político como Felipe González. Así que, este presidente, desde el buenismo que predica en su improvisado púlpito cada semana, está tratando de engañar una vez más a todos los españoles, con un proyecto en el que dudo que, con los mimbres que hasta ahora avanza, crea nadie.

Pero eso no quita para que un Pacto Nacional, como fue el de 1977, sea más necesario que nunca.

¿Y qué haría falta para forjarlo? Una sola palabra describe la respuesta:

Generosidad

A ver si logramos que este sustantivo nos resuelva la situación. Lo enfocaré desde una perspectiva bastante distinta a la que parece pretenderse desde la Moncloa. Y ya les anticipo que no resultará fácil cuando se conocen las implicaciones que conlleva un Pacto Nacional.

Está francamente deteriorado el término «generosidad» porque se asimila a «estupidez» cuando alguien la ejercita en aras del bien común. Pero señores, esto no debería ser así, porque la profesión política no tiene sentido si quienes la van a ejercer, como ocurre actualmente, carecen en absoluto de esa virtud. Pues bien, si alguien quiere reeditar aquel singular acuerdo de 1977 con unos Pactos Nacionales contra el Covid-19, tal como se impone contemplarlo en la España de hoy, requiere, en primer lugar, la constitución de un gobierno de integración. Y eso, señor Sánchez, exige que usted se dirija ante todo al primer partido de la oposición para conocer su disposición hacia semejante Pacto. Tiene que intentar relacionarse, como decía Unamuno, hablando con sentido común nacional. Es muy probable que así pueda formar también, en el camino, un gobierno de concentración que ilusione y una al país. Luego vendría la apertura del acuerdo hacia quienes muestren esa ilusión unitaria y solidaria: resto de partidos políticos, comunidades territoriales, organizaciones sindicales y asociaciones patronales. Sentido de Estado

Ya, de antemano, les puedo decir que no tiene ningún sentido pretender hacer un Pacto Nacional desde los extremos que apoyan hoy a su gobierno, porque es evidente que ni reconocen a la Nación, ni se mueven conducidos bajo una premisa del bien común. Así pues, si su propuesta es esta vez algo más que una pompa de jabón, demuéstrelo siendo generoso y permitiendo incluso que gobierne la coalición un hombre de bien, independiente y sabio, que pueda ganarse la confianza de todos los españoles, como lo supo hacer en su momento don Adolfo Suárez. Y no quiero con esto negar que usted pudiera serlo, pero, al menos hasta ahora, no nos ha dado ocasión de constatar que así lo fuera.

Contribución solidaria para quienes ganen más de 50.000 euros, y del 1% de los ingresos por ventas netas en nuestro país, de cualquier entidad con facturación superior a 100 millones de euros, tengan o no aquí su domicilio social.

Hablar de grandeza de vida implica interpelar al conjunto de la sociedad. Por eso, al margen de ese movimiento político, por supuesto imprescindible, ya contamos para lograr un resultado satisfactorio, con la generosidad de todos los españoles. Pero resulta que, según el dicho: "el que da todo lo que puede, no está obligado a más", se nos presenta la dignidad de una manera muy distinta para cada cual, algunos han dado su libertad permaneciendo en sus casas para no contagiar a nadie; otros han arriesgado sus vidas al frente de trabajos sanitarios, de vigilancia, reparto, distribución, fabricación, y otros muchos sectores productivos; queda pendiente la solidaridad de los más favorecidos hacia los que más han sufrido la crisis.

Por ejemplo, el importe que supere esa cifra tentativa de 50.000 euros anuales después de impuestos, podría constituir la base de una contribución general obligatoria. Sobre ese saldo neto se aplicaría un porcentaje razonable. Del mismo modo, y al margen de donde tuvieran radicadas sus sedes sociales, se devengaría una cuota solidaria del 1% sobre el importe de las ventas realizadas en nuestro país por cualquier entidad que superara una facturación de 100 millones de euros. La cifra resultante se destinaría exclusivamente a los afectados por la pandemia

166

del Covid-19. Quizá de este modo ya no se despreciarían los donativos, en este caso obligatorios, con ese concepto de "limosna" que tanto parece enfurecer a algunos oligarcas de la izquierda radical.

Para no enredar la fábula bastante más, sí quiero insistir en que cualquier solución que se aporte debe primar la laboriosidad y el interés de quienes fuesen a percibir las ayudas. No sería de recibo para la inmensa mayoría de quienes buscan su realización en el trabajo, que otros pudieran lograr una similar compensación sin ningún esfuerzo.

Por eso, si ustedes bucean mínimamente en la fábula de la cigarra y la hormiga, verán que las cosas, para que no se deterioren por el abandono de unos a la espera de la limosna de otros, no podrán ser indefinidamente así, como lo ha demostrado reiteradamente el fracaso de los diferentes regímenes comunistas.

«El universo es de los fuertes»

F. A. JUAN MATA HERNÁNDEZ. 20 Abr 2020 - 12:40 CET

Archivado en: Columnistas | Opinión

«El error en política es perdonable, lo que no es perdonable es la estupidez» (Felipe González Márquez)

Hace apenas dos meses las calles de toda España bullían de gente. Los bares, las terrazas, los grandes almacenes y los pequeños comercios, todo se movía al compás de una celebración sin fin, como si la sociedad tuviera necesidad de expresar ruidosamente su efímera felicidad. Se podría decir que el bienestar social necesitaba del movimiento desenfrenado y compulsivo de la actividad comercial. Hoy, sin embargo, reina el silencio en casi todo el mundo.

Es un silencio tenebroso. Y nos preocupa. Nos preocupa tanto más cuando vemos los efectos inmediatos del miedo. Cuando nos presentan esos escritos acusadores e intimidatorios de unos vecinos con otros a quienes debieran estar agradecidos, pues afrontan en primera línea el apoyo y la atención a los más débiles. Claro que cabría preguntar en estos casos ¿quién es el fuerte y quién el cobarde? Y no sólo porque se oculte en la pintada anónima del: «rata contagiosa», sobre el coche de una sanitaria, sino por lo que cada cual aporta de positivo a su comunidad.

Afortunadamente sucesos como estos no pasan de ser una anécdota frente a la actitud mayoritaria de ciudadanos que ofrecen cada día su agradecimiento público con incansables aplausos. Pero es que la honestidad es una fortaleza, mientras que el egoísmo y la cobardía son notorias debilidades.

¿Somos responsables de ese egoísmo y esa cobardía?

Nuestro mundo occidental vive actualmente protegido por múltiples redes de seguridad y se teje una nueva a medida que atisbamos cualquier grieta por la que alguien se pudiera caer. Y no digo yo que estén mal las leyes antitabaco u otras drogas, ni la instalación de cinturones de seguridad en los vehículos, los airbag, el límite de velocidad, las sillas para bebés; no quiero decir eso, porque parece una consecuencia necesaria de estudios técnicos que así lo aconsejan, aunque a veces la realidad obligue, como con la Ley Seca, a dar marcha atrás. Me refiero a que, tratando de reducir siniestros de mayor o menor grado, quizá nos estábamos olvidando de construir un mundo más justo, equilibrado y sostenible, donde la humanidad pudiera trabajar unida para tejer una verdadera red que nos proteja como especie. Y esa sí que sería una auténtica fortaleza universal tan necesaria como para prevenir, por ejemplo, que dentro de 9 años, el 13 de abril de 2029, tendremos muy cerca el asteroide Apophis, una roca de 325 metros que se estima pasará a unos 30.000 km. Con una probabilidad de impacto con la Tierra de 1 entre 45.000 (el doble de factible que el Gordo de Navidad), y no quiero asustarlos si recuerdo que el efecto de su impacto, en el improbable caso que ocurriera, sería equivalente al de 15.000 bombas como la de Hiroshima.

Qué decirles, por otro lado, de la iniciativa por una sanidad universal que evitara los tremendos daños que nos va a causar la actual pandemia. Es significativo que ante semejante amenaza los esfuerzos se difuminen en múltiples proyectos nacionales competitivos, que anteponen intereses económicos y de imagen.

¿Estamos educando adecuadamente a nuestra prole?

Hemos pecado con un exceso de protección para nuestros hijos. La mejor coraza frente al riesgo que acompaña la vida se la tiene que ir forjando uno mismo superando las dificultades que se presentarán cuando no esté al lado la mano del tutor. Muchos hoy se escandalizarían si un padre intenta en vano hacer que su hijo coma algo que no le gusta, o que no mantenga una conducta inadecuada al lugar en que se encuentra. Así que, tratar de aplicar aquello de «…esto son lentejas, si las quieres las comes y si no las dejas», es posible que terminara con el progenitor en la cárcel por maltrato o algo similar. Esta es la mentalidad con que estamos elaborando el futuro y, es un error que puede costar muy caro, precisamente para aquellos a los que pretendemos proteger.

—¿Qué necesitas? —ofrecemos solícitos cuando observamos que el niño está triste o ansioso—. ¿Quieres un juguete más para tu colección? Si es eso, tenemos la oportunidad de regalártelo para Navidad, Fin de año, Reyes, tu cumpleaños, o cuando te den las notas del colegio, que a buen seguro serán excelentes. Pero no te disgustes, hermoso, tendrás todo lo que desees, aunque para pagarlo debamos pedir un crédito.

Mientras tanto, reclamamos a sus profesores mejor disposición a valorar los méritos que estimamos tienen nuestros infantes, o exigimos que mejoren sus calificaciones para que no afecten a su autoestima. Sin embargo, esta corriente les deja al albur de los verdaderos problemas que todos nos tenemos que encontrar en la vida y, bien pudieran ser más tarde la causa de la depresión o el fracaso.

El valor de la fortaleza

Imaginen por un momento a estos jóvenes, ya con su título de medicina, enfrentados mañana a una pandemia como la que nos abruma. Alguno es posible que reviviera aquellos miedos insuperables, ocultos tras su bata de médico, mascarilla y guantes, porque temiera contagiarse al no poder contar con los medios de protección, como está siendo el caso. Y ese sentimiento no debiera existir en ninguna de las personas que transitan por un hospital. La misión de estos centros es precisamente la de evitar esa sensación, aún cuando todos supieran que hay circunstancias en las que el final está muy determinado. Aquel que ha sido sobreprotegido durante toda su vida, difícilmente podrá moverse con la entereza necesaria cuando esa exigencia suponga un riesgo para sí mismo. Si realmente buscamos lo mejor para ellos, no les neguemos la oportunidad de equivocarse.

El riesgo del miedo

Pero el miedo es muy peligroso. Lo es para cualquier persona y así lo reconoce la legislación, como se deduce del artículo 20.6 de nuestro Código Penal que dice nada más y menos que "... Está exento de responsabilidad criminal el que obra impulsado por el miedo insuperable...", ahí queda. Pero imaginen ahora el que pudiera tener un gobernante y, para no citar al nuestro, pensemos en el Emperador del Mundo, el señor Trump. Imaginen que su miedo al ridículo por una cuestionable gestión de esta pandemia le lleva a provocar un incidente político del mayor nivel con otra potencia atómica como es China. Ríanse entonces de los daños del Covid-19, porque estaríamos todos listos para hacer cola frente a los confesionarios.

¿Tendrían razón los gobernantes al tratar de exculparse buscando cabezas de turco en otros? Hay quien opinará que sí, sobre todo una gran parte de esa pléyade de adeptos incondicionales que siguen a los gurús políticos como si fueran iluminados, y otros, probablemente, discreparán. Claro que, aunque todos tengamos derecho a llegar a conclusiones propias y a tratar de compartirlas con quienes nos parezca oportuno, no quita para que la razón nos asista de igual modo. Cuando el virus de la ideología contamina una parte del mundo, su control se hace más complejo que el de esta pandemia del Covid-19, por mucho que se intenten acallar las voces críticas, bien con amenazas, más o menos veladas, o con el helicóptero de la publicidad institucional. Pero ellos no son nunca los fuertes, aunque lo parezcan.

El universo es hermoso pero cruel, da continuamente muestras de ello y elimina periódicamente a quienes no tienen en cuenta esas leyes.

«Quod natura non dat, Salmantica non præstat»

F. A. JUAN MATA HERNÁNDEZ.27 Abr 2020 - 12:55 CET

Archivado en: Columnistas | Opinión

«Quod natura non dat, Salmantica non præstat» (proverbio grabado en las Escuelas Menores de Salamanca, aseverando que la Universidad no puede dar la inteligencia que la naturaleza negó).

En el municipio salmantino de La Fuente de San Esteban, sus habitantes han impulsado la legitimidad de una cobertura pública, llamada "hucha solidaria", apoyada por el Ayuntamiento, la mayoría de comercios de la localidad y la Parroquia. Se trata de aportaciones generosas para que ninguno de los vecinos del lugar, ni de los pueblos del entorno, carezca de los medios indispensables para vivir, como consecuencia de la crisis del Covid-19. Nada impide por tanto, admitir que en la concepción de lo que los cristianos llamamos "caridad" se compartan los bienes de quienes así lo decidan con sus "hermanos" en Dios.

172

La fuerza de la generosidad que emana de semejante iniciativa, en un municipio donde PP y PSOE, que son los únicos representantes de la voluntad popular, han decidido olvidar sus siglas, para remar juntos por el bien de todos, y que contrasta firmemente con otras insólitas posturas que se mueven ofuscadas por ideologías de un tardo "fasciocomunismo". El ímpetu de esta iniciativa se adentra en la sociedad que conforma, convirtiéndola sin más en un ejemplo de valores y virtudes. Valor de quien da sin que nadie se lo exija, y virtud de quien recibe sin rubor. ¿Acaso es criticable que quien más tenga procure voluntariamente el bien de los que carezcan de lo imprescindible? De no ser así, resultaría incoherente admitir y aprobar que, quienes predican contra este tipo de acciones, hayan medrado precisamente de entre clases proletarias a esa morada burguesía que disfruta hoy de opulencia y soberbia.

Los políticos y en general todos los gobernantes deberían ser los primeros en tener un comportamiento ejemplar y, más ahora frente a esta grave crisis. La unión en la generosidad y el plan de reconstrucción de la economía, exige demostrar que la receta es similar para todos. Los políticos han de ser austeros, no sólo en lo que personalmente les concierne, reduciendo sus sueldos, prebendas, dietas, y otras canonjías; sino también a esa pléyade de asesores o "amiguetes bienpagaos". Porque la vida es así, y si realmente se quiere evitar una quiebra fraudulenta del País, deberían aparecer entre la casta política, verdaderos líderes, como aquel Winston Churchill del "sangre, sudor y lágrimas" que defendió a Inglaterra contra al fascismo, ahora toca ante a un "fasciocomunismo" que nos amenaza con mayores males añadidos a los del Covid-19. Cierto que los errores en política, como decía Felipe González, son perdonables. Pero es posible que haya muchos errores culposos por decisión o interés de quien lo decide. Pues los hechos, tal como los reflejan los números y las fechas, avalan que se ha obrado en provecho de parte y contra el interés general de España.

Hay quien dice que lo tenemos que cambiar todo, si verdaderamente queremos que no cambie nada de lo que hemos conseguido. Porque la realidad es que nuestro barco navega por aguas turbulentas y no tenemos ningún timonel de garantía. Y no merecemos esta casta política nacionalista y progresista, que igual me da mirarla de arriba hacia abajo, que de un lado al otro. Aunque reconozco que no nos la ha impuesto nadie, pues nos la hemos ganado a pulso nosotros solos; unos por votar esas tendencias, y otros por dividir el voto. No me venga alguno con aquello de que no había otra cosa donde elegir, porque me resisto a generalizar el proverbio de mi tierra salmantina de que «Quod natura non dat, Salmantica non præstat». Además, capacidad de gestión nos sobra por arrobas, porque de esta bendita tierra española han surgido empresarios que son la envidia del mundo.

Quizá lo que falte sea un sistema que permita conocer mejor a quien se vota, y poder luego exigir responsabilidades a cada cual, y no sólo a su partido, si es la persona quien no ha actuado adecuadamente. ¿Imaginan que todos los elegidos del PSOE en listas abiertas hubieran aceptado el pacto contra natura con Bildu, la nobleza de Galapagar y los independentistas? Yo no lo creo. Nunca he entendido el objeto de las listas cerradas donde cabe de todo y poco bueno. Necesitamos ennoblecer esa profesión para llegar a tener políticos de nivel.

Y es cierto además que, si meditan conmigo un momento, reconocerán que no parece muy lógico tener que superar unas muy exigentes oposiciones para alcanzar un puesto de menor nivel en la Administración, mientras que cualquiera, con o sin experiencia, con o sin estudios, con o sin trastornos mentales, podría aparecer –cuasi de incógnito- entre una lista de desconocidos elegidos por un líder a su capricho. Luego se sentaría en el Congreso, en el Senado, o en las Cámaras territoriales, para dictaminar las leyes por las que nos tenemos que regir; y, por poner un ejemplo actual, las de este Estado de Alarma, donde parece que el gobierno es un mercado Persa que ha perdido el Norte. Así pues, y sin que nadie les haga el más mínimo examen de capacidad y conciencia, esas personas, a quienes nadie realmente ha elegido, pueden aspirar a llevar el timón de nuestra nave desde las más altas instituciones. Vivir ya cómodamente con prestigio, capital y pensión de por vida, sin, ni tan siquiera, tener que rendir cuentas de su gestión para validar esos privilegios. Es decir igual da que se haya hecho una labor churchiliana, que dantesca; da lo mismo, porque se supone que quien ha sido elegido por el dedo o por el voto, tiene ya derecho a todo, haga lo que haga.

¿Y nos vienen ustedes a hablar ahora de que quieren cambiar la monarquía por una República? Pero, oiga, si ya son todos ustedes virreyes sin corona. ¡Qué nos quieren contar! ¿A quién quieren engañar de nuevo?

«Camisas sucias»

F. A. JUAN MATA HERNÁNDEZ. 04 May 2020 - 12:57 CET

Archivado en: Columnistas | Opinión

«Decir que estamos luchando por un gobierno mundial es exagerado, pero no completamente desacertado. Nosotros pensamos que no podemos seguir luchando para siempre unos contra otros para nada y matando a gente o dejándola sin hogar. Por ello, creemos que una comunidad única a lo largo del mundo sería algo positivo» (Denis Healey, miembro fundador del Grupo Bilderberg)

La Nueva realidad

Resulta fascinante constatar cómo la mayor parte de los gobiernos mundiales se refieren a la lucha contra el Covid-19 como si se enfrentasen a un conflicto bélico. Se dirigen a sus comunidades respectivas con interminables discursos, no exentos de términos castrenses, e incluso, como ocurre en España, sitúan a militares de alto rango como portavoces. Se desvela reiteradamente, en efecto, que la epidemia causará daños económicos y sociales comparables a los de una guerra. Y, para que este aserto se grave a fuego en la mente de los ciudadanos, apelan a una especie de "nueva realidad", algo etéreo que, sin embargo, nadie se ha atrevido hasta ahora a definir en qué consistirá, ni siquiera como hipótesis de trabajo. Sin embargo, hay quien ya define ese paradigma como el cambio hacia el gobierno mundial al que se refiere Denis Healey en el párrafo que inicia este artículo. En realidad ya hace dos siglos, Karl F. Krause, bendijo esa solución para el mundo.

¿El Covid-19 es un cisne negro o un rinoceronte gris?

Ello invita a suscribir que podemos estar frente a uno de esos sucesos que el profesor libanés-estadounidense, Nassim Taleb, bautizó como "cisne negro". Convergirían para ello un proceso vírico muy poco probable, con una inesperada Gran Depresión, como amenaza al sistema capitalista. Aunque es el propio doctor Taleb quien, en este caso, niega la mayor, pues afirma que el Covid-19 no encaja en su definición de cisne negro. Y no es de extrañar si nos hacemos eco de quienes aseveran que se trata de un virus de laboratorio, o sea, fabricado ad hoc para desestabilizar al mundo occidental. De ser así, es evidente que no contaría con los atributos de "inesperado, o improbable" que caracterizarían a los cisnes negros del profesor. De hecho, al mezclar realidades con conjeturas, se activa la imaginación de quienes buscan la oscura mano conspirativa que mece la cuna del mundo.

También podríamos asimilar esta situación a lo que, Michele Wucker, denominó "rinoceronte gris". Se refería a aquellas circunstancias de riesgo que calificamos como problemáticas, altamente probables, y de alto impacto, que son conocidas por todos, pero, al mismo tiempo, absurdamente ignoradas. Nadie hace nada para prevenirlas, porque no ayudan a la imagen política las medidas correctoras que imponen sacrificios. Es lo que suelen hacer los gobernantes baratos y cortoplacistas, que tanto abundan por estos lares.

¿Cisne negro o rinoceronte gris? Qué más nos da ahora quién tenía razón. Lo que causa mayor pavor es que al hilo de todo esto surgen voces, en uno y otro bando, tratando de arrimar el ascua a su sardina para ocultar errores. La cuestión es que en ese camino se pueden cometer otros más graves. Uno de ellos tiene que ver con la Deuda Pública.

¿Son los United States Treasury camisas sucias?

Pues esa es una pregunta que habrá que hacérsela a los chinos en unos meses. Tradicionalmente se ha considerado que el mayor nivel de garantía de una inversión era la deuda pública del Tesoro de Estados Unidos. Un activo que a menudo se denomina simplemente "treasury" y que cuenta con la máxima calificación, la AAA, entre dos de las tres principales agencias de rating. Claro que, miren por dónde, con esto de la teoría de la conspiración y el enfrentamiento del señor Trump con sus fantasmas chinos, parece que se está formando una larga cola de reclamaciones billonarias entre instituciones y colectivos de afectados en EE.UU. por el Covid-19, para reclamar daños a China, con argumentos tan baladíes como: el de ocultar o distorsionar información sobre la pandemia. Como obviamente se presume que no será fácil cobrar esas reclamaciones, una de las opciones que se baraja, sería compensar la indemnización con el impago de parte de los treasurys que el régimen de Beijing atesora. Recordemos que cuentan con las mayores reservas del mundo en bonos de EE.UU.

¿Qué ocurriría entonces? La pregunta desconcierta a muchos inversores de deuda pública, no sólo en tresurys de EE.UU, sino de cualquier país. Evidentemente, si esas reclamaciones por daños y perjuicios contra China, se llevaran a término de ese modo, se daría rienda suelta a que cualquier otra nación pudiese argüir motivos interesados, para rechazar el pago de sus bonos soberanos. Asusta ver que, entre la cola de reclamantes, se encuentran ya los estados americanos de Missouri y Mississippi.

¿Y la Deuda Pública de España?

El problema de excesos en la deuda pública es general, aunque evidentemente no afecta por igual a todos los países: Japón, Italia, EE. UU. y España serían, por este orden, los países con mayor deuda pública respecto al respectivo P.I.B. Claro que, con porcentajes inferiores, existen otras muchas "camisas sucias", como, Bill Gross, el legendario fundador de Pimco, calificó los títulos que ofrecen los gobiernos menos solventes.

El nivel de endeudamiento de muchos países aumentó considerablemente tras la crisis de 2008. En España casi se triplicó al pasar del 36% hasta el entorno del 100% actual. Y el futuro no es en absoluto halagüeño pues se estima que supere el 120% tras el Plan de Reconstrucción de la economía. Habrá inevitablemente un doble efecto: mayor gasto para atender las nuevas demandas sociales, y una disminución dramática de ingresos fiscales. O sea, más déficit y mayor Deuda Pública. De no abordar ese proceso con prudencia y austeridad convertiría nuestro crédito en "camisa sucia", nuestros hijos y nietos vivirían las consecuencias, y tendrían que asumir, salvo declaración de insolvencia, su pago.

La U.E. tabla de salvación

¿Imaginan qué ocurriría si no contásemos con el paraguas de la U.E.? Con seguridad, el mercado nos demandaría ya unos intereses más altos – recuerden que nos hemos beneficiado de tipos negativos-, entonces, la deuda se tornaría directamente impagable. Algo parecido a lo que ocurre en Venezuela o Argentina. El peso de los intereses de una deuda tan elevada sería demoledor y empobrecería a España durante décadas. He titulado el artículo con el singular apelativo de "camisa sucia" que Bill Gross dio a los Bonos Públicos poco fiables. Me llama la atención esa curiosa coincidencia que fija en esa prenda, valores y símbolos: la camisa de fuerza para controlar la locura, la camisa de lágrimas del Temple, o variopintos colores políticos que se han visto en la historia: rojos, pardos, negros, o azules. Hoy les he traído al vestidor las que necesitan una lavandería, pero preferiría acabar sin ninguna camisa, como la de aquel hombre feliz sobre quien León Tolstoi construyó un hermoso relato con moraleja.

Quedémonos con esa camisa del hombre feliz que no quita la libertad, no tiene color político, ni produce lágrimas, y lavemos cuanto antes la que representa nuestra Deuda Pública, para que esté limpia y, a ser posible, encoja.

Francisco A. J. Mata

«Del aplauso solidario a la Cacerolada indignada»

F. A. JUAN MATA HERNÁNDEZ. 18 May 2020 - 11:20 CET

Archivado en: Columnistas | Opinión

«*Sólo los borrachos, cuando les llaman borrachos, se ofenden*» (Dicho popular)

La CNN muestra a Sánchez desnudo: "el ránking internacional de test que cita, no existe"

Me corregía mi abuela Florencia, la maestra de La Gomera y más tarde de Arroyomuerto, cuando yo dejaba volar mi imaginación para tapar algún desliz infantil, advirtiéndome que se coge antes a un mentiroso que a un cojo. Y tenía razón porque la mentira tiene las patas muy cortas. Quizá aún la propaganda que inunda cada día los informativos con medias verdades no ha sido percibida con la gravedad que debiera por los ciudadanos. O, aún peor, pudiera ocurrir que a nadie le interese realmente conocer la verdad. Porque la verdad no importa cuando la prioridad es la supervivencia. ¿No han visto ustedes esos documentales en que un rebaño se lanza al precipicio tras los que van delante? Probablemente miran a los de al lado y se consuelan con aquello del "mal de muchos..."

Pero no nos asustan como solían, recuerden el 11-M, con imágenes de cuerpos mutilados, o interminables filas de bolsas con cadáveres. Nos llevan a la muerte y a la ruina pero nos la ocultan. Es un suicidio colectivo, votado, aceptado y aún en marcha. Como en esos instantes previos en que el suicida pierde su instinto de autodefensa y se deja caer al precipicio. Es cierto que, un segundo después, todos parecen arrepentirse cuando la fuerza de la gravedad –dichoso bosón de Higgs-

ya ha tomado la opción de entre lo que es posible que ocurra a lo que realmente ocurre. A lo mejor por eso se ha denominado a ese corpúsculo, la partícula de Dios, pues no duden que Dios siempre estará al final de cualquier trayecto.

En tal marco ha de situarse la política con la que estamos afrontando la crisis del Covid-19. Basta hurgar en los comunicados oficiales para comprender que, además de los problemas sanitarios y económicos, soportamos una gestión embustera, nefasta, egocéntrica, populista e insolidaria, que apoya su continuidad en esa llamada a mirar hacia otro lado en silencio, predicada por los medios afines y los que no lo son, aunque estos últimos hayan claudicado temporalmente por puro instinto de supervivencia. Ello no obsta, sin embargo, a que la ciudadanía se despierte ya cada día a las 21 horas para cacerolar ruidosamente su indignación.

Para mantener esa situación el mayor tiempo posible, el gobierno socio-comunista, emplea como arma arrojadiza la mentira compulsiva. Miente y acusa a los demás de sus errores. Miente y se indigna cuando alguien airea sus mentiras, no importa que sea un prestigioso medio de comunicación, la Universidad Johns Hopkins, la OMS, o cualquiera que discrepe de la versión oficial. La mentira es el medio, aunque también la causa. Porque una mentira lleva a otra, y esta a otra…, y así sucesivamente.

Por ello, imposible evitarlo, irán radicalizándose aún más las posturas. Y así, mientras la mayoría de las buenas gentes dan pábulo al buenismo, irán a su vez en aumento quienes, por el contrario, ven al gobernante desnudo ante sus vergüenzas y apostarán por otros medios de supervivencia. ¿Qué negar? Donde impera la falsedad y el extremismo, mal se evita la anarquía. Y es posible que este sea nuestro futuro con un gobierno desnortado y frágil, tan ávido de mandar como incapaz de hacerlo con eficiencia. Cuanto más se mece en las manos de quienes desean destruir España, más se aleja de la realidad. Algo muy semejante a aquel borracho que ahoga en el alcohol sus desgracias, pero niega estar ebrio.

Es por lo que, como aquél, se ofende tanto cuando las caceroladas de cada día a las 21 horas le recuerdan la cruda realidad de lo que está haciendo con este País.

F. A. Juan Mata Hernández: «Indulto para los corazones de la M-30»

F. A. Juan Mata Hernández   09 Jun 2020 - 11:47 CET

Archivado en: Columnistas | Opinión

*«**Paradoja del valor**: Nada es más útil que el agua; pero ésta no comprará gran cosa; nada de valor puede ser intercambiado por ella. Un diamante, por el contrario, tiene escaso valor de uso; pero gran cantidad de otros bienes pueden ser intercambiados por éste»* (Adam Smith. La riqueza de las Naciones)

Para medir el valor de algo utilizamos la métrica. La métrica euclídea nos permitía hace más de un siglo, acercarnos con solvencia a la estimación de valores físicos. Hoy en día sabemos que una medición debe tener en cuenta la curvatura del espacio-tiempo, y para ello ya no nos sirve la geometría euclídea, pues el relativismo cuántico exige la métrica de Lorentz. Ya ven por tanto lo compleja que es la labor de los tasadores, o valoradores de algo… Por diversas circunstancias, yo formo parte actualmente de un jurado que trata de poner negro sobre blanco en el nivel de las magníficas obras que cientos de autores han enviado al VI Certamen Sierra de Francia de relato, poesía y fotografía. Es una dura y comprometida tarea que, ni con la métrica de Lorentz, permitiría medir con justicia ese arte.

El valor de algo se suele adaptar al poder de su comercialización, aunque siempre nos encontraremos con criterios dispares que se corresponden con alguna de las opciones de esta trilogía: Lo que vale para el que vende; para quien compra; y en general para el mercado. Y no les extrañará que esos valores puedan estar a menudo mediatizados, por diferentes circunstancias de cada cual, no necesariamente importantes para los demás. Así pues ¿con qué nos quedamos cuando valoramos el arte que llamamos urbano?

¿Cuándo un grafiti merecería el indulto y la protección pública?

¿Cómo valorar si un grafiti es merecedor del indulto o debe ser borrado de la faz de la urbe? En mi opinión, de los criterios de valoración antedichos, el de un grafiti no puede tener en cuenta ni a quién lo pintó, ni tampoco al destinatario de su inmediato mensaje. Soy consciente que si estuviera firmado por un Banksy, Oakoak, Spy o Bordallo, muy probablemente se le pondría un marco e incluso una protección de seguridad; pero no estamos tratando ahora el aspecto mercantil ni turístico, buscamos evaluar su impacto estético y emocional, algo muy importante para quienes lo van a contemplar, o sea los madrileños. Y, por supuesto, así ello debería conducir a conservarse o eliminarse en función de la demanda de ese colectivo. Claro que una decisión justa exigiría algo parecido a un referéndum y eso sería una estrategia poco afortunada, pues incluso la determinación del conjunto con derecho a opinar sería controvertida.

¿Quién debería entonces decidir?

Se supone, en efecto, que la estética urbana se delega en expertos a los que se atribuye ese cometido. El problema estriba, no obstante, en fijar criterios válidos para sintonizar con los argumentos que permitan una decisión adecuada a esos técnicos. ¿Cómo analizarán la voluntad de los

182

ciudadanos si estos, aun siendo los principales interesados, no dejan sentir su opinión más que por los contados comentarios sobre el tema que recibimos a través de los periódicos?

¿Qué dice al respecto la normativa?

No hay un criterio claro. Uno de los atractivos turísticos de Berlín es un paseo por sus calles para disfrutar de la personalidad de las criaturas pintadas por Ürben, y les recomiendo que no dejen de ver la fascinación de las obras de Bordallo en Lisboa. ¿Son esas pinturas ilegales? Ya les he dicho que eso yo no lo sé, pero esas pinturas siguen ahí, como valioso patrimonio de sus ciudades, y dudo mucho que ningún gobernante municipal se atreva a borrarlas.

Ello explica que incluso algo tan controvertido como es la actividad del arte urbano quede atrapada en ese marasmo de leyes y normativas tan difíciles a veces de interpretar, e incluso de aceptar cuando la Ley no nos da la razón y ya no quedan recursos. Sirva como ejemplo la caótica situación legal de semi libertad, que tanto cuesta asimilar, en que se desenvuelven los golpistas catalanes.

¿Por qué solicito el indulto de los corazones de la M-30?

Pues bien, todo este largo preámbulo me ha parecido conveniente para expresar mi pesar por una noticia que he leído recientemente en un medio nacional. En ella nos advierte el periodista sobre el proyecto que tiene el Ayuntamiento de Madrid para limpiar todos los grafitis de la M-30, sin excluir por supuesto a los ya famosos corazones que alegran el espíritu de los conductores, tan a menudo, atrapados sin remedio en tediosos e interminables atascos.

Yo, al proponer ese indulto que titula mi artículo, soy sin duda alguna parcial, pero creo reflejar con esta propuesta la opinión de otros muchos que han sentido al verlos, interés, simpatía y admiración.

No obstante, quien se imagine que está leyendo una apología del grafiti se equivoca, el llamado injustamente «arte urbano», liderado por autores en su mayoría sin otro ánimo que dejar su impronta personal en forma de firma, garabato o mancha informe, me recuerda habitualmente a aquel refrán castellano que conservo en el recuerdo de mi infancia, y que decía: «en mil sitios donde estés, podrás ver el nombre de los más tontos escritos en la pared». Pues sí, desgraciadamente hay personas que no respetan el arte que ofrece un bello paisaje natural, un espacio urbano protegido, o una propiedad particular. No hace tanto leía con indignación cómo unos indeseables habían grabado con una navaja, un corazón y unas iniciales en un lugar que podría ser pronto Patrimonio de la Humanidad, el Roque Bentayga de Gran Canaria. Hechos así son, evidentemente, merecedores del mayor desprecio y castigo.

Pero igual que no condenamos a los restauradores por la chapuza que alguien hizo una vez con un Ecce Homo, tampoco la vara de medir se puede aplicar del mismo modo con quienes destruyen que con los que traen un mensaje de ilusión, ironía, sentimiento y belleza. Se tarda poco en distinguir a quien destruye de quien embellece. Y éstos, los que crean arte, merecen nuestro agradecimiento y apoyo. Por eso, uno mi petición para proteger esos dibujos que están a punto de ser desterrados de una vía tan simbólica para Madrid como es la M-30. Sus corazones de colores, que inspiran una sonrisa y alegran el espíritu, son sin duda el contrapunto de esas otras pintadas destructoras y absurdas que nos asfixian.

Siempre será un enigma el motivo de por qué un ser humano se aventura a crear belleza para los demás con riesgo evidente de sufrir una sanción por incumplir las leyes. Esta tarea un tanto épica -aunque parezca una incoherencia- a él sólo le sirve para lo que le sirve y no para lo que muchos de nosotros proyectamos en nuestra mente al ver sus obras. Aplicando este criterio de interés para el ciudadano, cabe ante todo solicitar que la proyectada limpieza del entorno preserve, sino todos, al menos algunos de esos símbolos que son ya arte y patrimonio de nuestra ciudad. Su conservación será también un bálsamo ideal para que el gobierno municipal del PP demuestre su sensibilidad por la cultura.

El autor de los corazones de la M-30, nos envía con sus coloridas obras un mensaje perdurable, envuelto con el misterio de su motivación. Un secreto que no resta un ápice a un mensaje limpio, claro y positivo.

Francisco A. J. Mata

«El IVA de las colas del hambre»

F. A. JUAN MATA HERNÁNDEZ. 27 Nov 2020 - 11:16 CET

Archivado en: Columnistas | Opinión

.../...
—Ricos manjares devoro.
—Yo con pan duro me allano.
—Bebo el Chipre en copas de oro,
—Yo bebo el agua en la mano.
.../...

(Las dos grandezas. Ramón de Campoamor)

He pretendido contrastar el pensamiento de este artículo con esa cuarteta de mi paisano asturiano, don Ramón de Campoamor, del poema "Las dos grandezas". Refleja el poeta un encuentro del poderoso Alejandro Magno con Diógenes el Cínico. La ficción pretende describir un imaginario debate entre el emperador del mundo y el filósofo, cuando Alejandro le ofreció infructuosamente su apoyo generoso. Es bien sabido que Diógenes de Sinope, vivió como vagabundo por las calles de Atenas para enseñar que la pobreza extrema era una virtud. Él mismo vivía en un tonel y sus únicas cuatro pertenencias eran: un manto, un zurrón, un báculo y un cuenco (hasta que un día al observar que un niño bebía el agua con sus manos, tiró el recipiente y se quedó solo con tres).

Hace unos años yo usaba este relato poético como ejemplo de superación durante un voluntariado en el Teléfono de la Esperanza. Era un argumento si al otro lado de la línea pedía consuelo algún llamante desesperado, personas sin hogar o que vivían en la miseria. Utilizar como medio de reflexión las estrofas de Campoamor en ese poema me ha servido para centrar a veces lo que es y lo que no es siempre tan importante, y el hecho de que fuera mediante poesía daba más fuerza a la meditación. Sirva para ello la propia opinión del poeta asturiano, quien decía a ese respecto: «La poesía es la representación rítmica de un pensamiento por medio de una imagen, y expresado en un lenguaje que no se puede decir en prosa ni con más naturalidad ni con menos palabras... »

Pues bien, hoy tenemos en España una versión multitudinaria de aquel ejemplo del filósofo cínico. Se pueden ver en todas las ciudades grandes colas para pedir ayuda en los comedores sociales. Se cuentan por miles las personas con carencia absoluta de medios y, desgraciadamente, este no es un fenómeno que vaya a reducirse en el medio plazo. El daño económico de la pandemia COVID-19 se estima que traerá consigo la ruina o la pobreza extrema para más de de un millón de españoles. Y es que hasta ahora los muertos fisiológicos superan, según parece, los 60.000, pero los muertos y heridos por muerte psicológica serán al menos quince veces más.

La salud, a fin de cuentas, es un complejo proceso que depende del equilibrio bio-psico-social y se retroalimenta si falla en cualquiera de sus tres patas. El salto social al abismo de la mendicidad supondrá, no cabe duda, un futuro de depresiones e infecciones múltiples, peores posiblemente que los directamente causados por la pandemia. Para paliar la situación el Gobierno central ha adornado su imagen con una aparente serie de Medidas urgentes, que ni han sido consensuadas, ni arrancan de la ejemplaridad debida exigible a quien gobierna. No hay voluntad de resolver un desastre económico como el que están provocando si además no se da ejemplo de austeridad; reducción de prebendas; limitación de gastos superfluos; reducción del maremágnum de ministerios y asesores "bienpagaos"; eliminación de vehículos de alta gama a disposición; ni otras gabelas que no voy a citar por no aburrir. Es cierto que no todo es oscuro, pues frente a tanta desidia e ineptitud, está una labor callada y eficaz de muchas Fundaciones, principalmente de la Iglesia Católica, pero también de otro tipo.

Fundaciones benéficas

Algunas de las Fundaciones benéficas destinadas a paliar esta tragedia: Cáritas. www.caritas.es; Federación Española de Bancos de Alimentos. www.fesbal.org; Cruz Roja Española. www.cruzroja.es, etc… demandan el apoyo solidario de quienes aún pueden permitirse prescindir de parte de sus bienes para ayudar a otros. La solidaridad aflora entre los corazones como si el vínculo de hermandad humano se hubiese hecho de pronto más visible.

Pero veamos el modo de colaborar con estas instituciones y, de paso, aclarar alguna duda que alarma las redes sociales. Corre el rumor de que el gobierno cobrará un impuesto por cada ayuda que entreguemos a los bancos de alimentos. Imaginemos un caso concreto, y este podría ser su relato:

Miramos con tristeza las colas inmensas de gente esperando para recibir una ayuda, vacilamos, e intuimos que nuestro comportamiento no es suficientemente generoso. Después en el supermercado decidimos colaborar.

—¿Perdone? ¿Podría dar una ayuda para el banco de alimentos?

—Por supuesto —responde sonriente la cajera— ¿Cuánto quiere donar?

Nos distrae el protocolo para evitar tocar nada más que lo necesario y no escuchamos claramente la explicación que susurra, mientras tramita nuestra propia compra.

—Añada un donativo de veinte euros.

La cajera saca el ticket de la registradora y se lo tiende.

Al llegar a casa se inquietó al observar que el comprobante reflejaba que su aportación a Cáritas era de 18,2 euros, porque se habían retenido 1,8 euros de IVA. Recordó entonces un comentario de alguien: «¡Estos can… mercadean hasta con el hambre. Malditos sean mil veces mil!»

Pero la indignación, al menos por ese motivo, no era correcta. La realidad es que la mayoría de los alimentos pagan un IVA del 10%, salvo en productos de primera necesidad, como el pan, los huevos, la leche y otros, que tributan al 4%. Lo que hizo el Comercio al detraer el IVA del 10% del donativo no fue sino retener el habitual de estos productos.

Piénsese que, de haber entregado directamente las alubias, la carne o el pescado, al necesitado, habría tenido que pagar ese mismo 10%, y que si se entregase el dinero directamente a Cáritas, también esta organización tendría que abonar el IVA cuando adquiriese los alimentos.

¿Es mejor entregar el dinero a Cáritas o el donativo en la caja del establecimiento comercial?

La respuesta es inmediata, lo mejor es entregar el dinero directamente a la Fundación, y ello por varios motivos:

a) No se conoce a priori cuál es el alimento que va a ser más necesario para la estructura, fines y demanda que se atiende.

b) Si entregamos el dinero en un establecimiento comercial como donativo, se producirá una retención del 10% en concepto de IVA, como la que hemos indicado. Esto obligará después a Cáritas a ir exclusivamente a ese establecimiento para realizar la compra, pues de otro modo perdería el IVA que se pagó por adelantado.

c) La duda es si al hacer el donativo en el comercio se pudiese perder la diferencia entre el IVA del 10% que han retenido, y el reducido del 4%, si se compran bienes de primera necesidad con el IVA inferior.

En conclusión: «No confíes, ni estribes sobre la caña hueca...», dice Tomás de Kempis, pero en este caso la desconfianza no tiene base, porque al menos intencionadamente no se va a duplicar el IVA de las Colas del hambre. Hasta ahí no podrían llegar, pero termina esa frase así: «Toda la carne es heno y toda su gloria caerá como flor de heno», y parece la profecía de lo que ocurrirá si se empeñan en mantener privilegios mientras sufren otros muchos el mal de sus errores, y no he dicho horrores, pero habría valido igual.

Francisco A. J. Mata

«La vyda tras la vida. La quintaesencia»

F. A. JUAN MATA HERNÁNDEZ. 04 Dic 2020 - 17:07 CET

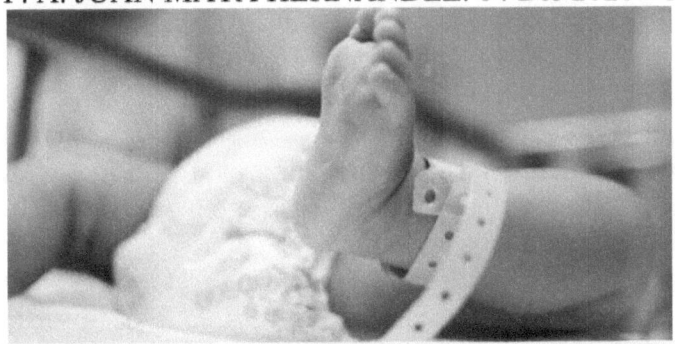

Archivado en: Columnistas | Opinión

Probablemente la mayor angustia y la más injusta que podemos sufrir los hombres son aquellas que no podemos controlar porque excede de nuestra capacidad física y/o psicológica. El concepto de vida y las preguntas subsiguientes que genera el término: ¿De dónde venimos? ¿Qué hay tras la muerte? ¿Cuál es el sentido de nuestra existencia?, son un ejemplo de lo que implica el misterio del significado y contenido exacto de esas cuatro letras: «vida».

«...debo inferir la analogía de que probablemente todos los seres orgánicos que han vivido en esta tierra han descendido de una forma primordial, en la que la vida respiraba primero» (Charles Darwin. El origen de las especies, 1859)

Cuando Charles Darwin publicó «el origen de las especies», predijo que la diversidad de la vida que observamos surgió de la descendencia común de un ser al que se denominó LUCA (acrónimo de Last Universal Common Ancestor), a través de la evolución por selección natural. Las implicaciones teológicas del descubrimiento suponían una ruptura total con la idea de que los seres humanos éramos únicos y especiales, sin relación con el resto de la vida animal o vegetal.

¿Y quién o qué era LUCA, como origen de la vida?

La RAE dice que vida es: "la fuerza o actividad esencial mediante la que obra el ser que la posee". En realidad la RAE es pródiga en acepciones del concepto vida, pues nos ofrece hasta 18, y algunas tienen que ver con el título de este artículo, pues dice que vida es: "existencia después de la muerte" o "visión y gozo de Dios en el cielo". ¡Voto al chápiro verde!, que podríamos terminar ya este apunte con la satisfacción de esas dos definiciones de vida, pues responden a lo que la mayoría desearíamos que fuese esa VYDA tras la VIDA; pero no sería justo dejar que la Academia de la Lengua simplificara tanto el trabajo.

Saltando de la RAE a la ciencia vemos que LUCA se difumina en el espacio. Es ahora una cuestión existencial necesaria para explorar otros mundos, pero aún se trata de un camino tan oscuro como el vacío interestelar, porque ni siquiera los científicos se ponen de acuerdo: «vida es un sistema químico autosostenible capaz de evolución darwiniana», dice una definición reciente. Quizá nos equivocamos de interlocutor y en vez de acudir a la ciencia, mejor sería pedir opinión a la filosofía o a la teología. Así pues, Erwin Shrodinger, que era un destacado físico pero también filósofo, lo simplificó diciendo que: "está vivo todo aquello que evita la tendencia del Universo hacia el equilibrio". Se refiere a que mediante el proceso metabólico, los seres vivos nos mantenemos, mal que bien, con capacidad para aumentar el desorden en contra de las leyes universales. Encontronazo temporal porque, tras la muerte, el cuerpo se degrada en partículas ya ordenadas, conforme prevé la Segunda Ley de la Termodinámica.

Como estas, existen otras muchas definiciones de lo que es vida, pero no hay aún una aceptada por todos. Quizá porque para definir algo, es necesario que lo comprendamos, y estamos aún muy lejos de entender este gran misterio del universo que nos acerca a su conocimiento. Pero además, todo ese esfuerzo definitorio se refiere exclusivamente a la forma de vida que conocemos, con riesgo de dejar fuera otros modos de existencia vital.

¿Qué es la VYDA"

Aunque LUCA fuera el progenitor de todas las especies de nuestro planeta, eso no significa que la vida se deba circunscribir a algo similar en otros entornos. Así que posiblemente, sea solo el origen de una de las variadas formas vitales que pueden existir en el universo. Unos investigadores del Instituto Tecnológico de California, Sturat Bartlett y Michael Wong, han expandido el término cambiándolo por un nuevo concepto más amplio "VYDA" que englobaría a cualquier ser capaz de cumplir lo siguiente: Captar y transformar energía; crecer o expandirse; adaptarse al medio en un proceso de selección natural; y además, almacenar y procesar la información que recibe.

Esto no limita la existencia a una composición determinada. Los seres humanos, somos fundamentalmente agua en un 60%, y toda la vida que conocemos se apoya básicamente en estructuras de carbono, oxígeno e hidrógeno. Pero los descendientes de LUCA estamos aquí vivos en la Tierra por unas circunstancias sumamente afortunadas, baste recordar las cinco extinciones masivas que sufrió nuestro planeta.

Menos exigente sería un tipo de vyda basada en el silicio, como alternativa al carbono. Los seres silícicos de morfología cristalina podrían vyvir en planetas mucho más calientes. Otros tipos de vyda que sustituyeran el agua por otros solventes como el metano o el amoniaco, permitirían una vyda en planetas o satélites más fríos y alejados de su estrella.

¿Y hacia dónde van las vydas cuando llega la muerte?

Es la pregunta del millón y yo no lo tengo en mi cartera, pero les invito a razonar sobre ello con algún toque teológico. Creemos, yo al menos lo creo, que Dios asumió la materia del Cosmos para adoptar forma humana sin renunciar a su trascendencia. Así pues, inmerso en la caducidad humana ¿cómo superar la muerte? La respuesta nos traslada forzosamente a la evidencia de que la materia no puede ser sino un atributo meramente circunstancial de la vida. Mi buen amigo Diego cuando dice que sólo somos química, evidentemente está pensando desde su 99% agnóstico, y no tiene en cuenta ese alma que bien pudiera estar formada por algo, como la recién descubierta «quintaesencia» cósmica que lo impregna todo.

Cada átomo que compone hoy nuestro cuerpo, llegó desde los confines del universo, a través del aire, la bebida y la comida que ingerimos. Y todos ellos se irán reemplazando a diferente ritmo, de modo que, en un período de 10 años, no quedará en nosotros ni rastro de los que lo componían una década antes. Imagine que ahora quiere analizar el origen de un átomo que acaba de llegar a su cuerpo con el desayuno; sin duda proviene del alimento que ingiere, pero antes estuvo en una planta, un mineral, o en el aire, y hace seis siglos bien pudo formar parte del cuerpo de Isabel la Católica, o de Aníbal Barca hace 2.200 años. Hay en nuestro cuerpo, 10 elevado a 5 veces más átomos que todo el orbe humano desde que existimos como especie. Así pues, puede apostar a que alguno de ellos estuviera también en esas celebridades que he citado, o cualquier otra que le venga a la mente.

Cada partícula de nuestro cuerpo ya existía cuando la Tierra se formó, y seguramente muchas de ellas aparecieron tras el Big Bang. Así que nuestra vyda, ese proceso químico que soporta un ser con una existencia tan corta, no está básicamente en su materia, pues, visto así, ni nosotros somos el de ayer ni seremos tampoco el de mañana.

«Nuestra democracia ya no representa al pueblo»

F. A. Juan Mata Hernández. 16 Dic 2020 - 20:42 CET

Archivado en: Columnistas | Opinión

Y dudo que alguna vez lo representara. En teoría debiera conectar el ejercicio del poder, no con el simple ordenamiento de normas y leyes, sino con la satisfacción de las necesidades plenas de la ciudadanía. Pero, en nuestro país y en otros muchos, ya no se atienden las necesidades básicas sino que resulta más fácil persuadir al individuo de que sus premuras son las de quienes gobiernan.

Hoy en día, mientras oligarcas y políticos atesoran enormes flujos de nuestros datos, hay que temer las consecuencias de ello. Porque, veamos, ¿no es incompatible con nuestra libertad que alguien pueda elaborar un dosier de nuestra andadura por la vida y amenace, o lo haga público, en función de una oportunidad interesada? ¿No es anormal que se pierdan en el olvido las tarjetas black de los consejeros socialistas y comunistas de Bankia, mientras afloran las del rey emérito? ¿Alguien me puede decir dónde terminaron los miles de millones de euros defraudados por el gobierno socialista en Andalucía? ¿Quién, de entre todos los que acusan, puede sentirse libre de culpa? ¿No es más acuciante atender la desesperación de las familias que se encuentran de pronto privadas de todo y de todos, y cuyo derecho a reclamar ayuda sería, no solo razonable, sino legítimo? Sin duda que lo es. Pues miren, les voy a recordar lo que aparece sobre el caso de los "ERE" (hay otros) en un "dosier" de la

Wikipedia: «De acuerdo con la primera sentencia de esta «macrocausa», el fraude realizado en el periodo comprendido entre los años 2000 y 2009 asciende a un total de 680 millones de euros. No obstante, a falta de cuantificar el año 1999 y los ejercicios 2010 y 2011, se estima que dicha cantidad puede alcanzar los mil millones de euros».

Es innegable el potencial catequético de los medios de comunicación, la tecnología digital y las redes sociales. Todos son una fuente de poder que puede cambiar la voluntad, cuando trabajan en interés de quienes los manipulan a favor de sus designios. Siendo así, las decisiones colectivas, como pudiera ser un plebiscito, unas elecciones políticas, o un referéndum, por fuerza han de conectarse con el control de nuestros datos. ¿Cómo olvidar el escándalo de Cambridge Analytica? C.A. recopiló información sobre votantes utilizando módulos de comportamiento, actividad en Internet y otras fuentes públicas y privadas. Es lo que se llama "microtargeting" de conducta; un monstruo para mover voluntades. Así se fraguó el Bréxit, y así utilizan la comunicación pública, los independentistas catalanes y el gobierno Frankenstein.

Y nos conectamos. No queda otra. Y añadimos más leña al fuego fatuo de las redes sociales, mientras aportamos datos y más datos sobre lo que somos, lo que pensamos, lo que deseamos, lo que nos molesta y lo que más o menos toleramos. Contribuimos diariamente a alimentar un poder con el que manejarán nuestras emociones y por ende a nosotros mismos.

Controlan la información personal que generamos, y el proceso aumenta con cada informe de salud, finanzas, amistades, trabajo, etc. Nuestro dosier alimenta lo que se llama "minería de datos", una ciencia que analiza, mediante estadística y computación, los patrones de comportamiento de los individuos. Así pueden predecir y modificar tendencias y opiniones.

Nos encierran en casa donde ofrecen la vacuidad ornada por algún entretenimiento estéril o resignado, pero hacen hipócritas llamadas a la unidad mientras gobiernan para destruir nuestra convivencia. Lo hacen impunemente, porque ese estado de sumisión y pasividad, amordazado de mascarillas, nos anula como seres independientes e, indudablemente, paraliza la rebelión social que merece tal desatino.

Y así, sin darnos cuenta, nos convierten en seres pasivos, sin voluntad, con tal atonía que somos incapaces de reaccionar, aunque se pudra o

194

resquebraje el mundo que nos recibió. A pesar de ver cómo nos engañan sin empacho, cómo reniegan de sus palabras y compromisos electorales, cómo mienten. Forman ciudadanos inocuos. No sorprende que la nueva ley de educación ensalce la mediocridad o suprima el mérito de la excelencia. Demagogia barata para oyentes crédulos. Asemeja al monstruo creado con trozos de cadáveres de la novela de Mary Shelley, un poder Frankenstein, que se resistirá a morir "democráticamente".

¡Quédense en casa! Escuchaba hace poco un alegato del insigne doctor Sánchez Dragó sobre lo que supone la imposición de las mascarillas y la privación de libertades, y pienso en lo acertado de su crítica. Porque terminarán por controlarlo todo, ya ven el camino que llevan para manejar a su antojo desde el poder judicial, hasta la jefatura del Estado. Y al decir todo, me refiero a individuos, instituciones y sociedades.

¿Qué se puede hacer? Pues eso yo no lo sé, pero a mí me ha ido bien ir a un sitio solitario, quitarme la mascarilla y gritar: ¡Así no! Aunque me temo que sólo me escuchó Eolo, el dios del viento, o "el dueño de todo", si mal no recuerdo la sentencia esperpéntica de aquel Zapatero que pervive haciendo sus Américas.

Pero hemos de reconocer que a lo largo de la historia, han estado presentes muchos intentos para controlar a los súbditos. O dicho de otro modo, que ni en eso han sido originales las agrupaciones de izquierda, extrema izquierda e independentistas. La diferencia es que hoy en día, la tecnología ofrece un desnudo total del individuo ante sus nuevos dueños. Esos que venían a salvarnos desde el barrio popular de Vallecas, y ahora residen en la ya noble Galapagar.

Etimológicamente, democracia significa gobierno "del pueblo", un estado basado en la isonomía o igualdad de todos los ciudadanos ante la ley. Cuando hace 2500 años, Clístenes de Atenas, introdujo el gobierno democrático, trató de mezclar a la población para que trabajaran codo con codo, personas con diferentes intereses políticos pero con un interés nacional común. Para ello, procuró que los partidos políticos territoriales quedaran muy mermados, porque si se apoya desde el gobierno un territorio, se corre el riesgo de marginar otros.

Así que: ¿vivimos realmente en una democracia representativa? Por si lo quieren meditar "ahí lo dejo".

OPINIÓN

«Hay buenos y malos reyes, pájaros reyezuelos y ningún república»

F. A. JUAN MATA HERNÁNDEZ. 13 Ene 2021 - 17:24 CET

Archivado en: Columnistas | Opinión

«La gente chismosa revela los secretos; la gente confiable es discreta» (Proverbios 11:13)

El tiempo y la historia se erigirían en aval de cuanto ha aportado el rey Juan Carlos I a España. Hace unos 25 años, nuestro rey emérito recibió el Premio de la Paz que otorga la UNESCO «por su tarea como garante de la transición a la democracia y su protección a las minorías», con una referencia a «su trabajo internacional de conciliación». El monarca fue sin duda la mejor referencia que podía presentar nuestro país para superar el aislamiento, porque a veces la vida nos regala un buen gobernante, y don Juan Carlos ha sido de los pocos que pueden presumir de tal. Me refiero a gobernantes de verdad, formados y fiables, de ésos que aportan riqueza al PNB nacional y nunca lo expoliarían; así es un Rey con mayúsculas. Pero qué decir, por el contrario, de los "pájaros reyezuelos" o, hablando en plata, "ladrones" de aquel último gobierno de la II República, que asaltó en 1936 el Banco de España para llevarse el oro y todas las reservas del Estado.

Eso sí fue un robo deshonroso y rastrero de indignos gobernantes. La medalla de oro en la olimpiada de la corrupción. Suficiente ejemplo como para callar a quien vuelva a imaginar como modelo idílico del gobierno de España a una República de pájaros reyezuelos. Ese sí fue un daño inconmensurable para los españolitos que enfrentaron la desgracia de una guerra y la miseria de lo que siguió; porque, oigan, es que no nos dejaron nada. El mejor recuerdo de la infausta II República española fue el reflejo de que donde suelen estar los "reyezuelos públicos" no anidan habitualmente esos buenos gobernantes repúblicos o patricios. A menos que yo recuerde mal, no aparecieron repúblicos ni por la I República del siglo XIX, ni en la igualmente aciaga II. ¿Piensan ustedes que tenemos en nuestro gobierno algún mimbre válido como para ser repúblico, e intentar una III? Pues, francamente, si lo hay yo no lo veo.

No obstante, la historia de España atestigua la validez de la afirmación latina *"sic transit gloria mundi"*, pues tras la gloria que nos dejaron reyes de la talla de Isabel la Católica, Carlos I, o Juan Carlos I, la memoria de alguno se estrecha, se confunden los términos y acaban por buscarse gestos o vicios, que desde luego de todo hay, donde predominaron virtudes políticas. Hemos visto a gentes deshonestas, de las que por ambición estarían dispuestas a vender su alma al diablo, si creyeran que existe, vocear secretos de alcoba o"chismes torticeros". Y, con todo el respeto que me merecen los cargos electos, no es ese el modo adecuado de hacer país en medio de una pandemia como la que sufrimos desde hace un año.

Creo que fue Jesús quien dijo que el que se sienta libre de pecado tire la primera piedra. En este caso, además, yo sugeriría que antes de hablar de los demás hay que mirarse al espejo o hacia los que se tienen más cerca.

OPINIÓN

«La camisa de lágrimas del Temple aún gotea. Siglo XI»

F. A. JUAN MATA HERNÁNDEZ. 12 Feb 2021 - 11:12 CET

Archivado en: Opinión

Hace más de veinte años que publiqué mi primera novela, "La camisa de lágrimas del Temple". Fue con ocasión de uno de aquellos pioneros caminos a Santiago que impulsó el ministro Manuel Fraga Iribarne. Dicen que no hay forma de parar la historia y en la ermita de Eunate, cerca de Obanos, chorreaban las piedras de un misterio entre historia y leyenda. Durante la visita tuve la oportunidad de compartir detalles de la Orden con un peregrino singular, uno de esos tipos que pelea por aquello en lo que cree, y fue su fe o mi hambre por conocer más del Temple lo que me sumergió en su estudio con interés, ambición y respeto. Lo que más me perturbó fue después, el contacto con quien se convertiría en amigo y padrino en la ceremonia de mi investidura, Luis Gómez San Martín, a la sazón Prior templario en España. Él parecía convencido que mi novela no podía responder más que al recuerdo de alguien que hubiera vivido aquellos hechos en una existencia anterior y me invitó a completar el análisis de la Orden desde dentro.

Mi vida era, por aquel entonces y lo es aún ahora, una batalla diaria para encontrar un hueco libre entre mis múltiples aficiones. Necesito saber todo de todo lo que me gusta y la Orden medieval del Temple se convirtió en una obsesión. Así que, apadrinado por el Prior, velé las armas y me convertí un 31 de julio de 2004 en la catedral de Tui en nuevo Caballero de la O.S.M.T.H (Ordo Supremus Militaris Templi Hierosolymitani). Allí, el Gran Maestre, Fernando Pinto de Sousa Fontes, presidió la ceremonia, acompañado de José Diéguez Reboredo, obispo de Tui-Vigo y del alcalde de la ciudad, Feliciano Fernández Rocha. Podrán observar por el contexto (catedral y obispo), que este Temple renacido seguía muy vinculado a la Iglesia.

Si vuelvo mi recuerdo a aquel instante, me invade entre la niebla de clámides blancas, el espíritu de la catedral, y mientras el rumor del coro se apaga, la gran espada se cierne sobre mi cabeza, golpea suavemente mis hombros y un halo imaginario me refresca; es entonces cuando pienso en el templario que quizá fui y en el que pretendo ser, luego sonrío convencido. Al fin, antes de los vítores, don Fernando nos anima, como nuevos caballeros, a defender con la palabra el espíritu de la Orden medieval. Pues sí, y es así como trato de cumplir aquel mandato porque, si algún día analizan mi obra, verán en ella ese mensaje tácito en la exaltación de los valores espirituales templarios y cátaros, a menudo tan mal interpretados.

Fernando Pinto de Sousa, natural de Oporto era, como ya he indicado, el máximo representante del Temple en el mundo y había recibido el cargo de su padre Antonio Campello de Sousa, que fue príncipe regente también desde 1945 hasta su muerte en 1960. Una estirpe familiar que tuvo como origen la ocupación alemana de Bélgica, al propiciar que "la carta de Larmenius", una especie de testamento templario que da título a la sucesión en el mando, cruzara las fronteras europeas y se asentara en Portugal en 1945 y desde entonces no ha salido del país hermano.

De todas formas, ya habrán observado que entre estos hechos y el siglo XI que reflejo en el título, median nada menos que X siglos, y es que en realidad esta historia comenzó tras la conquista de Jerusalén en 1099, cuando Godofredo de Bouillón, custodio de los Santos Lugares, fundó una orden poco conocida, en la abadía de Notre Dame du Mont Sion. Cada rey, cada hombre diría mejor, tiene sus secretos recónditos y los motivos por los que obra se pierden con él. Es posible interpretar, ahora, con lo que relató alguno y especularon muchos, que lo que pretendía con la que se llamó después Priorato de Sión fuera realmente la fundación del Temple como baluarte del nuevo reino, aunque ambas instituciones y según las ilumine el sol o las protejan las sombras, tienen acciones y paréntesis de glorias y yerros entre su leyenda. Así que vamos a creer que fue así y que Hugo de Payens y sus ocho compañeros, al fundar la Orden de los Pobres Caballeros de Cristo, como se denominó el Temple en sus orígenes de 1118, no hicieron sino seguir las instrucciones y contar con la protección de la ya poderosa Orden de Sión, para proteger a los peregrinos que visitaban Tierra Santa.

Es muy probable que el mayor de aquellos errores templarios, fuera el nombramiento como Maestre a Gerard de Ridefort, pues "los priorés" le acusaron de traidor al propiciar en 1187, con la derrota ante Saladino en los Cuernos de Hattin, la caída de Jerusalén. El camino que estas instituciones, Priorato de Sión y Temple, habían llevado en conjunto durante siete decenios, se separó para siempre. Un siglo más tarde, ambas entran en un sopor profundo, y descansan siglos en el anonimato; pero esa historia la contaremos en otra ocasión.

En un momento posterior, al devenir de otro suceso, me formulé la pregunta: «¿Qué puede hacer el Temple hoy y qué puedo hacer por el Temple yo?», quise pensar. No me refería en concreto a ensalzar su leyenda que seguirá siendo inescrutable, sino a la belleza de su mensaje. Así que, para interesarles por él y para que un día conozcan esa visión libre, fraternal e igualitaria del mundo por la que el Temple peleó, he escrito hoy estas líneas.

Francisco A. J. Mata

OPINIÓN

«El arma letal del clima y la contaminación»

F. A. JUAN MATA HERNÁNDEZ. 17 Feb 2021 - 11:07 CET

Archivado en: Columnistas | Opinión

Calentamiento global, COVID-19, hambrunas y sangre. A la sombra de la civilización más avanzada culturalmente del mundo, nosotros, Occidente –apenas el diez por ciento de la humanidad– nos recostamos en nuestra desidia y bostezamos, aburridos. «No nos damos cuenta, o nos importa un pito –digo–. Hay muchas guerras, y las estamos perdiendo todas». Pero yo hoy quiero hablar sólo de la primera, de esa batalla contra el clima en la que cada vez nos queda menos tiempo para reaccionar. Es posible que alguno esté interpretando perezosamente aquello de que: «todo tiene su tiempo y hay tiempo para todo», según reza el Eclesiastés, pero «cuán largo me lo fiáis», y el tiempo, nuestra cuarta dimensión, no se puede estirar infinitamente pues podría terminar en un agujero negro del que ya saben ustedes que no se sale.

Y es que esa guerra incruenta está ocurriendo ya. Otra cosa es que apenas interese más que a los directamente afectados. Que China esté utilizando sistemas de control del clima con el objetivo de modificar las precipitaciones de lluvia o nieve es noticia de hace bien poco. Que esta iniciativa preocupe a la India y otros países vecinos es algo más que lógico. Desde que la meteorología es más predecible y la tecnología permite la lluvia artificial, los poderosos mueven ficha a su favor. El problema es que hoy es China, también Israel o Japón, ayer –digamos hace 50 años- EE.UU. ya utilizó esa fórmula como arma contra el Vietcong en el llamado "Proyecto Popeye", y pueden imaginar que el daño potencial es más que evidente si se priva a una zona de precipitaciones, porque el agua dulce es un recurso escaso y por tanto muy valioso. Pero por grave que pueda parecer, eso es apenas una minucia al lado de lo que supondrán las emisiones de gases de efecto invernadero sobre el calentamiento global y el cambio climático.

Mientras algunos gobernantes de países poderosos niegan aún la evidencia de la degradación del medio ambiente, en este periodo geológico que vivimos, Antropoceno –del griego "ser humano" y "reciente"-, aplicado así por el biólogo E. F. Stoermer como protagonistas del proceso de degradación del hábitat, el deterioro de la Tierra se está produciendo con una celeridad y amplitud que supera cualquier expectativa. Basta con mirar los residuos de plástico en mares y playas por doquier, las montañas de basura industrial y urbana sin reciclar, los suelos fértiles embebidos de abonos e insecticidas químicos, el aumento de la temperatura y acidez del océano, los índices de contaminación de la atmósfera, la desaparición de bosques, la extinción de especies animales y vegetales, etc. Es un proceso insostenible.

Pero el mayor riesgo proviene de la renuncia colectiva a ver la realidad y quienes abogan por meter la cabeza en el hoyo, llevan la pancarta de "progreso" como enseña y escudo. Entienden que el motor del desarrollo es la competencia que apela al ansia de consumo individual para, por economías de escala, desarrollar más y mejores bienes. Nuestra sociedad occidental vive de apelar a un consumo incansable y extremo, pero ya estamos viendo sus consecuencias cuando a este lo detiene, aunque sea temporalmente, un virus microscópico.

¿Tiene razón Stoermer al achacar al ser humano la causa de ese daño?

¡Pues, va a ser que no! Que el ser humano en general sea el presunto reo de tanto desastre, así todos iguales, obviamente no. Sería injusto decir eso. Es evidente que no son culpables los indios del Amazonas, ni los nativos de muchos pueblos de África. Así que aquello de bautizar como

Antropoceno repartiendo la carga entre todos, como que no. Mire usted, hay quienes recogen las boñigas de las vacas, las mezclan con el heno donde han dormido los animales y luego abonan sus campos con ese estiércol. Esos no son culpables más que del escaso alimento que, probablemente, obtengan con una agricultura que bien podríamos llamar ecológica. Claro que es cierto que comerán productos de mejor calidad, pero no en cantidad suficiente para atender tanta boca; pues las proles en ese entorno suelen ser además numerosas. Y así han vivido felizmente, al menos desde el punto de vista de subsistencia, durante generaciones. Visto con ese enfoque, hay quien piensa que este período de desastre ambiental merecería llamarse más bien Capitaloceno, pues achacan a las economías capitalistas la mayor parte de las causas que lo producen. Pero no es una cuestión semántica porque eso no arregla nada, el problema está ahí, y las consecuencias son tan evidentes que sería iluso y absurdo marginarlas. El Antropoceno está cambiando el mundo y puede hacer peligrar nuestra propia existencia a largo plazo.

La naturaleza será el juez, y sus secuelas las sufriremos todos. El agua potable, el aire puro, y los alimentos sanos, serán cada vez más escasos para una población que crece exponencialmente. Una consecuencia inmediata que ya se aprecia son los movimientos migratorios descontrolados que unos, los que vienen, y otros, quienes los recibimos, estamos viviendo con expectación y temor. Pero la Tierra, aunque no es del viento, como decía aquel infausto presidente nuestro, tampoco es nuestra. Somos tan sólo sus inquilinos.

Si alguna vez el entorno climático, cualquiera que fuera el motivo, pudiera limitar los derechos fundamentales que todo ser humano tiene a vivir en su tierra, la ley natural le autoriza a emigrar e integrarse en otras comunidades donde pudiera desarrollar dignamente su existencia. El general Meteoro –verano o invierno extremos- podría decir a cada uno, como Yahvé dijo a Abraham: «Ve, coge a toda tu familia, ganado y enseres, y sigue mi camino hacia allí donde yo te indique». Y él le obedeció saliendo de Jarán para establecerse definitivamente en Canaán. Ahora Jarán, el lugar de origen, sería África, América del Sur u Oriente Medio, y Canaán, ya lo han adivinado ¿verdad? Pues sí, el destino es y sería nuestra vieja Europa envejecida y cansada.

OPINIÓN

«Amanece la libertad de la democracia en Murcia»

F. A. JUAN MATA HERNÁNDEZ. 15 Mar 2021 - 10:36 CET

Archivado en: Columnistas | Opinión

A veces la vida nos regala sorpresas, y una de ellas, quizá de las más valiosas, es la libertad. Me refiero a esa libertad de conciencia, limpia y fiable, a esa libertad que nos han dado y debemos tener para servir y agradecer su voto, exclusivamente, a quienes nos han votado. Eso es lo que acaban de reconocer los diputados de la Comunidad de Murcia, que no han respetado el mandato de una líder alocada, porque parecía dispuesta a convertirse en una nueva chamán del señor Sánchez y sus adeptos: los fascismos de extrema izquierda y los independentistas. Lo cierto es que la moción de censura que ha estado a punto de dar un nuevo título de poder al "Caudillo del PSOE", ha fracasado por la honradez de unos diputados que no se han plegado a las componendas de su líder. Y, ojalá sirviera como ejemplo, porque así debería ser siempre la democracia.

Acababan de aprobarse unos presupuestos para todo el Estado español vomitivos, donde hemos visto con estupor que diputados madrileños del PSOE y de la extrema izquierda, han votado que se castigue a los ciudadanos de la Comunidad de Madrid, a petición y para favorecer intereses de los de otras. Ha sido en esa ocasión la fiscalidad de Madrid, pero mañana será la fábrica de baterías de litio que se pretende para

Cataluña; un foco de trabajo y riqueza para la zona más próspera, que probablemente utilizará, al más puro estilo imperialista, el mineral que se extrae de Extremadura, una región castigada por el paro, que siempre ha sido fiel al PSOE, pero que es vasalla de ese líder caudillista que pretende ante todo su interés personal. ¿Les parece eso libertad? ¿Esa es la democracia, con la que y para la que, los extremeños votaros a sus diputados?

Pues señores, han dicho en Murcia «¡Va a ser que no...!» y le han enviado a su líder este mensaje: "Querida Inés Arrimadas, mira, no nos cuentes cuentos de Caperucita. En Murcia no queremos pagar ni tus errores políticos, ni los intereses de los créditos que necesitas para enmendar el rumbo de Ciudadanos, porque tú sabes que, en el fondo, todo lo que se pretendía iría en beneficio del PSOE, de Podemos y de sus extraños compañeros de cama". "Votamos por Murcia, también por España, y ni una ni otra se iban a beneficiar, al entender de nuestra conciencia, con esa traición que se maquinaba".

Evidentemente tienen razón porque, en Murcia, en Madrid, en Cataluña y en cualquier otra región de España, se vota para defender los intereses de los que votan: y así lo vienen haciendo desde que empezó esta, "hasta ahora falsa democracia", los del PNV y los pro etarras de Bildu con el País Vasco, los Regionalistas con Cantabria, Galicia y Canarias, los independentistas con Cataluña y los de Teruel existe con Teruel.

Y así, sin esperarlo, por casualidad o quizá causalidad, esta vez durante los escasos días que han pasado desde el puñetazo en la mesa murciano, he sentido que la "libertad sin ira", aquella que cantábamos ilusionados hace ya casi cincuenta años, ha vuelto para quedarse.

Ojalá sea ya así para siempre y vuelva con ella la esperanza que estos gobiernos nos estaban robando.

«Ucrania, crimen y castigo»

F. A. Juan Mata Hernández 27 Feb 2022 - 22:55 CET

Archivado en: Columnistas | Opinión

En las ciudades, las trompetas resonaban durante todo el día. Todos los hombres eran llamados a las armas, pero ¿por quién y para qué? Nadie podía decirlo y el pánico se extendía por todas partes. (Fedor Dostoyevski. Crimen y castigo)

Aunque los relatos de los medios acentúen que Putin se deja guiar por una especie de locura imperialista, sería falso enmarcar su actitud beligerante en patrones filo comunistas (=desterrar el capitalismo de su entorno). Más bien parece hoy su actitud la respuesta de una nación burlada por unos vecinos cada día más osados. Y esto supone ponerse frente a la furia de un zar con todo el poder nuclear en su mano, pero sin ser conscientes de los motivos por los que se siente maltratado. Y así parece que estamos llegando a la estación que se avecina, la guerra hecha realidad que nosotros mismos estamos provocando.

Estoy convencido, porque siempre es así, que la gran mayoría de la población rusa, lo mismo que la europea o la americana, tienen los brazos abiertos hacia sus convecinos y desean, deseamos todos, potenciar nuestras relaciones vitales. En nuestros días ya no nos vale la visión newtoniana de un universo que lo contiene todo y del que formamos parte; porque si eliminamos su contenido, es decir nosotros mismos, el universo desaparecería también. Leibniz definió esta situación como un universo "relacional" en el que esas relaciones son precisamente la razón de su existencia. No es, por tanto, osado afirmar que la guerra y las asociaciones guerreras como la OTAN o el Pacto de Varsovia, en su momento, constituyen un monumento al absurdo.

Por tanto, la eliminación paulatina del Pacto de Varsovia, que había surgido en 1955, como un equilibrio de poder y contraparte, para contrarrestar la amenaza de la OTAN (fundada en 1949), debiera haber llevado también a la desaparición del otro bloque. Pero no sólo no fue así, sino que varios de los países vecinos de Rusia que habían pertenecido a aquel bloque militar se fueron integrando en la OTAN ante la pasividad o la ingenuidad de Rusia, cuyos dirigentes veían con asombro como los misiles atómicos se acercaban más y más a sus fronteras.

Esta ampliación de la OTAN tuvo que ser una bofetada a la actitud pacifista rusa, pues evidentemente se erigía en aval de un riesgo injustificado y creciente para su propia existencia como nación libre y soberana. Ahora, pretender ir más allá aún, incorporando a Ucrania a la OTAN, parece ser la gota que rebasa el vaso de la paciencia de quienes aceptaron la disolución del bloque militar al que pertenecían y ven crecer frente a ellos el que les obligó en su día a crearlo.

Ya supimos cual fue la reacción de EE.UU. en octubre de 1962, a raíz de descubrir que Rusia había situado misiles de alcance medio en Cuba. Fue uno de los momentos en que más cerca estuvo de declararse una tercera guerra mundial, esta vez nuclear. La reacción americana, aun siendo en principio razonable que Cuba trataba de protegerse de una invasión de EE.UU. tras el reciente fracaso en 1961 del desembarco en Bahía de Cochinos, puede ser el mejor argumento para entender por qué ahora Putin se niega también a tener al enemigo a la puerta de su casa.

La negativa y el desprecio fue la respuesta y esa guerra, que acaba de empezar ayer, veremos si resolverá la incógnita sobre si era Leibniz o Newton quien tenía la razón.

*(F. A. **Juan Mata Hernández**, c. t.)*

«Amnistía: Perdón es el olvido voluntario y consciente de una ofensa»

Fco. A. Juan Mata 28 Dic 2023 - 16:36 CET

I AM SORRY

Archivado en: Columnistas | Opinión

«El mal existe, pero el perdón quita el pecado que perdona. No hay ninguna falta que Dios no pueda perdonar, excepto la de negarse a creer en su grandeza, y en su perdón». Soren Aabye Kierkegaard, filósofo danés, (1813-1855)

Todos, desde el fondo de nuestro corazón, desearíamos perdonar. Pero, por alguna razón, cuando se trata de dejar de lado algo que nos hizo mucho daño, vamos posponiendo el asunto y el rencor se apodera totalmente de nosotros. Esto nos ata con una cadena invisible, aún más, a las personas que nos han ofendido. Ese lazo se transforma en un laberinto interior donde perdemos de vista otros aspectos de aquella gente que hubieran permitido olvidar lo negativo.

El cenit de la fallida relación con esos incómodos compañeros de camino que no desearíamos volver a encontrar, es cuando percibimos que el encono no afecta tanto a quien lo ha causado, como a nosotros mismos. Ese momento del proceso es cuando optamos por olvidar voluntaria y conscientemente lo ocurrido.

208

He pretendido darles una explicación simplista pero necesaria, porque es liberadora. En realidad, es una motivación egoísta para culminar con éxito el perdón o, en este caso, esa discutida y vergonzante amnistía.

¿Y qué ocurrirá después? ¿Podremos volver a tropezar en la misma piedra?

Seguramente que sí… es muy probable que vuelva a ocurrir, pero esta es la vida que tenemos.

El perdón, nos puede hacer volver a caer en el desamor, pero no es seguro que ocurra así y, sin embargo, es innegable que lo que va a producir es un efecto psicológico muy positivo en nosotros: ya no sufriremos más por aquello que nos atormentaba, aprenderemos a reírnos de nuestros fracasos, perderemos el miedo a parecer débiles y recuperaremos la paz interior. ¿Pensará así el señor Sánchez y sus adláteres?

Hemos de comprender que al perdonar no nos estamos refiriendo a un hecho. No se puede perdonar una ofensa, porque un insulto o un agravio son simplemente cosas, no personas. En realidad, a quien se perdona es a la persona no a lo que haya podido hacer para ofendernos. Pero entonces, ¿qué ocurre con otros que han podido cometer ofensas similares? ¿todos los delincuentes, corruptos, defraudadores, o terroristas, que hayan cometido delitos similares, van a tener la misma medida de gracia, puesto que todos somos iguales ante la ley?

Es cierto que el perdón es un medicamento muy eficaz contra todo lo negativo que puede ocurrir y, seguramente ocurra, en nuestras vidas y que, si optamos por el camino del laberinto del rencor, la niebla nos impedirá ver, madurar, entender que todos somos diferentes; que unos y otros nos movemos por criterios muy distintos. No hay más que ver los resultados de las elecciones políticas para comprender que esto es así. Pero al igual que, como bien dice, Soren Kierkegaard, padre del existencialismo: «Dios perdona siempre; pero es preciso además que aceptemos ser perdonados». También apuntaba, a ese respecto, Aristóteles: «tan negativo es ser extremadamente intolerantes como extremadamente tolerantes».

Fco. A. Juan Mata (caballero templario)

«¿Ha hallado Sánchez el anillo de Giges?»

Fco. A. Juan Mata   12 Ene 2024 - 13:41 CET

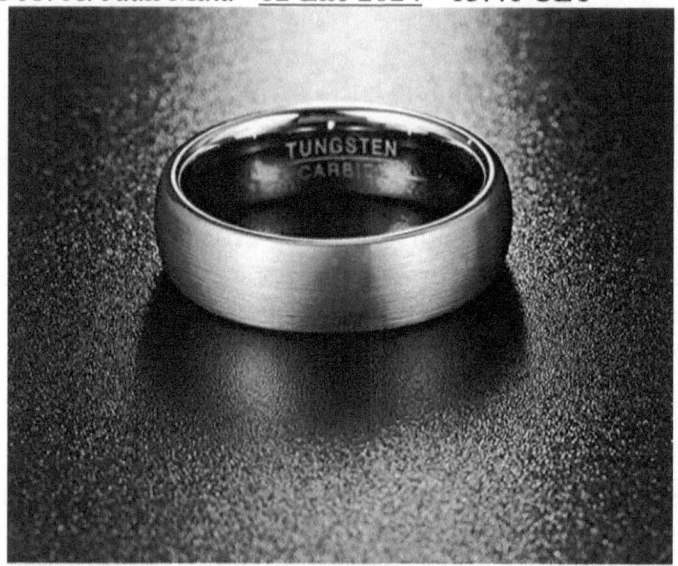

Archivado en: Columnistas | Opinión

"Volvió Giges el engaste de su anillo hacia la palma de su mano, comprobó así que con la joya colocada de ese modo quienes le rodeaban no podían verlo. procuró al punto formar parte de los enviados que habían de informar al rey; llegó a Palacio, sedujo a su esposa, atacó y mató con su ayuda al soberano y se apoderó del reino."
Platón: La república, (427 a. C.-347 a. C.)

El relato de este mito, que menciona Platón en su libro "La república" sirvió de ejemplo para que algunos filósofos griegos señalaran que, por naturaleza, todas las personas somos injustas. Achacan con ello que nuestros comportamientos positivos se deben exclusivamente al intento de lograr algún tipo de beneficio, o por miedo a quebrantar algún precepto que pudiera ocasionar un castigo. Así pues, si tuviéramos ese anillo mágico que nos hiciera invisibles, aprovecharíamos esa ventaja para obrar mal en nuestro provecho.

La fábula sobre los efectos de la invisibilidad en el comportamiento tuvo una notable influencia en filósofos y escritores como Cicerón. Rousseau y hasta nuestros días cuando en, El Señor de los Anillos, J.R.R. Tolkien, narraba la magia de uno que hacía invisible a su portador a costa de destruir su moralidad.

Se puede pensar que ese anillo no pasa de ser pura fantasía y no tiene ningún sentido, o verlo como una parábola: *"un suceso fingido del que se deduce, por comparación o semejanza, una verdad importante o una enseñanza moral"*. Es como si un nuevo anillo de Giges ocultara ante millones de personas un comportamiento injusto; por ejemplo: algo tan absurdo e inexplicable como que personajes públicos que mienten y traicionan descaradamente las ideas y objetivos con que consiguieron el apoyo popular, es preciso que estén usando algún hechizo, anillo o sortilegio, para que lo hagan sin que la mayor parte de quienes los auparon, se aperciban de ese anómalo comportamiento.

¿Pero dónde está hoy el anillo de Giges y quién lo presta?

Es muy probable que el truco del que se vale, no es otro que utilizar como capa de invisibilidad a determinados voceros y medios de comunicación. Estos, disimulan, desvían, ocultan, minimizan o dan una interpretación forzada o errónea a palabras dichas o acontecimientos que lo podrían avergonzar, porque se vería desnudo sin esa capa de invisibilidad que le proporciona el nuevo anillo de Giges. Y así, muchos, quizá demasiados aún, lo ven como él pretende que lo vean: un prestidigitador muy hábil en un mundo que no es precisamente de fantasía.

Así pues, el anillo de Giges, lo prestan hoy muchos medios de comunicación y/o personas influyentes, que dan prevalencia a unas noticias frente a otras; ocultan la gravedad de algunas; y destacan las que pudieran interesar al poseedor de la sortija mágica, tapan con su velo invisible los comportamientos anómalos, dando, como expresaba Platón en el párrafo que inicia este artículo, algún tipo de beneficio o ventaja a su poseedor, que le permite disimular sus vergüenzas.

Algún mérito tiene, además de la suerte, el haber hallado en nuestros tiempos un anillo tan poderoso. En realidad, aunque a un nivel mucho menos ambicioso, hoy cualquiera los podría adquirir en el bazar de internet, aunque no los venda nadie: son los que permiten utilizar ese medio para engañar, ofender, o simplemente superar complejos y debilidades ocultos en el anonimato que proporciona la red.

"No hay nada nuevo bajo el sol". No deberían extrañar historias de hoy con base en relatos o tragedias griegas. En todos los tiempos y por todos lados parece dirigida la voluntad humana por un interés individual, siendo así desde que la Biblia nos recuerda que Eva y Adán comieron por propio interés aquella manzana. Y es que, la Naturaleza hace prevalecer la propia ambición sobre el interés general, cuando el individuo, creído en sí mismo, es incapaz de comprender el interés del colectivo al que representa. El poder corrompe y, por eso, buscan con afán un sortilegio que otorgue efímera inmortalidad, incapaces de imaginar que pudieran estar mejor en cualquier otro lugar.

Claro que, uno se pregunta, ¿no hay nada mejor por ahí? ¿cómo no ven ustedes que ese rey está desnudo?

Fco. A. Juan Mata (caballero templario)

Francisco A. J. Mata

«¿A dónde va la información de nuestra memoria?»

Fco. A. Juan Mata   29 Ene 2024 - 12:41 CET

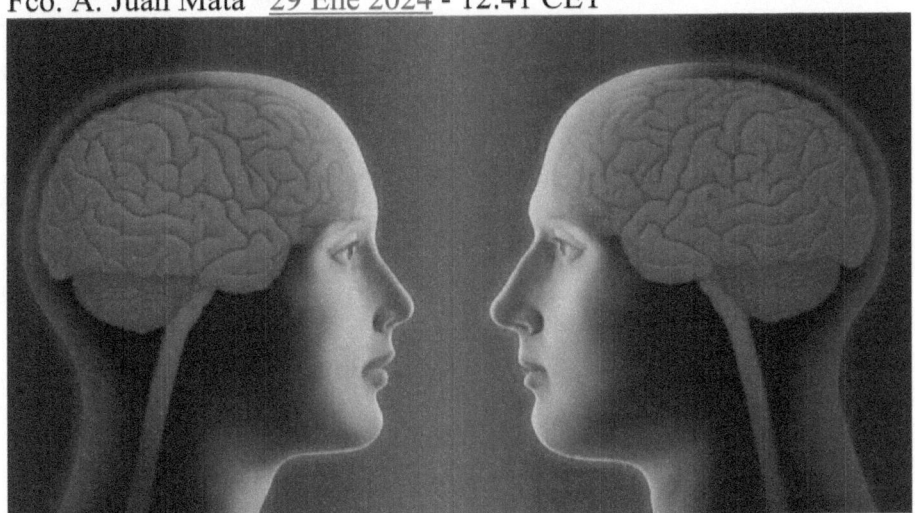

Archivado en: Columnistas | Opinión

"Abuelo, cuéntanos historias de cuando eras pequeño" **Zen y Rock, G. M.**

Antes de que mis nietos se abrochen los cinturones en el coche, ya escucho con satisfacción y orgullo esa petición, que, aunque rutinaria, me suena siempre cariñosamente imperativa.

Son las ocho de la mañana y los acabo de recoger para llevarlos al colegio *"cerebro"*. Pero, no resulta fácil complacer su interés, pues, como no he vivido tantas aventuras como *"El capitán Trueno"*, ya recuerdan la mayor parte de ellas con mayor detalle que yo mismo. Así que busco en mi memoria corporal alguna nueva, casi olvidada, la fragmento y adapto a su edad, y, como corresponde a un abuelo, la enfoco con una moraleja pedagógica.

Tendríamos así, quizás, una respuesta primera al interrogante que figura en el título del artículo de hoy: Los sucesos y datos que ha acumulado mi memoria fluyen de nuevo en el universo hacia las suyas para enriquecer el contenido de las partículas que las componen. Se trata, sencillamente, de ese quinto estado de la materia que es la información. En función del contenido de los relatos, la información irá hacia una memoria corporal o a otra espiritual. La primera los anima a reaccionar, ahora o en el futuro, y lo hacen con un impulso defensivo si deducen de la narración que alguien no ha obrado debidamente. Sin embargo, la otra, la memoria del espíritu, es desinteresada y los ayudará a construir caminos o a recrear el arte de la vida. Todo ese contingente de recuerdos que almacenamos es lo que nos permite percibir la duración del tiempo de la vida. Esa es la explicación por la que, a medida que tenemos mayor edad, los años parecen pasar más deprisa, pues comparamos la información del último período con la que ya estaba almacenada en nuestro archivo personal de memoria y, evidentemente, el cociente cada vez (salvo etapas postreras muy ajetreadas), tiende a ser menor.

Henri Bergson y Albert Einstein, hicieron popular el día 6 de abril de 1922, por su enconado debate en París sobre la naturaleza del tiempo. Entonces, la versión científica de Einstein, quien agrió la discusión afirmando que *"no existe un tiempo de los filósofos"*, definió el concepto como una magnitud cuantificable, y resultó triunfadora frente a la filosófica de Bergson, que lo veía como una duración perceptible; aunque el pensador francés nunca aceptó la derrota y respondió con varias publicaciones posteriores que apenas afectaron a la opinión generalizada. Con ocasión del centenario de aquel enfrentamiento, cayó en mi poder un magnífico artículo del doctor don Leandro Sequeiros que despertó mi curiosidad sobre la cuestión. Y es que, entre aquellos pequeños relatos sobre a dónde va la información de la vida de un abuelo, y la doble visión conceptual, científico o filosófica, sobre esa extraña variable que hemos creado para regular nuestra existencia, observo que solamente la filosofía tiene una respuesta válida para la razón. O sea que yo, aunque soy ingeniero agrónomo y por tanto de formación científica, me inclino más por la opinión del filósofo.

Trataré de argumentar los motivos de esa opción: Recientemente la ciencia ha descubierto que las partículas elementales que dan consistencia a la materia observable, son capaces de almacenar información sobre sí mismas a semejanza del ADN de nuestras células; y es así como los átomos o moléculas se disponen, acorde con la información que contienen, en redes cristalinas que crecen formando maravillosos y sorprendentes cristales con figuras geométricas casi perfectas, como los cubos de pirita, "*el oro de los tontos*", de Navajún. Es el denominado quinto estado de la materia. Esa información que llega y que los seres vivos identificamos como "*duración perceptible*" por la memoria, es lo que representa realmente el tiempo. Es decir que, si la información no fluyera de una partícula a otra, y de un organismo a otro, no habría memoria ni tampoco existiría el tiempo.

Para Einstein: "*El tiempo es una magnitud que se mide y cuantifica con un reloj*" y que "*Hay acontecimientos objetivos, independientes de los individuos*". Ese tiempo se podría dilatar a velocidades rápidas o incluso detener si el observador viajara a la velocidad de la luz. Claro que es imposible calibrar en ese entorno la visión de Bergson, pues nadie sabe cómo fluiría la información en un individuo que experimentara esa velocidad. Para Bergson, el tiempo, como magnitud medible, aparece con la percepción de los seres vivos porque, cuando esa memoria se detiene, lo hace también el tiempo. Veamos un ejemplo: Hace poco se descubrió un gusano nematodo que había permaneció enterrado 46.000 años, en estado de criptobiosis, en el permafrost siberiano a 40 metros de profundidad. Se logró que reviviera tras ser rehidratado e incluso pudo reproducirse tras su, digamos, resurrección. Ese largo período enterrado, con la visión del filósofo Bergson, dejó de ser tiempo para él, pues su materia no incorporó ninguna información nueva en la fase de animación suspendida. Así pues, un gusano, cuyo ciclo vital habitual se mide en días, no podríamos decir que vivió los 46.000 años que hubieran señalado para nosotros los relojes de Einstein. El científico obvió siempre la pregunta de ¿por qué el hombre había inventado los relojes?, o la de, ¿quién y cómo se habría medido ese tiempo si nosotros no existiéramos?

Y, aunque el tiempo, en el marco de la teoría de la Relatividad, era una variable continua, pues se dividiría en un número infinito de instantes; hoy, la física cuántica, sugiere, en apoyo de Bergson, que puede tener una naturaleza discreta a nivel subatómico, como lo es la información de cualquier memoria. Por eso, quizás, no me quedan ya relatos para mis nietos.

Fco. A. Juan Mata (caballero templario)

Cuando el paisaje que se desgarra

Gaza, una venda en los ojos del mundo libre

La justicia, la dignidad y la humanidad no pueden ser negociables

A. Juan Mata (caballero templario)
16 Jun 2025 - 06:25 CET

Archivado en: Columnistas

Desde los albores de la conciencia, el ser humano ha buscado un propósito. ¿Para qué estamos aquí, en esta efímera existencia, si no es para custodiar la vida, para salvaguardar no solo nuestro propio aliento, sino también la delicada armonía de cuanto nos rodea? Es una pregunta que resuena en las cumbres más elevadas de la filosofía y en el murmullo de cada criatura, en el esplendor de un paisaje inmemorial y en la fragilidad de una vida recién nacida. La naturaleza, en su sabiduría silenciosa, nos confía un mandato implícito: cuidar, proteger, preservar. Pero, ¿qué tipo de moral, qué perversión del alma, nos permite mirar para otro lado cuando los ecos de un genocidio resuenan desde Palestina,

216

relatados día a día, hora a hora, por las voces que aún no han sido silenciadas?

Permítanme un desvío hacia un recuerdo reciente, quizás trivial en comparación con la magnitud del horror que hoy nos convoca. Hace no mucho, mi alma se conmovió ante la amenaza de una 'mancilla' en un paisaje que había llegado a amar: el inmenso olivar de Jaén, un tapiz verde que asciende por cerros y laderas, donde cada árbol milenario es un testamento de la resistencia de la tierra y sus gentes. Mi 'fanatismo paisajístico' me llevó a la acción, a la indignación ante la posibilidad de un 'roto' de mil hectáreas. Sin embargo, en aquel dilema local, emergieron las contradicciones humanas, la difícil tarea de discernir entre intereses, entre quienes alzaban la voz por el patrimonio y quienes vendían sus tierras por el precio de la comodidad, a menudo cegados por una miopía que ponía el bolsillo por encima del legado. Fue un microcosmos de ambición y vulnerabilidad.

Pero, ¿qué sucede cuando el paisaje que se desgarra no es solo de tierra y olivos, sino de carne, sangre y futuro? Cuando la sinfonía de la vida es interrumpida por el estruendo de las bombas y el lamento de los inocentes. En Gaza, no solo se destruyen hogares y cuerpos; se aniquila una historia, una cultura, un futuro. El «mundo libre», esa construcción idealizada sobre cimientos de derechos humanos y justicia, parece haberse colocado una venda en los ojos, un **'anillo de Giges' global** que le permite obrar con una invisibilidad moral ante la masacre sistemática.

La información fluye, los datos son abrumadores, los testimonios desgarradores, y sin embargo, la inacción y la justificación se perpetúan. Es como si una parte de la humanidad hubiera decidido que este dolor, esta aniquilación, puede ser **ocultada, minimizada o distorsionada** por una narrativa conveniente. Los voceros y medios de comunicación, en ocasiones, parecen prestar ese anillo mágico, no para hacer invisible al poseedor, sino para hacer invisible el sufrimiento de aquellos que más lo necesitan. Asistimos a una selectividad en la indignación, a una complicidad pasiva que niega la esencia misma de nuestra existencia: la empatía y la protección del prójimo.

Esta ceguera no es solo una omisión; es una reescritura de los principios éticos que supuestamente nos definen. Cuando la humanidad se abstiene de proteger lo más fundamental, cuando la autodeterminación y la vida misma son negadas con impunidad, ¿qué mensaje estamos enviando a las generaciones futuras? ¿Qué legado de indiferencia forjamos en su memoria? La historia, ese gran archivo de la existencia humana, registrará esta «duración perceptible» de horror. Y, como aquel gusano nematodo que permaneció 46.000 años sin incorporar información, ¿podremos decir que hemos «vivido» este tiempo si nuestra memoria moral ha estado en criptobiosis?

La justicia, la dignidad y la humanidad no pueden ser negociables. No pueden ser sacrificadas en el altar de intereses geopolíticos o narrativas sesgadas. La «demolición silenciosa y minuciosa» que se cierne sobre Gaza es un espejo que nos interpela a todos. Es tiempo de que el «mundo libre» se quite la venda, rompa el hechizo de su invisibilidad moral y reconozca, sin ambages, que este "rey de Israel" también está desnudo, y su vergüenza, a la vista de todos, es también nuestra.

Fco. A. Juan Mata (caballero templario)

Francisco A. J. Mata

¿Dónde queda la honestidad política?

Amnistía: lo que la ley no prohíbe puede prohibirlo la honestidad

Un traje a medida para intereses particulares

A. Juan Mata 03 Jul 2025 - 06:41 CET

Archivado en: Columnistas

Amnistía: lo que la ley no prohíbe puede prohibirlo la honestidad

«Lo que las leyes no prohíben, puede prohibirlo la honestidad.»

   Las palabras de Lucio Anneo Séneca resuenan con una inquietante actualidad en el reciente aval del Tribunal Constitucional español a la Ley de Amnistía. Si bien es cierto que la legalidad y la justicia no siempre transitan de la mano, nuestra moral individual nos dicta a menudo lo que es correcto, incluso más allá de lo que las normativas escritas permiten o prohíben. El axioma «lo que no está prohibido está permitido», esgrimido por la mayoría progresista del TC para argumentar que la Constitución no veta esta ley, se convierte en un velo tras el cual se esconde una profunda preocupación: ¿puede una ley ser legítima cuando ha sido confeccionada por y para los propios interesados?

La aprobación de la Ley de Amnistía no es un mero trámite legislativo; es el culmen de un proceso que, para muchos, ha estado viciado desde su concepción. La esencia del debate no reside únicamente en la constitucionalidad teórica de la amnistía, sino en el diseño y los fines espurios que, a ojos de gran parte de la ciudadanía, la han impulsado. Se percibe con creciente claridad que esta ley no nace de un consenso social amplio ni de una necesidad imperiosa de reconciliación general, sino de una negociación política específica, donde los futuros beneficiarios directos e indirectos han jugado un papel protagonista en su elaboración y aprobación.

Un traje a medida para intereses particulares

La Ley de Amnistía se ha erigido como una herramienta fundamental en los pactos que sustentan la actual legislatura. Su redacción ha respondido a las exigencias de formaciones políticas concretas, cuyos líderes y miembros se encuentran directa o indirectamente afectados por causas judiciales vinculadas al *procés* catalán. Este punto es crucial: la misma Constitución, que se aduce que no prohíbe la amnistía, no fue diseñada para permitir que los legisladores legislen en causa propia, construyendo marcos legales que les eximan de responsabilidades o les abran puertas a futuros beneficios políticos.

Esta situación genera una quiebra de la confianza ciudadana en las instituciones. Cuando se percibe que el interés particular prima sobre el bien común, y que las normas se adaptan para satisfacer agendas específicas, el pacto social implícito en la democracia se resiente. La independencia de poderes, pilar de nuestro sistema, se ve comprometida cuando el legislador y el beneficiario de la ley parecen fusionarse en una misma entidad.

¿Dónde queda la honestidad política?

Séneca nos invita a reflexionar sobre la honestidad, esa virtud que va más allá de la legalidad estricta. ¿Es honesto impulsar una ley que, aunque pueda sortear los límites explícitos de la Constitución, beneficia directamente a quienes la promueven? La percepción de que la amnistía es un intercambio de favores políticos –votos por impunidad– erosiona los cimientos éticos de nuestra democracia.

El Tribunal Constitucional, al validar la ley con el argumento de la no prohibición explícita, se aferra a una lectura puramente formalista de la Carta Magna. Sin embargo, ignora, para muchos, el espíritu de la Constitución, que busca la igualdad ante la ley, la rendición de cuentas y la primacía del interés general. La amnistía, en este contexto, no se percibe como un acto de generosidad estatal, sino como una concesión política de alto coste moral y social.

La aprobación de esta ley no solo afecta a los casos concretos que amnistía, sino que sienta un precedente peligroso. Abre la puerta a futuras negociaciones donde la legislación pueda ser instrumentalizada para servir a intereses creados, desdibujando la línea entre el poder político y la justicia imparcial. En una democracia madura, la ley debería ser un reflejo de la justicia y del bien común, no un instrumento maleable al servicio de coyunturas políticas. La amnistía, tal como ha sido concebida y aprobada, nos obliga a preguntarnos si la legalidad sin honestidad es suficiente para construir una sociedad justa y equitativa.

Fco. A. Juan Mata (caballero templario)

Caballero templario

Los olivos no votan

Porque esa es otra

A. Juan Mata   05 Jul 2025 - 06:17 CET

Archivado en: Columnistas

«La naturaleza no es un saldo contable: no se borra un siglo de vida de un olivo para 'compensarlo' con un retoño que habrá que pagar y cuidar. Es la miopía de la gestión, que ve recursos donde hay legado, y soluciones donde hay destrucción disfrazada de sostenibilidad.» (F.A.J. Mata H.)

Por algún rincón entre Arjona y Lopera, con las raíces aun rezumando savia vieja, yacen ya miles de cadáveres vegetales. Son olivos. Olivos centenarios. Árboles con más memoria que quienes hoy los arrancan. Olivos plantados cuando no había redes sociales para hacer ruido, ni técnicos para justificar la desvergüenza con informes. Árboles que no entienden de macro parques solares, pero que han estado ahí, tragando sol, viento, silencio y campañas electorales. Hasta hoy.

Los están arrancando —dicen— en nombre del progreso. Pero lo que suena es el viejo crujido de las expropiaciones forzosas, las prisas de las excavadoras y el tintineo de la subvención cayendo en la cuenta bancaria de alguna energética con nombre amable: Greenalia, por ejemplo. Arrancan 30.000 ahora, 100.000 cuando terminen. Y todo, con el sello "verde" en la solapa y la conciencia ecológica a modo de coartada.

Dicen que la sociedad lo apoya. No sé qué sociedad será esa. ¿La del consejo de administración? ¿La que firma desde Madrid los proyectos con una mano mientras siembra un millón de arbolitos con la otra para la foto de campaña? Porque en Lopera, en Arjonilla, en Cartaojal y en tantas otras, hay otra sociedad: la de los que viven donde ya no crecen más que placas negras y contratos basura. Llevan más de 120.000 firmas recogidas. Pero claro, los olivos no votan. Y sus dueños, parece, tampoco cuentan.

Ahora llaman "transición ecológica" a esto. Una expresión elegante para una brutalidad. Pero esto no es transición: es arrasamiento con papeles. No es ecología: es especulación con paneles. ¿Quién ha decidido que un campo de olivos vale menos que un campo de silicio importado? ¿Dónde está el debate público? ¿Dónde está el urbanismo? ¿Dónde están los informes que no escriben las consultoras contratadas por las propias promotoras? ¿Dónde están, en fin, los huevos de los alcaldes?

Porque esa es otra. Muchos de estos proyectos no tienen aún ni el permiso de obra municipal. Pero ya han empezado. Les da igual. Saben que no pasará nada. El BOJA y el BOE los protegen. Las instituciones están rendidas. O ausentes. Que es peor.

Nos han vendido que esto es por el clima, por el futuro, por el bien común. Pero ¿qué futuro es ese que se construye sobre la demolición del presente? ¿Qué bien común es ese que destroza un modo de vida, una cultura agrícola, una identidad? Aquí lo que hay no es transición, sino sustitución: de árboles por estructuras, de tierra fértil por desierto térmico, de trabajo agrícola por abandono y paro.

Y luego querrán repoblar la España vaciada. Con placas, claro. Y con nostalgia subvencionada.

Hay una verdad incómoda que nadie quiere decir: que no todo lo que brilla es renovable. Que no toda energía verde es limpia. Y que un olivo arrancado nunca se vuelve a plantar. Porque no es solo madera. Es historia. Es paisaje. Es arraigo. Es vida.

Arrancan olivos centenarios con la excusa del sol. No hay metáfora más salvaje de este tiempo. De este país.

Y mientras tanto, los olivos no gritan. Pero los que aún quedan en pie, si uno se acerca, crujen. Como si quisieran avisarnos. Como si supieran que los próximos seremos nosotros.

Fco. A. Juan Mata (caballero templario)

Francisco A. J. Mata

Caballero templario

La lucha eterna: el hombre entre el bien y el mal

¿Libertad o esclavitud?

A. Juan Mata 09 Jul 2025 - 06:21 CET

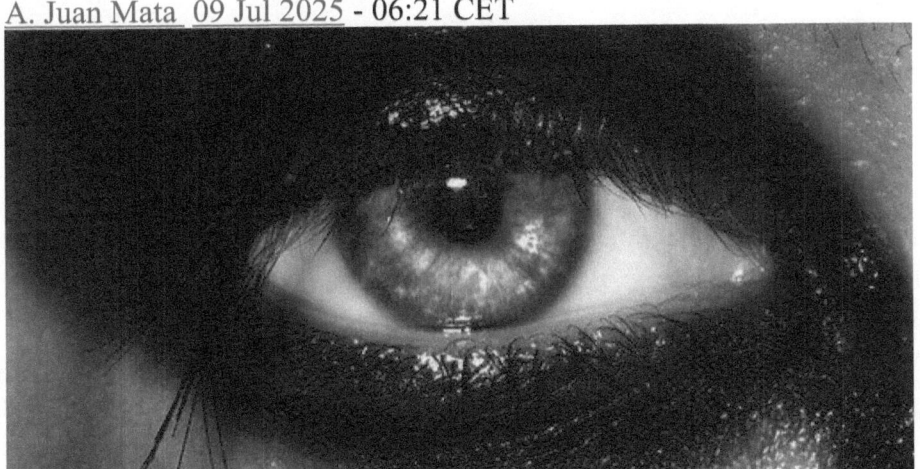

Archivado en: Columnistas

"Ayer mismo le decía al señor cura de Norefontes que el bien y el mal deben hallarse equilibrados, o si lo prefería, superpuestos uno y otro sin mezclarse, como dos líquidos de distinta densidad. Al oír mis razones, el señor cura se echó a reír... Mi parroquia se halla consumida por el aburrimiento; ésa es la palabra exacta. ¡Como tantas otras parroquias! El tedio lo devora todo ante nuestra vista y nos sentimos incapaces de hacer nada.". (Diario de un cura rural. Georges Bernanos)

Sonreímos al igual que aquel cura si alguien nos asegura que el bien y el mal están equilibrados, porque vemos tanta maldad a nuestro alrededor que muy posiblemente esta Tierra esté muy cerca del infierno. Notables teólogos explican que el infierno se reduce a un Dogma de Fe, pero está vacío, o, como escribió Sartre, «El infierno son los otros», pero acaso el infierno sea también uno mismo, ese abismo interior donde libramos la batalla más antigua: la elección entre un bien y un mal que, como pensaba el cura de Norefontes. el mal gana por goleada. No es una cuestión meramente teológica o filosófica, sino una guerra íntima, diaria, que se libra en las sombras del alma. ¿Qué nos inclina hacia un lado u otro? ¿Es la autoestima, esa frágil construcción del yo, la que nos empuja a buscar grandeza o a hundirnos en el fango? ¿O son las pasiones, esos fuegos que nos consumen y nos exaltan, las que dictan nuestro camino?

Y nos miramos, más de lo que debiéramos, en el espejo roto de la autoestima. El hombre moderno, narcisista y vacío, busca desesperadamente confirmar su valor. Pero aquí surge la primera tentación: ¿se afirmará mediante la virtud o mediante el pecado? Hay quienes, como los santos, edifican su dignidad en el sacrificio, en la entrega silenciosa. Otros, en cambio, encuentran en el mal una perversa satisfacción: humillar al débil, acumular poder, saborear el dolor ajeno. La autoestima, cuando está enferma, puede convertirse en un monstruo que se alimenta de la destrucción de todo lo que se le opone o considera hostil.

Georges Bernanos lo entendía bien. En su obra, «Diario de un cura rural», el protagonista lucha contra la desesperación, mientras otros personajes sucumben al orgullo y la crueldad. No es la pobreza lo que corroe al hombre, sino el resentimiento, esa envidia que nace de compararse con los demás y sentirse inferior. El mal, entonces, se convierte en una venganza contra la propia miseria.

Y las pasiones: ¿son demonios o motores?

El cuerpo grita, la sangre arde, y el alma a menudo obedece. Las pasiones no son malas en sí mismas —sin ellas, el amor, el arte, la misma fe serían imposibles—, pero cuando se desbordan, arrastran al hombre al abismo. La lujuria, la avaricia, la ira… son fuerzas que pueden ennoblecer o degradar, según cómo se las dome.

Pero hay algo más insidioso: la pereza espiritual. No el mero ocio, sino esa cobardía que nos lleva a elegir el mal por comodidad. «El camino al infierno está pavimentado de buenas intenciones», se dice, pero también de indiferencia. Muchos crímenes no se cometen por odio, sino por falta de valor para hacer el bien.

¿Libertad o esclavitud?

Al final, la elección entre el bien y el mal es un acto de libertad, pero una libertad envenenada por nuestras heridas. El hombre que hace el mal a menudo cree que se libera, cuando en realidad se encadena. Como escribió Dostoievski: «Si Dios no existe, todo está permitido», pero también todo carece de sentido.

El bien, en cambio, exige coraje. No es la moralina de los débiles, sino la rebelión contra la propia miseria. El santo y el criminal tienen algo en común: ambos eligen con furia. La diferencia está en que uno se abraza a la luz, aunque lo queme, y el otro prefiere las tinieblas, aunque lo asfixien.

Conclusión: la batalla que no cesa

No hay respuestas fáciles. Cada hombre es un campo de batalla donde luchan ángeles y demonios. Pero acaso la verdadera dignidad no esté en vencer siempre, sino en seguir luchando, en no rendirse a la tentación de creer que el mal es más fuerte. Como diría Bernanos, «Dios no vence nunca, pero tampoco pierde nunca». Y mientras haya un hombre que resista, la luz no se apagará del todo.

Fco. A. Juan Mata (caballero templario)

OPINIÓN

Juan Mata: «Del corazón en las honduras traigo… medio siglo contigo»

Juan Mata 11 Jul 2025 - 11:44 CET

Archivado en: <u>Columnistas</u> | <u>Opinión</u>

Del corazón en las honduras traigo… medio siglo contigo

Fue en Zaragoza.
—El campo, por entonces, ya comenzaba a vestirse de acero—
y las semillas,
en vez de entregarse al surco,
se archivaban en vitrinas,
formando una biblioteca.

La feria bullía.
Los engranajes no hablaban: rezaban.
Los motores soñaban con campos sin hombres…
pero aún nos necesitaban.

Yo venía del aula,
con el alma en boceto,
sin más afán
que hollar los umbrales del mundo:
—sin mapa, pero con sed—.

Y fue allí.
En la frontera entre el olvido y el milagro…
te vi.

Tú —con las manos en forma de cuna—
sostenías un pollito amarillo.
No lo mirabas:
lo escuchabas.

Y en ese gesto —ese misterio—
sentí que me nombrabas
sin decir mi nombre.

El pollito dijo "pío",
y no fue un canto:
fue un destino.

Yo, con mi barba de aprendiz
y el traje azul cruzado de incertidumbre.
Tú, con el cabello hecho de plumas de sol
y una sonrisa que ya sabía.

No hubo gestos.
No hizo falta.
El amor nació
en la entraña.
En el alma que besa lo breve…
y en ese acto
lo vuelve eterno.

Y allí —sin pactos ni promesas—
nació el nosotros.

Vinieron los años —y los frutos.
No hubo deber: hubo siembra.
Las hijas crecieron sin miedo,
porque nunca las miramos desde arriba.
Los nietos llegaron,
no como herencia,
sino como respuesta.

Y anduvimos.
No como bueyes,
sino como viento
que se presta al campo.

La vida no fue siempre llana.
Pero fue nuestra.
Y eso basta.

Hoy, medio siglo después,
cuando el cuerpo ya no corre,
el alma canta.

No un canto de gallo en el corral,
sino en ese rincón secreto
donde lo amado
vuelve sin ser llamado.

Y vuelve el pollito.
Ya no pide ser besado:
nos contempla.
Sabe lo que hizo.

Fue él quien abrió el surco del destino.
Fue su "pío" la primera palabra
de esta historia.

Cincuenta cosechas después...
aún me hablas sin hablar.
Aún me miras,
y yo te respondo
con el alma entera.

Porque tú eres esa mujer
que besó lo efímero
y lo volvió eterno.

Y yo —que estuve allí—
lo recuerdo.

Juan Mata: «David Lafoz: enemigo del poder, hermano del barro»

Juan Mata   12 Jul 2025 - 20:34 CET

Archivado en: Columnistas | Opinión

«Morir no es nada; no vivir con dignidad es lo que es terrible.» (Victor Hugo)

A David Lafoz lo mataron. No con una pistola ni con veneno. Lo mataron como se mata a los valientes incómodos en este país de cobardes bien subvencionados: a multas, a inspecciones, a desprestigios, a portazos, a soledades.

Entre las tierras duras y nobles de Aragón se ha apagado un muchacho que, con sólo 27 años, ya había vivido más de lo que muchos burócratas experimentarán en una vida entera de dietas y poltronas. Se llamaba David Lafoz, y quienes lo conocieron sabían que, si algo tenía de sobra, era decencia. Esa palabra antigua que parece fuera de lugar en un país donde la honradez es delito si molesta a los que mandan.

David no era un héroe de manual. No llevaba capa, ni salía en televisión contando penas, ni se envolvía en banderas para ir de mártir.

Era simplemente un agricultor. Uno de esos hombres que madrugan para dar de comer a un país que ni los ve ni los escucha. Uno de esos que, cuando la DANA arrasó Valencia, no esperó a que lo llamaran. Cogió su tractor, dejó su faena y bajó a limpiar barro con las manos. Porque alguien tenía que hacerlo.

Mientras los políticos de uno y otro lado pactaban sillones, David y los suyos recogían escombros y dignidad. Mientras los voceros del régimen se llenaban la boca con "transición ecológica" y "progreso sostenible", él dormía en su remolque para seguir al día siguiente, sin cámaras ni subvención, ayudando a los que lo habían perdido todo. Pero ya se sabe: en este país, ayudar sin permiso, sin padrinos y sin sello oficial, es un delito no escrito.

Tras su participación en las tractoradas de 2024 —aquel grito ahogado del campo español contra el abandono y la burla— llegaron las represalias. Inspecciones. Multas. Acoso. Le retiraron ayudas, le inflaron a sanciones. Los mismos que hablan de "inclusión" y de "diálogo" no supieron encajar que un joven agricultor hablara claro, denunciara abusos y se negara a obedecer.

David no se fue porque quisiera. Lo echaron. Lo empujaron al abismo con la frialdad de quien firma un papel en un despacho sin saber (o sin importarles) a quién está destruyendo. Su nota final es un acta de defunción moral para esta España desmemoriada: «No aguanto más presión. No aguanto más inspecciones. No aguanto trabajar 18 horas para no vivir.»

Como Manuel, aquel hombre colgado de una encina del que escribí hace años, David también creyó en un proyecto de vida rural. También quiso luchar por un futuro en su tierra. Pero aquí la vida digna en el campo se paga cara, y los que se salen del rebaño terminan sin abrigo. Este no es un suicidio. Es un crimen social.

Hoy nadie en Moncloa hablará de él. No habrá minutos de silencio ni lutos oficiales. Porque no era de esos que sostienen al poder con chantajes ni de los que dan votos en ayuntamientos estratégicos. No: era uno de los que trabajan. De los que no se pliegan. De los que no piden permiso para hacer lo que está bien. Por eso era peligroso.

David también se presentó por Vox en Belchite, lo que bastó para que muchos dejaran de escucharlo. En este país donde la etiqueta sustituye al pensamiento, no se perdona que alguien del campo tenga criterio, valores y convicciones. A los "progresistas de despacho" les ofende más un tractor en la Castellana que una ministra con seis asesores inútiles.

Se nos ha ido uno de los buenos. Y lo peor es que, con él, se va también un trozo de futuro que ya no volverá. Pero su ejemplo —como el de tantos otros que se enfrentan cada día a las trampas de un sistema hostil— no puede ser enterrado con él. Que su vida no sirva sólo para una nota en prensa, sino como aldabonazo de conciencia.

Porque mientras haya jóvenes como David que planten cara al poder, que agarren el volante de un tractor en vez de esconderse detrás de una pantalla, aún queda algo por lo que luchar.

Descansa en paz, amigo. Aquí seguimos, con barro hasta las rodillas y la rabia bien alta.

Fco. A. Juan Mata (caballero templario)

Francisco A. J. Mata

Fco. A. Juan Mata: «Y, sin embargo, juegan: el miedo bajo los escombros de Gaza»

"Lo que se les hace a los niños, los niños se lo harán a la sociedad." — Karl Menninger

Fco. A. Juan Mata 14 Jul 2025 - 12:09 CET

Archivado en: Columnistas

Hay niños que se esconden cuando oyen un petardo. En Gaza, se esconden cuando escuchan un dron. No corren por el placer de correr, sino por miedo a morir. Un niño en Gaza no distingue entre jugar a disparar y ver cómo le disparan a su hermana. Hay lugares donde los niños juegan a ser astronautas, médicos o futbolistas. En Gaza, los niños aprenden a no jugar. Aprenden a esconderse. A no llorar fuerte. A no correr, no gritar, no saltar. No porque no quieran, sino porque hacerlo puede costarles la vida. Porque en Gaza, la infancia se entrena para sobrevivir. Y lo hace con una herramienta primitiva, devastadora y tristemente eficaz: el miedo. En ese rincón del mundo, el miedo ya no es un reflejo de alerta: es una forma de vida.

El miedo —dicen los psicólogos— es una emoción primaria, necesaria, diseñada por la evolución para protegernos. El cuerpo se pone en guardia, el corazón late más rápido, los músculos se tensan. Una alarma biológica salta: algo puede matarnos. Y entonces el organismo reacciona: lucha, huye, se defiende. Pero cuando el peligro no es una excepción, sino la norma, el miedo deja de ser una señal útil. Se convierte en niebla. En atmósfera. En cárcel.

Anabel González, psiquiatra experta en traumas, lo define con precisión quirúrgica: *"la ansiedad es el miedo que se te queda pegado"*. En Gaza, ese miedo se adhiere a la piel como el polvo de los edificios bombardeados. No se despega con abrazos ni con palabras. Se queda. Porque ¿cómo se limpia el miedo de un niño que ha visto morir a su madre mientras buscaba pan?

En los años veinte, el psicólogo John B. Watson diseñó un experimento inhumano: le enseñó a un niño a temer a los ratones. Cada vez que aparecía uno, un estruendo le hacía temblar. Al poco tiempo, el niño no necesitaba el ruido para sentir terror: bastaba con ver el ratón. El cerebro infantil había asociado un estímulo inocuo con el pánico.

En Gaza no hacen falta psicólogos para fabricar traumas. Basta con vivir. Si tu hermano fue alcanzado por un misil cuando corría, correr se convierte en algo peligroso. Si tu padre murió en la playa, el mar ya no es azul: es una amenaza. Y como el cerebro está programado para sobrevivir, empieza a catalogarlo todo como potencialmente mortal. La risa. El juego. La siesta. El silencio.

Entonces el miedo ya no es una reacción, sino un estado. Y cuando no puedes escapar ni luchar, tu cuerpo activa un último recurso de defensa: te paralizas. Lo llaman *cascada defensiva*. Es cuando un ciervo se finge muerto ante el depredador, con la esperanza de que no le apetezca carne sin vida. El cuerpo humano también sabe hacerlo. Sobre todo el de los niños. No es debilidad. Es pura supervivencia.

Por eso no hay que juzgar al niño que no habla. Ni al que no llora. Ni al que se queda quieto bajo los escombros con la mirada fija. Su sistema nervioso ha decidido que la mejor forma de seguir vivo es no moverse. Es desaparecer sin dejar de respirar.

Mientras tanto, al otro lado del mundo, hay quienes hacen planes. Donald Trump y algunos de sus aliados han hablado sin pudor de convertir Gaza en un resort. Eliminar ruinas. Quitar muertos. Reasentar vivos en alguna esquina del mundo. Levantar hoteles sobre la sangre. Es lo que los politólogos llaman *necropolítica*, y lo que los poetas llaman indecencia.

El mensaje para los niños es claro: vuestra existencia molesta. A nadie le importa vuestro miedo. Solo interesa vuestra tierra. Y no para vivir en ella, sino para venderla. Para explotarla. Para vestirla de blanco y hacer olvidar que allí hubo una infancia atrapada bajo fuego.

No todos los niños de Gaza morirán. Algunos crecerán. Estudiarán. Intentarán vivir. Pero muchos llevarán dentro un mapa de explosiones, una geografía del horror impresa en el sistema límbico. Y cuando alguien les diga *"tranquilo, ya pasó"*, puede que sonrían. Pero su cuerpo recordará. Su cerebro sabrá que el peligro puede volver en cualquier momento.

Porque el miedo no desaparece con discursos ni con silencio. Se cura, si acaso, con dignidad. Con justicia. Con la firme decisión de no volver a dejar solos a los niños frente a la barbarie.

Y, aun así, lo más terrible, lo más hermoso también, es que esos niños —a veces— juegan. Hacen castillos con los cascotes. Ríen con los ojos llenos de polvo. Se tiran al suelo fingiendo que son soldados de mentira.

Como si aún creyeran que el mundo puede tener algo de juego. Como si, pese a todo, se negaran a dejar de ser niños.

Fco. A. Juan Mata: «Cristóbal Montoro y otros casos: ¿Dónde termina el lobby y empieza la corrupción?»

"La corrupción no se combate solo con castigos, sino con instituciones que hagan imposible ejercerla sin consecuencias." —Luis María Anson, periodista y académico de la lengua

Fco. A. Juan Mata 22 Jul 2025 - 11:39 CET

Archivado en: Columnistas

La frase de Anson condensa en pocas palabras una verdad incómoda: el problema no es solo el delito, sino la estructura que lo tolera. Cuando los controles fallan o se diluyen, cuando la cercanía al poder se vuelve opaca, el riesgo de desvío es constante.

Conocí a Cristóbal Montoro hace años, cuando ambos trabajábamos en la sede madrileña del Banco Atlántico. Él dirigía el Departamento de Estudios; yo era uno de los responsables de Empresas Participadas.

Montoro ya demostraba entonces una agudeza intelectual y una capacidad analítica destacadas, cualidades que no tardaron en abrirle camino hacia la esfera pública.

Hoy, su nombre vuelve a ocupar los titulares, aunque bajo una luz completamente distinta: la de una presunta trama de corrupción vinculada a su etapa como Ministro de Hacienda. No me corresponde juzgar su culpabilidad, ni atribuirle responsabilidades más allá de lo que la justicia determine. Pero sí considero necesario reflexionar sobre lo que esta situación revela sobre nuestras instituciones y sobre la compleja —y a menudo opaca— relación entre poder y transparencia.

Durante aquellos años compartidos, Montoro se comportó como un profesional riguroso, centrado en el análisis macroeconómico. Resulta irónico —y al mismo tiempo revelador— que quien entonces elaboraba proyecciones desde un banco, terminara al frente de las finanzas del Estado. Su ascenso fue meteórico, y con él también se consolidaron relaciones que hoy merecen ser examinadas con atención.

Algunos de los nombres que resurgen en esta trama parecen estar vinculados a su etapa anterior como promotor de una firma de asesoría jurídica-financiera. El posterior nombramiento de varios de ellos en altos cargos de la administración bajo su gestión plantea preguntas legítimas: ¿hasta qué punto influyen los vínculos personales en las decisiones públicas? ¿Dónde termina el mérito y dónde comienza la lealtad?

Las acusaciones que hoy circulan, aún pendientes de análisis judicial, recuerdan a estructuras similares a los llamados lobbies anglosajones: organizaciones privadas que, con total legalidad, influyen en la elaboración de políticas públicas. Ejemplos hay muchos: desde la Asociación Nacional del Rifle (NRA), que bloquea reformas sobre el control de armas en EE.UU., hasta los poderosos lobbies farmacéuticos que condicionan precios y regulaciones en favor de grandes corporaciones.

En aquellos sistemas, el lobby está regulado, pero su influencia suscita enorme debate ético. En España, sin embargo, cuando ese tipo de dinámicas se produce sin transparencia, lo que en otros países es "influencia estratégica", aquí suele convertirse en sospecha de tráfico de influencias o corrupción administrativa. Por eso, más que un caso "Montoro", lo que debería preocuparnos es el patrón que se repite en múltiples administraciones, de todos los colores políticos.

Hoy también están bajo el foco mediático y judicial otros nombres ligados al poder: desde los casos que afectan al hermano del presidente Sánchez y a su esposa, hasta los ya avanzados procesos contra exsecretarios del PSOE como José Luis Ábalos y Santos Cerdán. No se trata de repartir culpas, sino de reconocer una estructura institucional que no termina de blindarse frente a la opacidad ni a la cercanía indebida entre el poder político y el interés privado.

Montoro, como los anteriores citados, goza —y debe gozar— del derecho a la presunción de inocencia. Será la justicia quien determine los hechos. Pero hay una dimensión que escapa a los tribunales: la de la confianza pública. Esa confianza se erosiona cuando las instituciones parecen permeables a intereses personales o de grupo, y cuando la meritocracia es sustituida por redes de afinidad.

Como periodista, y también como alguien que conoció al personaje en una etapa distinta de su vida, no me corresponde dictar sentencia. Mi objetivo es plantear preguntas, no respuestas. ¿Cómo evitar que los vínculos personales se infiltren en la toma de decisiones públicas? ¿Qué mecanismos deberíamos exigir para asegurar que los nombramientos se basen en méritos y no en fidelidades? ¿Dónde termina un lobby y comienza la corrupción?

La actualidad nos obliga a interrogarnos. Tal vez no se trate únicamente de esclarecer si hubo delito, sino de decidir si como sociedad queremos seguir tolerando una cultura política donde las fronteras éticas se desdibujan con facilidad y donde la proximidad al poder puede convertirse en un pasaporte hacia la impunidad.

Fco. A. Juan Mata: «El día en que un Papa calló a un ateo de salón: La sorprendente lección de León XIV»

Por alguien que aún cree que la inteligencia no está reñida con la fe, ni la ciencia con el asombro

Fco. A. Juan Mata 23 Jul 2025 - 12:17 CET

Archivado en: Columnistas

«La ciencia sin religión está coja; la religión sin ciencia está ciega». — Albert Einstein

Uno no suele empezar un artículo dándole la razón a Einstein, pero esta vez no hay escapatoria. La frase se coló por la rendija del tiempo y acabó —como un eco indeseado— presidiendo el más insólito de los duelos intelectuales: el del Papa León XIV y el físico Valerio Rossi, celebrado en pleno corazón académico de Italia, frente a una audiencia abarrotada que no fue a aprender, sino a ver sangre.

A veces el siglo XXI se disfraza de iluminación, pero lo que hay debajo es puro esnobismo con bata blanca. Ocurrió hace poco en Italia, en uno de esos auditorios donde la arrogancia académica se sirve en bandeja, acompañada de PowerPoints y aplausos automáticos. El profesor Valerio Rossi, físico laureado, ego XXL y sonrisa de bisturí, se disponía a hacer lo que mejor sabía: despellejar en público a quien osara invocar a Dios sin pedirle permiso antes a Stephen Hawking.

El objetivo, esta vez, era el Papa León XIV. Nuevo en el cargo, vestido de blanco sin más joya que la serenidad en el gesto, aceptó el desafío como quien va a misa: sin miedo ni aspaviento. Sus asesores, temblando. Sus críticos, frotándose las manos. El ateo, encantado de conocerse.

No fue un debate. Fue una trampa disfrazada de diálogo. Rossi llegó preparado para aniquilar, con gráficos, datos, sarcasmos y esa condescendencia tan de laboratorio, esa que confunde la certeza con la sabiduría. Se burló de la fe como si fuera un trastorno cognitivo. Redujo la moral a residuos evolutivos. Despreció el perdón, la esperanza y el sacrificio como software obsoleto de una humanidad prehistórica. Y se permitió la petulancia de señalar con el dedo al Pontífice como quien enseña una ecuación mal resuelta a un niño torpe.

Lo que no esperaba Rossi era que, en lugar de otro cura balbuceante, se iba a encontrar con un espadachín del espíritu. Porque León XIV no solo entendía de Dios, también entendía de hombres. Y calló. No por falta de respuestas, sino porque sabía que a veces el silencio vale más que mil conferencias.

Cuando por fin habló, no gritó. No exhibió milagros ni dogmas. Habló de lo que la física no puede medir: la conciencia, el perdón, el amor como estructura de resistencia. Y lo hizo con una frase que debería enseñarse en las escuelas:

"Confunde al autor de la obra con uno de sus personajes."

Un puñal envuelto en terciopelo. El rostro del científico se desfiguró. La sala se inclinó, imperceptiblemente, hacia ese hombre de blanco que hablaba como quien no tiene nada que demostrar, solo algo que recordar.

Porque eso fue lo que hizo: recordarnos que el progreso sin propósito es solo un tren sin destino. Que la ciencia sin ética es una sierra eléctrica en manos de un niño. Que la técnica sin alma puede construir cohetes, sí, pero también hornos crematorios. Y que hay preguntas —las únicas que importan de verdad— que ningún telescopio puede responder.

Rossi se defendió con lo que pudo. Con estadísticas. Con frases recicladas. Con la soberbia herida del que se sabe acorralado no por la fe, sino por el sentido común más elemental. Porque sí, se puede construir una civilización sobre el silicio, pero no se puede vivir dignamente en ella si no se distingue la dignidad de un algoritmo.

Y ahí estuvo el Papa, implacable como un veterano de mil batallas, citando a Georges Lemaître —el padre del Big Bang, sacerdote y científico—, y devolviendo el debate a donde debía estar desde el principio: no en los laboratorios, sino en el corazón humano. Que la inteligencia artificial puede calcularlo todo, dijo. Todo, menos si debemos perdonar al que mata a un hijo. O si está bien modificar el ADN simplemente porque podemos.

No era retórica. Era humanidad.

Y cuando Rossi, finalmente vencido no por la fe sino por la lucidez, confesó que necesitaba replantearse su "seguridad absoluta", el Papa no se colgó la medalla. Le puso la mano en el hombro. Y le bendijo las dudas. Porque los creyentes de verdad no temen a las preguntas. Solo los fanáticos —de cualquier bando— le tienen miedo al silencio.

Quizá no haya milagros. Quizá Dios no esté al final del telescopio ni en los códigos del genoma. Quizá todo sea azar, evolución y mecánica cuántica. O quizá no. Pero hay algo que ni los Rossi del mundo pueden explicar del todo: esa punzada en el pecho cuando alguien nos perdona. Esa lágrima cuando un hijo nace. Ese estremecimiento al mirar las estrellas sin saber por qué.

El Papa no ganó. No era una competencia. Pero ese día, en ese teatro repleto, alguien encendió una luz. Y no era de neón.

Fco. A. Juan Mata: «Sidra: burbujas contra el olvido»

"Tradición no es la adoración de las cenizas, sino la preservación del fuego." — Gustav Mahler

Fco. A. Juan Mata 24 Jul 2025 - 09:08 CET

En nuestra tertulia del Aguado, entre una botella recién escanciada y la mirada espesa del Cantábrico, Pepe Pola —sabio de Asturias y de la sidra— lo dejó caer con una media sonrisa:

— Esto es tradición, pero la tradición hay que conservarla evolucionando… Porque con las cenizas no se calienta nadie. Y no se puede vivir abrazado a ellas.

Lo dijo con esa calma de los que han vivido mucho sin hacer ruido. Y lo que dijo se me quedó grabado. Porque hablaba de sidra, sí, pero también hablaba de Asturias.

Los franceses tienen su champán; los ingleses, su whisky. Nosotros tenemos sidra. Natural o con burbujas, escanciada en un prau o servida en copa de cristal. Sidra como gesto cultural, como mapa líquido de un territorio que aún se resiste a ser folclore de escaparate. Un trago de dignidad. Una forma de decir: aquí seguimos.

Durante años, Pepe Pola fue uno de esos centinelas silenciosos que entendieron que la sidra podía mirar al futuro sin perder la raíz. Estuvo al frente de Zarracina, pionera en esa sidra espumosa que algunos despreciaron por "afrancesada", sin saber que lo que había en aquellas botellas no era disfraz, sino evolución. Hoy la marca está integrada en El Gaitero, pero lo esencial, como dice el propio Pola, "quedó intacto: el respeto al producto".

La historia, sin embargo, no es tan espumosa como la copa. Asturias bebe mucha sidra, pero ya no tiene manzanas. Las pomaradas, envejecidas o abandonadas, no dan abasto. Se necesitarían 50 millones de kilos, pero apenas se producen seis. El resto se importa: cisternas discretas que cruzan la frontera con acidez ajena. El campo no se cuida, los árboles no se fertilizan, y la "vecería" —esa alternancia entre años buenos y malos— no es capricho del árbol, sino resultado del olvido.

Mientras tanto, la sidra sigue vendiéndose a precio de risa. A euro y medio la botella en origen. Con eso no se paga calidad, ni futuro. Solo agotamiento.

Y, sin embargo, seguimos. Porque la sidra asturiana —natural, espumosa o de hielo— es única en el mundo. No se puede copiar ni exportar sin alma. No se entiende sin el escanciado, sin el gesto, sin el aire. Lo saben bien los hosteleros, los chigreros, que prueban cada tonel como quien tantea un idioma antiguo. Y lo sabe el consumidor fiel, que aún levanta su vaso con una seriedad que ya no se ve en otros brindis.

Pero el tiempo aprieta. La juventud emigra —la mitad de los asturianos de entre 20 y 38 años se han ido en dos décadas— y con ellos se va el mercado, el rito y la cultura que sostiene la sidra. En su lugar, turistas de selfie y sorbo, que comparten una botella entre ocho y piden cerveza al segundo trago.

Hay quien propone dos caminos: integrar y educar, o diversificar y competir. Convertir la sidra en embajadora cultural —con sidrocoles, talleres, escanciadores, rutas y museos— o reinventarla para ocupar el lugar del vino y de la cerveza en la mesa. No basta con resistir. Hay que pensar, invertir y cuidar.

Y no todo está perdido. Hay llagareros que ya lo están haciendo. Hay marcas como Valverán, que ganan premios internacionales con su sidra de hielo. Hay proyectos como Sidraturismo Asturias o casas como Casa Niembro, que apuestan por la calidad desde su propio manzano. Y hay, sobre todo, una gente que aún cree.

Por eso, cada vez que se brinda con sidra en Asturias, no se está bebiendo una bebida. Se está manteniendo una tradición, afirmando un lugar. Una memoria. Un fuego que, como decía Mahler, no sirve si solo quedan las cenizas.

Así que, ¡salud!

Por los que la escancian, por los que la embotellan y por quienes, como Pepe Pola, la honran sin alardes.

Fco. A. Juan Mata: «Pangea, la religión que fue y la que será»

"El alma no descansa hasta que no reposa en algo absoluto." (Miguel de Unamuno)

Fco. A. Juan Mata 26 Jul 2025 - 10:25 CET

Archivado en: Columnistas

Hace 300 millones de años, los continentes no eran más que un solo cuerpo, un puzle intacto llamado Pangea, rodeado por las aguas de Panthalassa. Aquella geografía sin fronteras ni banderas era la única patria posible: la de la Tierra como hogar indivisible. Luego llegaron los siglos, los hombres, los idiomas, los dioses... y, sobre todo, las líneas divisorias. A cada paso de civilización, un nuevo muro.

Y, sin embargo, el planeta sigue su curso. Los continentes, empujados por las placas, parecen querer volver a juntarse. No hay metáfora más

248

elocuente para nuestro tiempo: nos dirigimos hacia una nueva Pangea, no solo geológica, sino moral y espiritual. Pero no sabemos —todavía— convivir en ella.

Nos han vendido la globalización como un progreso inevitable, pero su motor no es la fraternidad, sino el mercado. La unificación que se extiende no es del alma, sino de los escaparates. El planeta se parece cada vez más a sí mismo, pero no se reconoce. Y en ese desorden disfrazado de orden, las culturas se diluyen, las religiones se radicalizan o se marchitan, y el hombre moderno —como escribió Unamuno— se pregunta, "¿para qué todo esto?"

Ni la política, ni la economía, ni la tecnología han respondido a esa pregunta. Solo la religión lo ha intentado, aunque dividida en mil fragmentos y, demasiadas veces, empuñando el dogma como arma. Hemos tenido religiones que quemaban al disidente, otras que lapidaban al distinto, y otras más que bendecían al invasor. Y, sin embargo, no hemos sabido vivir sin ellas.

Porque el alma, esa extraña palabra que sigue negándose a desaparecer, necesita anclarse en algo más grande que el cálculo y el algoritmo.

Hoy, cuando el laicismo se impone en Occidente como nueva norma social —tan dogmático a veces como los credos que pretendía superar— y cuando el fundamentalismo religioso aterra con cuchillo en mano o metralla en nombre de Dios, la pregunta sigue vigente: ¿Es posible una religión universal?

Karl C. F. Krause lo propuso ya en el siglo XIX. José Antonio Marina lo sugiere en clave ética: una moral universal como base común para todas las culturas y credos. El teólogo jesuita Caffarena intuyó incluso una religiosidad implícita en todo acto moral, incluso en el ateísmo. No se trata de sumar dioses, sino de buscar el mismo misterio bajo distintos nombres. Como escribió Schillebeeckx: hay más verdad en el conjunto de todas las religiones que en una sola aislada.

Y sí, quizás sea hora de abandonar el exclusivismo revelado para abrazar una religión de la humanidad: no impuesta, sino acogida; no dogmática, sino vivida; no vertical, sino compartida.

Una religión sin cruzadas ni inquisiciones, sin castas ni infiernos, que brote de la dignidad humana, de la empatía radical, de la certeza de que ningún pueblo, lengua o mito tiene el monopolio de la verdad. Algo más próximo a lo que quizá Jesús, Mahoma, Buda o Moisés realmente quisieron decir antes de que los siglos lo distorsionaran.

Ese nuevo credo no tendría templos, sino conciencia. No excomulgaría a nadie, sino que invitaría al otro a compartir su verdad sin miedo. Estaría escrito, no en piedras ni en papiros, sino en la conducta cotidiana. En la compasión, el cuidado del planeta, el respeto a lo distinto y la búsqueda incesante del bien común.

No anularía las religiones existentes, sino que las integraría en un todo mayor. Sería la religión de la frontera abolida, del abrazo intercultural, del misterio como camino, no como amenaza.

Y quizás, con el tiempo, nuestros hijos ya no recen por miedo, ni nieguen por orgullo, sino que vivan como si cada gesto tuviera sentido. Como si Dios —llámese como se llame— estuviera más interesado en nuestra ética que en nuestra liturgia.

Volveremos a Pangea. No por el choque de placas tectónicas, sino por una urgencia espiritual. Porque todo lo que nos separa está agotado. Y porque al final, como sabía Unamuno, el alma solo descansa cuando se entrega a algo absoluto.

Tal vez ese absoluto no sea un Dios concreto, sino la aspiración misma a la justicia, la verdad y la compasión. Y si ese es el corazón de la nueva religión, entonces que me inscriban ya en ella.

Porque esa —sí— podría ser la religión del futuro. O quizá, simplemente, la que debimos tener desde el principio.

Fco. A. Juan Mata: «Una bandera contra la indiferencia»

"No me duelen los actos de la gente mala, me duele la indiferencia de la gente buena." — Martin Luther King Jr.

<u>Fco. A. Juan Mata</u>   <u>28 Jul 2025</u> - 10:24 CET

Archivado en: <u>Columnistas</u>

Durante 67 días y 67 noches, ondeó en la terraza de Javier Fesser Pérez de Petinto la bandera de Palestina. No era un gesto simbólico sin más, ni una provocación. Era una muestra de solidaridad, de compromiso humano, de denuncia silenciosa pero firme frente al sufrimiento insoportable que vive la población civil en Gaza.

Javier Fesser no necesita presentación entre los amantes del cine: ganador de siete Premios Goya, nominado en once ocasiones, y también candidato al Oscar, su filmografía está marcada por una sensibilidad poco común, por la capacidad de contar con humor, ternura y profundidad las historias que nos definen. Pero, en este caso, su gesto no vino a través de una pantalla, sino desde el balcón de su propia casa. Y no fue una ficción: fue un acto de conciencia.

La bandera fue retirada tras recibir un mensaje del administrador de la comunidad. Al parecer, algún vecino consideró su presencia "estéticamente inapropiada". La Ley de Propiedad Horizontal respalda esa objeción: las fachadas son elementos comunes, y colocar cualquier elemento visible requiere autorización por mayoría en junta de propietarios. Javier no discutió. La retiró de inmediato y pidió disculpas por no haber pedido permiso.

Sin embargo, ese aparente punto final se convirtió en el principio de otra historia: la de los muchos vecinos que sí vieron en esa bandera un acto de humanidad, no una molestia. "Gracias por tu gesto valiente", "Nos encanta que ondee", "Apoyamos esa postura", "Pensaba seguir tu ejemplo", le dijeron. Frente a una queja silenciosa, surgieron muchas voces de apoyo, de admiración, de gratitud.

En la próxima junta de vecinos, Javier pedirá el permiso correspondiente. Pero lo hará con una propuesta clara: que no sea solo su bandera, sino la de toda la comunidad. Que el gesto de solidaridad se convierta en una decisión colectiva, compartida. Porque si el dolor es global, también puede serlo la compasión.

En tiempos donde el horror de Gaza ha dejado de ocupar portadas y titulares, y donde el silencio empieza a sonar más fuerte que las bombas, este tipo de gestos cobran un valor incalculable. No son meros actos simbólicos. Son afirmaciones morales. Son recordatorios de que la indiferencia —como decía King— puede ser tan dañina como la injusticia misma.

Este episodio revela mucho sobre el tipo de sociedad que queremos ser. Una donde las normas se respeten, sí, pero también una donde la ética no se subordine a la estética, y donde haya espacio para la empatía, incluso en los entornos más cotidianos como una comunidad de vecinos.

Fesser, que nunca ha sido amigo de banderas ni de siglas, reconoce que esta, en concreto, representa hoy mucho más que una nación o una causa política. Es la bandera de los que claman por el derecho a la vida, a la justicia, a la paz. La bandera de quienes no se resignan a mirar hacia otro lado.

Y por eso lanza una propuesta que trasciende su edificio: que más comunidades hagan lo mismo. Que se atrevan a ondear la bandera de Palestina como un gesto colectivo, sereno y firme, de humanidad compartida.

Quizá algunos no estén de acuerdo. Quizá otros prefieran no "mezclar" estos asuntos con la vida vecinal. Pero conviene recordar que lo que se está viviendo en Gaza no es una opinión: es una tragedia. Y que, a veces, hasta un balcón puede ser una trinchera de dignidad.

Gracias, Javier, por recordarnos que hay gestos que, aunque silenciosos, hablan más alto que mil discursos. Y que la verdadera valentía no siempre está en la gran pantalla, sino en los pequeños actos cotidianos que se atreven a desafiar la indiferencia.

Fco. A. Juan Mata: «Gora España ta Euskal Herria: Mitos, lenguas y otras intoxicaciones patrióticas»

Fco. A. Juan Mata   29 Jul 2025 - 07:00 CET

Archivado en: Columnistas

"Gora España ta Euskal Herria", dice literalmente uno de los versos en euskera del Oriamendi, himno carlista que aún resuena entre piedras viejas, guerras perdidas y banderas deshilachadas. Lo decían algunos antes de que todo se volviera estrecho, previsible y de bandos fijos. Antes de que las palabras dejaran de significar cosas complejas y empezaran a servir solo para etiquetar enemigos. Quizás hoy, esa frase suene a oxímoron, a herejía política, a provocación. Pero conviene repetirla. Por salud. Por memoria. Por respeto a la verdad, que siempre es más incómoda que el mito.

Vivimos tiempos en los que conviene recordar que, más que una lengua, el euskera se ha convertido en un tótem. Un escudo. Una piedra sagrada con la que algunos, en nombre de la autenticidad, se golpean el pecho mientras empujan a los demás al barranco del dogma. Porque si algo sobra en el relato vasco, son los mitos. Y como todo mito, al final termina sirviendo más para distorsionar que para explicar.

Uno de los más repetidos, y de los más rentables políticamente, es que el euskera es el idioma más antiguo de Europa, una lengua primigenia, pura, incorrupta, casi divina. La realidad, sin embargo, es menos épica. El euskera actual —el batúa— es un producto reciente, una lengua estandarizada en los años 60 a martillazos filológicos, que poco tiene que ver con los dialectos naturales que se hablaban en los pueblos de Navarra, Vizcaya o Guipúzcoa. Dialectos, por cierto, tan distintos entre sí que a veces eran ininteligibles entre vecinos de apenas dos comarcas.

Eso no lo digo yo, lo dice la historia. Como el castellano o el francés, el euskera ha pasado por su correspondiente fábrica de palabras. Neologismos, supresiones, giros artificiales, incluso purificaciones lingüísticas al gusto de los nuevos sacerdotes del nacionalismo. ¿Que hay demasiados castellanismos? Se eliminan. ¿Que no suena suficientemente vasco? Se cambia. ¿Que hay una palabra que se parece demasiado al español? Fuera. El resultado es un idioma que se asemeja a lo que fue el euskera como el esperanto al latín vulgar. Con cariño, pero con claridad.

Y aún hay más. El euskera, ese supuesto baluarte de la resistencia cultural, tiene incrustadas —y bien encajadas— una cantidad enorme de raíces latinas. Palabras como agur (de augurium), galtzada (de calciata), piper (de piper), o leku (de locum) son puro latín con txapela. Se calcula que entre un 30% y un 40% del léxico actual del euskera proviene de lenguas romances. Es decir: si uno habla en euskera, probablemente está diciendo más en latín que Julio César con resaca.

Pero claro, ¿quién se atreve a cuestionar estos relatos cuando ya están tatuados a fuego en el imaginario colectivo? El euskera no es ya una lengua: es una trinchera. Y en esa trinchera, el que duda es un traidor.

Otro mito, igual de rentable, es el del franquismo como verdugo único de la lengua vasca. Se repite hasta el aburrimiento: que Franco casi exterminó a los vascoparlantes, que antes de la guerra el euskera era la lengua común, que la dictadura fue una apisonadora lingüística. Y sí, es cierto que el régimen no simpatizaba precisamente con la diversidad lingüística, y que hubo sanciones absurdas y represiones lingüísticas miserables. Pero atribuirle a Franco toda la decadencia del euskera es, como mínimo, intelectualmente deshonesto.

Ya en 1935, antes de que sonara el primer tiro de la Guerra Civil, sólo el 17% de los navarros hablaban euskera. En 1868, de los 900.000 habitantes del actual País Vasco y Navarra, tan solo más o menos la mitad —unos 470.000— se comunicaban en esa lengua. ¿Y por qué? Pues por lo mismo que desaparecieron tantas otras lenguas regionales en Europa: por la industrialización, por la creación de mercados nacionales, por la inmigración masiva, por la necesidad de una lengua común en las fábricas, en las ciudades, en las escuelas. No fue la represión, fue la evolución.

¿Influyó Franco? Claro. Pero como remate, no como causa principal. Igual que influyó en el deterioro del gallego o del catalán. Pero no lo olvidemos: si el euskera se debilitó, fue porque el mundo cambió, no porque un general, por cierto, gallego, en el Pardo lo decidiera desde su escritorio.

Lo paradójico es que hoy, después de tanto purismo, el euskera que se enseña en las ikastolas poco tiene que ver con el que hablaban los abuelos de Arrasate o de Elizondo. Los niños aprenden una lengua sintética, un euskera domesticado por filólogos y políticos, donde lo ancestral se sustituye por lo funcional, lo auténtico por lo oficial.

Y en ese contexto, lo que era una lengua viva, rugosa, llena de aristas, se ha convertido en una bandera y no solidaria, como veíamos ayer a la de Palestina. Una lengua domesticada para servir a una causa. El problema no es que se proteja o se impulse el euskera —faltaría más—, sino que se utilice como herramienta para dividir, para excluir, para reescribir la historia a conveniencia.

Como decía un amigo mío de Bilbao, bilingüe, culto y muy cabreado: «Aquí lo que falta no es euskera, sino un poco más de verdad.»

Rectificación y disculpas: cuando la verdad importa más que el relato

Fco. A. Juan Mata: «El debate teológico que no existió, entre León XIV y el físico, Valerio Rossi»

Por alguien que aún cree que la inteligencia no está reñida con la fe, ni la ciencia con el asombro. Fco. A. Juan Mata.

Fco. A. Juan Mata 31 Jul 2025 - 09:25 CET

Archivado en: Columnistas. Opinión

El pasado 23 de julio publiqué en este mismo espacio un artículo titulado «El día en que un Papa calló a un ateo de salón: La sorprendente lección de León XIV». El texto narraba un supuesto debate entre el Papa León XIV y el físico, Valerio Rossi, cargado de frases contundentes y argumentos inspiradores en defensa de la fe, la ética y la dignidad humana frente a una visión puramente materialista del mundo.

Hoy, y con pesar, debo reconocer públicamente que dicha historia no fue real.

A través del periódico que amablemente acoge mis columnas, he recibido la información de que todo ese relato fue una ficción generada mediante inteligencia artificial. Un vídeo viral, muy bien elaborado, disfrazó con verosimilitud lo que nunca sucedió.

En primer lugar, deseo pedir disculpas. Al periódico, por supuesto, por haber dado espacio a una historia no verificada. A los lectores, por haber contribuido —sin quererlo— a la difusión de una noticia falsa. Y también, al profesor Valerio Rossi, y al propio Papa León XIV, por haberlos involucrado en una escena imaginaria. Porque, aunque las intenciones fueran buenas, la falta de rigor nunca deja de ser un problema.

Dicho esto, me parece justo detenerme un momento a reflexionar sobre qué me llevó a escribir aquel artículo.

No fue el morbo de un "duelo" intelectual. Ni siquiera la supuesta victoria de la fe sobre la arrogancia. Fue algo mucho más sencillo: los argumentos. Aquellas frases, aun sabiendo ahora que fueron puestas en boca de un Papa digital y un científico ateo, contenían una carga de sentido común, lucidez y humanidad que siguen resonando en mí.

Frases como "Confunde al autor de la obra con uno de sus personajes" o "La ciencia sin ética es una sierra eléctrica en manos de un niño" no necesitan una fuente real para ser reconocidas como valiosas. Me atraparon no porque estuvieran firmadas por un Papa, sino porque señalaban algo que a muchos nos preocupa: el desarraigo de los grandes avances técnicos respecto a sus fundamentos éticos. La idea de que el progreso sin propósito es un tren sin destino, o que hay preguntas —las más importantes— que ningún algoritmo podrá responder, no es una defensa dogmática de la fe, sino una llamada al equilibrio, al sentido y a la humildad.

Incluso me sorprendió que fuera precisamente una inteligencia artificial —esa misma que generó el falso debate— la que, sin quererlo, pusiera en circulación reflexiones que nos devuelven a lo más humano: el perdón, la dignidad, el límite, el misterio.

No deja de ser paradójico: una mentira generada por máquinas que, sin embargo, nos obliga a pensar en verdades muy humanas.

Esto no excusa el error. Pero tal vez lo explica. Porque me pregunto —con esperanza— si no será posible que, en esta nueva etapa de la historia en la que las inteligencias artificiales escriben discursos, imitan voces e incluso crean falsos debates del Papa, surjan también nuevas herramientas que nos ayuden a redescubrir preguntas antiguas: ¿Quiénes somos? ¿Qué significa el bien? ¿Por qué hay algo en lugar de nada? ¿Hay un sentido último al que nuestra razón debiera llamar Dios?

Los creyentes no tememos esas preguntas. Las abrazamos porque nuestro ser nos anima a hacerlo, incluso cuando no tengamos la respuesta. Por eso, aunque haya caído en el error de dar por cierta una fábula digital, sigo pensando que esos argumentos —aunque nacidos del cálculo y no del corazón— tienen el poder de iluminar. No porque sean infalibles, sino porque, con una sencillez que desarma, apelan a algo más profundo que la lógica o la estadística: el sentido.

Me rectifico, sí. Y pido disculpas. Pero también agradezco la oportunidad de haber aprendido —por las malas— una lección importante: que el entusiasmo no puede sustituir la verificación, y que incluso los espejismos pueden señalar caminos reales.

Gracias a quienes, con paciencia y rigor, ayudan a distinguir la verdad del espectáculo.

Fco. A. Juan Mata: «Carta a mis nietos sobre la universidad, la IA y el oficio de ganarse la vida»

<u>Fco. A. Juan Mata</u> <u>22 Ago 2025</u> - 19:03 CET

Archivado en: <u>Columnistas</u>

"El analfabeto del siglo XXI no será el que no sepa leer y escribir, sino el que no pueda aprender, desaprender y reaprender." — Alvin Toffler (futurista y autor de El shock del futuro)

Queridos nietos:

Permitidme que os hable claro, porque para que os engañen ya tenéis a políticos, rectores y gurús tecnológicos. Estáis a punto de elegir carrera, y he oído que queréis estudiar ingeniería aeroespacial y derecho. Muy nobles aspiraciones, sí señor. Lo malo es que, si las cosas siguen como van, para cuando acabéis los estudios puede que ni los ingenieros diseñen

260

aeronaves ni los abogados redacten demandas. Lo hará una máquina. Y gratis.

No exagero. Hoy mismo hay algoritmos que traen drones de la nada con más precisión que un doctorado en la MIT con treinta años de experiencia y que redactan contratos mejor que un licenciado con matrícula de honor. Y si les da por aprender jurisprudencia, olvidad lo de pasaros la vida buscando sentencias en bases de datos: lo hará la IA en cinco segundos, mientras vosotros seguís peleándoos con el wifi de la facultad.

Mientras tanto, la universidad seguirá cobrándoos matrículas como si os estuviera regalando la llave del futuro. Os venderán discursos sobre el "prestigio" del título y la "seguridad" de un oficio tradicional. Os dirán que una carrera es una inversión, que la toga y la bata blanca todavía tienen futuro. Y vosotros, pobres de vosotros, creeréis que el título os convierte en imprescindibles. Spoiler: no.

Lo ha dicho uno que sabe del tema, Jad Tarifi, ex de Google y uno de esos tipos que inventaron las máquinas que ahora vienen a quitarnos el pan. Según él, meterse a estudiar medicina, derecho o cualquier doctorado largo puede ser un desperdicio de tiempo. Para cuando salgáis con el diploma, dice, el mundo habrá cambiado tres veces y la mitad de lo que aprendisteis servirá lo mismo que un teléfono de baquelita. Y no lo dice solo él. Mark Zuckerberg y Sam Altman, los que están dirigiendo este circo, ya se preguntan si no será una estupidez pagar una millonada por un título universitario que caduca antes que un yogur.

Ahora bien, no todo está perdido. La IA podrá escribir recursos y diseñar transbordadores espaciales o drones, pero hay algo que no sabe hacer: ser humano. No comprende el miedo del astronauta, ni el temblor en la voz de un acusado, ni la mirada de un cliente que oculta algo. Si queréis tener un futuro en estas profesiones, vais a tener que aportar lo que ningún algoritmo puede dar: criterio, empatía, intuición, coraje. Pero eso no os lo van a enseñar en ninguna facultad. Para eso hay que leer, vivir, equivocarse, perderse y volver a empezar.

Y aquí va mi advertencia: no confiéis en que la universidad os prepare para lo que viene. No lo hará. Seguirán enseñándoos códigos que cambian cada dos años y protocolos médicos que ya están siendo reescritos por laboratorios con IA. Seguirán evaluándoos por la cantidad de apuntes memorizados, mientras las máquinas aprenden diez veces más rápido que vosotros. La universidad, tal como está, es un transatlántico que avanza directo hacia un iceberg mientras los capitanes siguen dando charlas sobre "excelencia académica" y "empleabilidad".

Eso no significa que no estudiéis. Significa que no podéis estudiar a ciegas. Si queréis ser médicos, preparaos para una medicina distinta, donde el bisturí lo lleve un robot y vosotros tengáis que decidir qué cortar y cuándo. Si queréis ser abogados, asumid que la mitad de vuestro trabajo lo hará un software, y que vuestro valor estará en lo que las máquinas no entienden: la negociación, la lectura entre líneas, la intuición política, el alma humana.

Sobre todo, no os convirtáis en burócratas del conocimiento. No os limitéis a repetir manuales. Aprended a aprender y a desaprender. Tocad biología, sí, pero también filosofía; estudiad derecho, pero leed literatura; empapaos de tecnología, pero no olvidéis que las máquinas no saben de amor, miedo ni venganza. Cultivad todo aquello que no cabe en un algoritmo.

Porque os diré algo que no os dirá ningún decano: el futuro no es de los que más saben, sino de los que saben pensar distinto. Los obedientes serán los primeros en caer. Los que se limiten a hacer lo que les mandan, los que crean que basta con cumplir, los que se aferren a títulos y currículums, acabarán trabajando para las máquinas... si es que las máquinas necesitan aún a alguien.

Así que, nietos míos, estudiad, sí, pero con los ojos abiertos y el cuchillo entre los dientes. La IA no es el enemigo: el enemigo es la complacencia. Sed los tipos que aportan lo que no se puede programar. Todo lo demás, lo hará una máquina más barata, más rápida y más precisa.

Y creedme, cuando llegue ese día, ni los títulos universitarios ni los discursos de los gurús salvarán a nadie. Solo vuestra cabeza. Y, si me apuráis, vuestro coraje.

Con un abrazo… y una advertencia,

Vuestro abuelo

Fco. A. Juan Mata: «El cazador que no disparó y el bosque que se apaga solo»

Fco. A. Juan Mata 24 Ago 2025 - 10:41 CET

Archivado en: Columnistas

"La ética de la tierra surge cuando el hombre deja de ver la naturaleza como una mercancía y empieza a verla como una comunidad a la que pertenece." —*Aldo Leopold (silvicultor, ecólogo y ambientalista)*

Hay disparos que no se hacen y fuegos que no se apagan. Entre los primeros se esconde el respeto; entre los segundos, la tragedia. En los montes de España, que hoy arden sin guardianes, tal vez nos falten más hombres como Juan y más tapires ancestrales que sepan salvar lo que nosotros dejamos perder.

Uno de los contertulios habituales de la peña más imprecisa, imperturbable y animadamente discutidora del Café Aguado —donde se reúnen, entre copas de Canterabuey, vasos de Zapiain, y polémicas sin remedio, los llamados "Los intelectuales"— es Juan González Targhetta. Nadie sabe a ciencia cierta si es más guía de caza que filósofo silvestre, más amante del monte que del rifle, o más narrador de prodigios que ejecutor de ellos. Lo cierto es que ha dirigido durante años grupos de caza mayor en los confines más remotos del planeta: selvas, cordilleras, tundras, y territorios donde el frío, los mosquitos y la ley del más fuerte lo gobiernan todo.

Con una trayectoria extensa y variada, Juan no es de esos que adornan los relatos con moralinas de sobremesa. Le basta con contar lo que ha visto. Y vaya si ha visto cosas. Como aquella vez en Canadá, que fue lo que dio pie a la conversación entre una segunda botella de la sidra Zapiain y una ración de jamón del bueno —del que se corta sin prisa y se escucha como si hablara.

Imagínese usted la escena:

Bosque profundo, canadiense hasta la médula. Frío de ese que corta las ideas y agudiza los sentidos. Los cazadores, encaramados a cinco metros del suelo en plataformas colgadas de árboles, sujetos con arneses como murciélagos modernos, esperando al viejo oso negro que, según los indicios, rondaba por allí. Todo en silencio, todo preparado. El aire denso, con ese aroma vegetal que tiene la muerte cuando aún no ha llegado.

Pero no apareció el oso viejo. Apareció una madre con crías. Una osa con oseznos de meses, que al primer soplo de olor humano hizo lo que hacen las madres de verdad: un chasquido de dientes, seco, de esos que

Cuidando nietos

no admiten réplica. Y los oseznos, obedientes como soldados entrenados en la selva, buscaron refugio.

Solo que —y aquí empieza lo verdaderamente digno de contar— no huyeron hacia la espesura, sino que treparon a los mismos árboles donde estaban los cazadores, y dos de ellos se acomodaron plácidamente en las plataformas, a centímetros de los hombres armados, sorprendidos, inmóviles, absolutamente mudos.

—Parecíamos santos en éxtasis —contaba Juan—. Ni respirar podíamos. Y los oseznos, ahí, mirándonos con esos ojillos negros, como si supieran que no íbamos a hacerles daño.

Pasaron unos minutos eternos. Hasta que la madre volvió a emitir otro sonido. Y, como por arte de obediencia salvaje, los oseznos descendieron en silencio y se reunieron con ella. Se alejaron sin una queja, sin correr, como si nada hubiera pasado. Pero había pasado. Vaya si había pasado.

—Fue un momento delicioso —dijo Juan, con esa sonrisa que sólo se le escapa cuando el recuerdo pesa más que la anécdota.

La conversación siguió, como siempre, por otros derroteros. Pero la mesa volvió a callarse cuando Juan contó otra historia. Esta vez en la selva, en la espesura húmeda de algún lugar donde el mundo sigue siendo verde y hostil, y el hombre es un intruso que no ha sido invitado.

Habían acampado en círculo, con buen fuego para protegerse del frío y de lo que no tiene nombre en la noche. Y entonces apareció el tapir. Nadie le había llamado, pero allí estaba: grande, silencioso, solitario. Se acercó al fuego como si supiera qué hacer, y lo apagó con las patas, uno a uno, cada leño encendido, con la meticulosidad de un bombero ancestral. Luego se marchó, sin mirar atrás, como si lo suyo fuera un oficio, no un capricho.

Más tarde, los nativos de la zona —gente que no necesita adornar lo que cuenta— explicaron lo evidente: "Los tapires son los apaga fuegos de la selva". Cuando el rayo prende un árbol, cuando el hombre deja

266

brasas vivas, el tapir va, y lo apaga. Sin más. Como si la selva le hubiera dado ese encargo desde tiempos remotos.

A veces, al escuchar cosas así, uno piensa en la falta que nos harían ahora, en los montes de Galicia, de Castilla o de Asturias, manos como las de aquel tapir. Frente a tantos incendios provocados por la estupidez o la codicia, qué útil sería contar con criaturas encargadas —como por instinto sagrado— de proteger los bosques que algunos se empeñan en reducir a ceniza.

Como dijo Henry David Thoreau, ese cazador de pensamientos y caminante de bosques: *"En la naturaleza está la preservación del mundo."*

Y ahí está Juan, otra vez, con la copa en la mano, hablando bajo. Nadie interrumpe.

—Después de tantos años cazando —dice con una calma que no se finge—, te das cuenta de que hay encuentros que valen más por lo que no disparas. Hay experiencias que solo llegan si te detienes a mirar y respetar.

A veces pienso en aquel tapir apagando el fuego, uno a uno, como si obedeciera un mandato antiguo. Pienso también en los oseznos trepando a las plataformas, seguros de que nadie les haría daño. Y me pregunto si nosotros, aquí, seremos capaces de aprender lo mismo: apagar lo que destruye y respetar lo que respira. Antes de que el último bosque se apague solo.

Fco. A. Juan Mata: «La felicidad no es eso que pensabas»

<u>Fco. A. Juan Mata</u> <u>25 Ago 2025</u> - 08:58 CET

Archivado en: <u>Columnistas</u>

«La felicidad no se busca: se encuentra…,» — decía Antonio Gala. Y se lo decía a Jesús Quintero con esa calma suya, como quien comenta que va a llover. Sin aspavientos. Lo decía porque lo sabía. Porque lo había vivido.

Hoy, en cambio, vivimos rodeados de charlatanes. Te venden la felicidad sobre fotos de atardeceres robados de internet. Te prometen que, si haces yoga al amanecer, comes ecológico y repites tres mantras diarios, acabarás encontrándola. Felicidad en cómodos plazos. Autoayuda envuelta para regalo.

Y claro, la gente se frustra. Porque la felicidad —la de verdad— no se fabrica. Ni se compra. Ni se almacena en tarros budistas. Llega cuando le da la gana y se larga igual de rápido, como una amante caprichosa. No avisa, no da explicaciones y, desde luego, no admite reclamaciones.

Lo dijo Gala: "*si viene, que venga. Y si no, que la zurzan*". Así de simple. Así de jodido.

El problema, quizá, es que ya tenemos mucho más de lo que creemos. Lo que pasa es que nos hemos acostumbrado tan deprisa que nos parece poco. Nos han subido la vara de medir la felicidad hasta que parece inalcanzable. La mayoría de la gente, sin darse cuenta, vive con comodidades que ni los reyes medievales pudieron soñar. Tú, que te quejas de tu vida, tienes calefacción en invierno, aire acondicionado en verano, agua limpia que sale girando un grifo y comida que no te exige cazar ni matar a nadie. Si enfermas, hay hospitales. Si te rompes una pierna, no te amputan sin anestesia. Duermes bajo techo, sobre colchones que harían llorar de envidia a cualquier duque del siglo XVII.

Y, sin embargo, con todo eso, seguimos convencidos de que nos falta algo. Seguimos mirando el escaparate del vecino, suspirando por más. Queremos otro coche, otro sueldo, otra casa, otra piel. Nos creemos pobres rodeados de lujos. Tal vez por eso la felicidad se nos escurre: porque la medimos en comparación, porque aspiramos a un estado superior que nunca llega.

Y, para colmo, a veces la felicidad es justo lo contrario de lo que nos venden. Hoy, a Diógenes lo encerrarían en un psiquiátrico. Aquel personaje vivía en un tonel, con una capa, un zurrón y una lámpara. Nada más. Y cuando Alejandro Magno, el hombre más poderoso del planeta, fue a verlo y le preguntó qué podía hacer por él, Diógenes respondió: —Apártate, que me quitas el sol.

Ahí lo tienes. Un tipo que rechazó todo lo que la mayoría sueña tener: poder, riqueza, gloria. Y, aun así, era feliz y estaba en paz.

Lo mismo ocurría con los viejos eremitas, esos locos que se marchaban solos a los desiertos, a las montañas, a cuevas perdidas, para pasarse la vida entera en silencio, conversando con Dios o con su propia conciencia. Hoy, media humanidad se pondría nerviosa si pierde la cobertura del móvil durante cinco minutos. Ellos, en cambio, encontraban alegría en no hablar con nadie durante veinte años.

No se trata de copiarlos, claro. Pero conviene recordar que hubo gente que encontró la felicidad en sitios donde hoy nadie la buscaría. En la austeridad, en el silencio, en la renuncia. Porque la felicidad, cuando existe, no siempre viene con fuegos artificiales. A veces es no necesitar nada. A veces es no deberle nada a nadie.

Por eso Gala prefería otra cosa: la serenidad. No es tan sexy, no vende camisetas ni cursos online, pero es más fiable. La serenidad es saber que ocupas tu sitio en el mundo, aunque sea un rincón pequeño y jodido. Es entender que eres una tesela diminuta en un mosaico inmenso, y que no pasa nada. Que basta con encajar ahí.

Y junto a la serenidad, la alegría de vivir. Pero ojo, no la alegría idiota de quien sonríe porque se lo mandan. Hablo de la otra. La que sobrevive a pesar de todo. La que se cuela por rendijas improbables: un vaso de vino, un beso inesperado, una noche que parecía perdida. Esa alegría que convive con la tristeza como el mar convive con la marea baja.

¿Dolor? Claro que lo habrá. Quien haya amado, perdido o enterrado a alguien lo sabe. Pero pretender vivir sin sufrimiento es como querer navegar sin oleaje: sólo lo logras si te quedas amarrado en el puerto, viendo pasar los barcos. Y eso no es vivir, es morirse despacio.

La moda moderna es eliminar cualquier incomodidad. Neutralizar el dolor, borrar las arrugas, fingir que no pasa el tiempo. Convertir la vida en una línea plana, sin picos ni valles. Pero esa planicie, créeme, es la antesala de la nada. La felicidad, cuando viene, es precisamente por contraste: porque hubo noche antes del día, heridas antes de la cura.

Al final, lo más sensato es dejar de perseguirla como idiotas. Dejar de correr detrás de algo que no se deja atrapar. Aprender a estar quieto, respirando, con las manos en los bolsillos y la certeza de que a veces llegará, y a veces no. Y que está bien así.

Con dos llaves basta para abrir la puerta de una vida soportable —y a ratos hermosa—: serenidad y alegría de vivir. Todo lo demás —poder, dinero, fama— es hojarasca. Y la hojarasca, cuando arrecia el frío, no arde bien.

(F. A. Juan Mata, caballero templario)

Fco. A. Juan Mata: «Prólogo: Las preguntas que no nos dejan en paz»

(O cómo un debate del siglo XX sigue incendiando el XXI)

<u>Fco. A. Juan Mata</u>   26 Ago 2025 - 10:17 CET

Bertrand Russell

Archivado en: <u>Columnistas</u>

Hay libros que uno lee y olvida, y hay otros que te agarran por la solapa y te obligan a mirar de frente al misterio.

Uno de esos es <u>Por qué no soy cristiano</u>, de Bertrand Russell. Filósofo, matemático, iconoclasta impenitente y experto en dinamitar certezas ajenas. En su capítulo 13 encontramos una joya: el debate con Frederick

Copleston, jesuita, teólogo y, para muchos, una de las mentes más lúcidas del siglo XX. Dos hombres, dos mundos, dos visiones del universo.

Russell, con su ironía británica y su agnosticismo militante, se enfrenta a Copleston, que defiende a Dios armado con siglos de tradición filosófica y teológica. El resultado no es un duelo de golpes bajos, sino una batalla intelectual fascinante: la existencia de Dios, la contingencia del universo, el principio de razón suficiente, el argumento ontológico… y, en el fondo, la gran pregunta que atraviesa todo:

"¿Por qué hay algo en vez de nada?"

No se equivoque el lector: aquí no se trata de sermones, ni de catecismos, ni de imponer respuestas prefabricadas. Se trata de pensar. De atreverse a entrar en un territorio donde las certezas se tambalean, donde el vértigo es real. Y también de descubrir que, detrás de los conceptos filosóficos y las fórmulas lógicas, late siempre lo mismo: el asombro humano ante el hecho de estar aquí.

Un viaje sin promesa de respuestas

Esta serie de artículos nace de ese debate, pero no pretende resolverlo. No tengo, ni pretendo tener, las respuestas definitivas. Russell tampoco las tuvo. Ni Copleston, aunque lo intentara. Kant, Leibniz, Tomás de Aquino, Heidegger… todos se hicieron las mismas preguntas. Ninguno pudo cerrarlas del todo.

Y, sin embargo, hay algo hermoso en recorrer sus caminos, como quien sigue un rastro de migas de pan en un bosque inmenso.

A lo largo de estos capítulos nos asomaremos a los grandes argumentos sobre Dios, el universo, la razón, la fe y el sentido de la existencia. Habrá ironía, porque no hay filosofía sin una pizca de irreverencia. Habrá rigor, porque sin él estaríamos en el terreno de la superstición. Y, sobre todo, habrá preguntas.

Porque las preguntas, esas que nos quitan el sueño y nos obligan a mirar más allá de la rutina, son las que nos mantienen vivos.

Una invitación abierta

Le propongo algo, lector: acompañarme.

No para creer lo que yo creo, ni para seguir la fe de Copleston o las dudas de Russell. Sino para pensar juntos. Para detenernos un momento, cerrar el ruido y mirar de frente a lo más profundo:

- Por qué estamos aquí.
- Si hay sentido o todo es casualidad.
- Si somos polvo de estrellas o hijos de alguien.
- Y, al final, si esa voz que algunos llamamos Dios existe... o si es solo un eco de nuestro propio miedo.

Esta serie no ofrece certezas, pero sí un viaje. Uno donde la fe, la duda, la filosofía y la ciencia se cruzan, chocan, se contradicen... y, de vez en cuando, se iluminan mutuamente.

Russell y Copleston empezaron este diálogo hace más de setenta años. Nosotros lo retomamos hoy.

Quizá no hallemos respuestas definitivas, pero algo me dice que las mejores preguntas merecen ser vividas más que respondidas.

Bienvenido al debate. Pase, si se atreve.

Fco. A. Juan Mata: «Capítulo I. Por qué hay algo en vez de nada»

Russell, con su frialdad característica: "El universo simplemente existe, y eso es todo".

<u>Fco. A. Juan Mata</u> <u>29 Ago 2025</u> - 09:27 CET

Archivado en: <u>Columnistas</u>

De vez en cuando —poco, no vayamos a engañarnos—, uno levanta la vista del móvil, mira las estrellas, y se interroga: *"¿Qué demonios hace todo esto aquí?"*. La pregunta no es mía, ni suya, ni siquiera nueva. Tiene más polvo que la biblioteca de Alejandría y ha quitado el sueño a filósofos, teólogos y científicos durante siglos. La llaman el argumento cosmológico o de la contingencia, que suena muy solemne para lo que, en realidad, es una bofetada al sentido común: ¿por qué hay algo y no, más cómodamente, nada?

Todo empieza con una constatación tan obvia que suele pasarnos inadvertida: nada de lo que vemos existe por sí mismo. Ni usted, ni yo, ni esta silla, ni el planeta entero. Somos contingentes, criaturas de paso. Una silla necesita un carpintero, una planta necesita semilla y sol, usted necesitó dos personas que se pusieran de acuerdo una noche de verano... Nada de esto tiene la causa de su existencia dentro de sí. Dependemos, siempre, de otra cosa.

Este es el núcleo del famoso argumento de la contingencia, defendido por el padre F. C. Copleston en la célebre conversación radiofónica de 1948 con el agnóstico —para muchos, ateo— Bertrand Russell. Copleston sostiene que, si todo es contingente, debe haber algo que no lo sea. Un ser cuya existencia no dependa de nada ni nadie. Un ser necesario: Dios. Sin él, ni siquiera estaríamos leyendo este artículo.

Russell, en cambio, se planta con esa frase: *«El universo simplemente existe, y eso es todo»*. Para él, preguntar por su causa es una ilusión creada por nuestra costumbre de exigir explicaciones. El universo —dice, osadamente— puede ser un hecho bruto, sin explicación, sin causa. Algo que está ahí porque sí. Simple y monstruosamente presente.

¿Quién tiene razón?

Copleston, armado con el legado de Aristóteles, Tomás de Aquino y Leibniz, advierte del bucle infinito: si cada elemento requiere una causa, ¿qué causa a todos? Para evitar un retroceso lógico sin fin, debe haber alguien que exista por necesidad absoluta, no por causalidad. Russell no da ningún paso atrás: acusa al teólogo de extrapolar indebidamente lo particular (cada cosa tiene causa) a lo universal (el universo también). Como ironiza en el debate: *"¿Si cada hombre tiene madre, esto implica que la raza humana debe tener madre?"* ¿Ve el truco? Para él, no es lo mismo.

«El universo simplemente existe, y eso es todo.» Así comienza Russell, con la frialdad de quien ha visto suficientes teatros montados por los que creen que todo debe tener una explicación grandilocuente.

Desde luego, le juro que sería más cómodo aceptarlo así y seguir con su mañana tranquilo: un café, una sonrisa y el mundo tal como es. Pero si hoy se ha levantado con ganas de pensar un poco más allá de lo aparente, está en el sitio correcto.

Porque el padre Copleston no se fía. Y menos aún usted debería fiarse. Si cada cosa que existe necesita otra cosa que la haga existir, entonces —en un descuido— podría acabar creyendo que el universo entero es ese absurdamente último dominó de una hilera infinita. Y eso no explica nada.

Copleston no le regala una respuesta, pero le empuja a buscarla: debe haber algo que no pueda no existir. Algo que contiene en sí la razón de su ser. Eso, según él, es Dios.

Russell, en cambio, le mira y le dice: "Todos somos unos charlatanes del sentido común; nos gusta pensar que hay razones para todo, pero mira el universo: simplemente está ahí". La pregunta de Copleston —"¿por qué hay algo en lugar de nada?"— puede que no tenga sentido, o puede que tenga una respuesta tan aburrida como que no necesita explicación.

Esto, que parece simple, obsesionó a los griegos. Aristóteles habló del motor inmóvil: todo lo que se mueve lo hace porque algo lo impulsa, y necesitamos un principio primero que ponga en marcha la cadena. Platón, por su parte, prefería pensar que este mundo es un reflejo de un orden superior: un Demiurgo que modela la materia a partir de realidades eternas, las Ideas. Ambos coincidían en que: si estamos aquí, alguien o algo lo ha hecho posible.

Ahí es donde entra el salto lógico: si todo lo que conocemos es contingente, debe existir algo que no lo sea. Un ser necesario, cuya esencia sea existir y que no dependa de nadie. Llámelo Dios, Motor, Demiurgo, Realidad Última… da igual el nombre: si nada pudiera existir por sí mismo, no habría nada.

Este razonamiento lo refinó Tomás de Aquino en su famosa Tercera Vía: si en algún momento no hubiera existido nada, hoy seguiría sin existir nada. Ergo, debe haber un ser que no pueda no existir. Leibniz se sumó siglos después con su célebre pregunta: "¿Por qué hay algo y no más bien nada?". Su respuesta fue aún más tajante: para todo lo que existe hay una razón suficiente. Debe existir un fundamento último.

Pero no faltan los aguafiestas. Hay quien, como Russell, dice que el universo es un hecho bruto: está ahí y punto, como un mueble heredado que nadie se atreve a tirar. Y luego está Kant, que vino a decirnos en su *Crítica de la razón pura* que estamos queriendo medir el océano con un dedal: que intentar demostrar un ser necesario nos lleva más allá de los límites de nuestra razón.

Y entonces aparece Heidegger, que da un giro de tuerca y nos lanza otra bomba: el misterio no son las cosas, sino el ser mismo. Nos hemos acostumbrado tanto a que "haya algo" que olvidamos el milagro de que no haya nada. Y ahí lo tienen: dos milenios de vueltas, y seguimos igual que al principio, rascándonos la cabeza frente al vacío.

Mientras tanto, la ciencia, tan orgullosa de sus telescopios y aceleradores de partículas, tampoco ayuda mucho: el Big Bang nos dice que el universo tuvo un comienzo, lo cual lo hace tan contingente como la silla donde está sentado. Pero preguntarle a un astrofísico qué había "antes" del Big Bang es como pedirle a un pez que describa el desierto: la pregunta le incomoda.

Así que aquí estamos, como Sócrates, reconociendo que no sabemos. Y, sin embargo, seguimos preguntando. Porque quizá la grandeza de la filosofía, como decía el viejo ateniense, no está en dar respuestas, sino en mantener viva la pregunta. Que haya algo y no nada es, nos guste o no, el mayor de los misterios. Y aunque nunca lo resolvamos, siempre quedará la sospecha de que, detrás de todo, alguien —o algo— colocó la primera pieza.

¿Y usted qué prefiere? ¿El consuelo de una respuesta elegante o la claridad de una pregunta impertinente? Porque, al fin y al cabo, los artículos de prensa no existen para acomodar, sino para sacudir conciencias. Y esto está lejos de terminar aquí: en los próximos capítulos vienen el argumento ontológico, el principio de razón suficiente, la utilidad de Dios como *"fantasma útil"* y hasta si Dios cabe en un escáner. Todo con frases de autor y estilo. ¿Le parece bien si continuamos así?

Nos vemos mañana. Bueno, al menos eso es lo que yo espero.

(F. A. Juan Mata, caballero templario)

Fco. A. Juan Mata: «Capítulo II. Dios en la mente… y fuera de ella»

("Desde que hay historia, Dios no ha abandonado la mente humana.")

Fco. A. Juan Mata 01 Sep 2025 - 08:17 CET

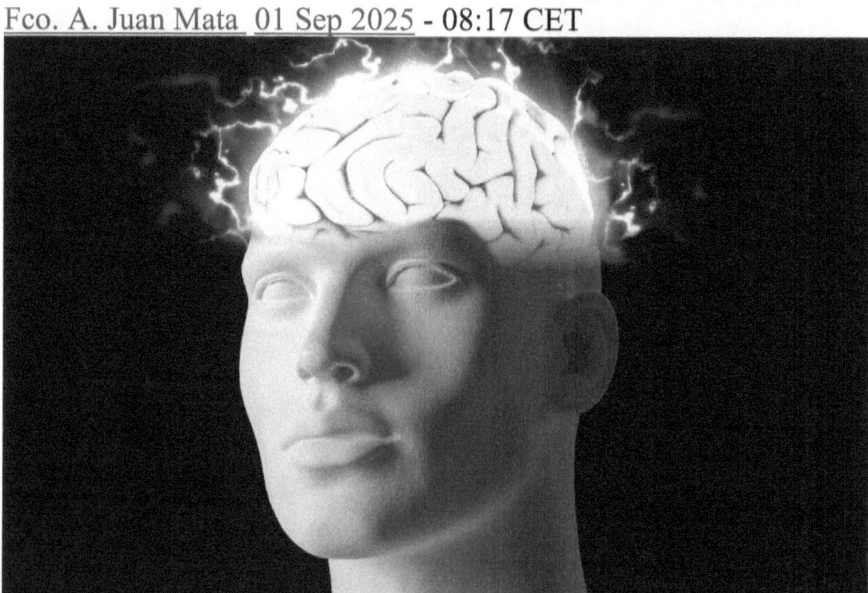

Archivado en: Columnistas

Russell, sarcástico: *"Que yo imagine una isla perfecta no significa que pueda comprar un billete para ir allí."*

El argumento ontológico es una de esas construcciones lógicas que deslumbran por su sencillez y que, pese a siglos de críticas, nunca terminan de ceder. Lo formuló en el siglo XI san Anselmo de Canterbury, un monje benedictino con la fe hirviendo por las venas:

"Si podemos concebir un ser del cual nada más grande pueda pensarse, y si la existencia es una perfección, entonces ese ser debe existir. Porque, de no existir, no sería el más grande concebible."

En otras palabras: si podemos pensarlo, existe. Una lógica pulida, compacta, elegante... y que, a diferencia de lo que algunos creen, no se deja derribar con un simple manotazo. Además, no es casual: desde que hay memoria, Dios aparece en la mente de los hombres como la imagen de algo existente y perfecto. Una idea que atraviesa culturas, lenguas y siglos como si fuera parte del mismo tejido de lo humano.

Descartes retoma el guante

Seis siglos después, Descartes desempolva el argumento y lo pule con su bisturí racionalista. En sus Meditaciones metafísicas lo reformula así: la idea de un Dios perfecto está inscrita en nuestra mente, y como la existencia es perfección, Dios no puede no existir. Descartes se mueve con una fe tranquila: si la perfección está en el concepto, la existencia viene de serie.

Kant lo derriba... o eso cree

Entonces aparece Immanuel Kant, con gesto severo y la Crítica de la razón pura bajo el brazo, y cree propinar un golpe maestro: "La existencia no es una perfección."

O dicho más llano: agregar "existencia" a la lista de atributos de un ser, en su opinión, no lo hace real. Kant interpreta que la lógica, sola, no fabrica realidad... aunque, para ser justos, tampoco mata del todo al argumento. Lo deja herido, sí, pero vivo.

Russell entra con el cuchillo... pero antes, la lata de tabaco

Aquí llega Bertrand Russell, británico de flema cortante, que no siempre fue el verdugo del argumento. De hecho, en sus años de estudiante en Cambridge, con el orgullo hegeliano bien templado, lo compró entero. Él mismo lo confiesa, entre nostalgia y sonrojo: "Durante tres o cuatro años fui hegeliano. Recuerdo el momento exacto. Fue en 1894, mientras caminaba por Trinity Lane. Había salido a comprar una lata de tabaco. A la vuelta, la lancé al aire y exclamé: '¡Cáspita, el argumento ontológico es sólido!'"

Imagínenselo: un joven Russell, la niebla húmeda de Cambridge, las manos frías, convencido de haber tocado la médula misma de Dios entre humo y adoquines.

Pero el entusiasmo se evapora con los años. Décadas después, Russell se burla del argumento con mordacidad británica: si puedo concebir una isla perfecta, ¿significa que existe? Claro que no. Y, con ironía de salón, remata: "Si fuera así, estaría ahora mismo tomando un cóctel en ella."

Copleston no se rinde

Frederick Copleston, fiel a la tradición escolástica, no cede terreno. Defiende que la idea de un ser necesario —aquel que no puede no existir— no es capricho de la imaginación, sino consecuencia inevitable de la razón. Si concebimos a Dios como absolutamente perfecto, negar su existencia es contradictorio.

Plantinga y el regreso del argumento

En 1974, el lógico Alvin Plantinga apareció con su traje gris, cara de seminarista aplicado, y sacó una versión modernizada usando lógica modal:

"Si es posible que exista un ser absolutamente perfecto y necesario, entonces existe en algún mundo posible. Y si existe en algún mundo posible, existe en todos. Incluido este."

Traducido al román paladino: *"Mire, señor Russell, si admite que no hay contradicción en imaginar un Dios necesario, ya lo tiene: Dios existe. Fin de la partida."*

Los críticos lo acusan de prestidigitación matemática, como si escondiera a Dios en un sombrero de mundos posibles para sacarlo luego con redoble de tambores. Plantinga, imperturbable, encoge los hombros: *"Yo solo sigo las reglas de la lógica; si no les gusta el resultado, cambien las reglas."*

El asombro permanece

Quizá la enseñanza es esta: nuestra mente no soporta el vacío. Desde Anselmo hasta Plantinga, seguimos tentados por la idea de que, si concebimos un Dios perfecto, ese pensamiento debe anclarse en algo real.

Russell, ya viejo y escéptico, nos dice que no, que podemos soñar lo que queramos, pero que no confundamos gramática con ontología. Copleston, en cambio, nos invita a dar un salto de confianza: la perfección que concebimos no puede ser humo.

Y, sin embargo, ahí sigue la imagen del joven Russell lanzando su lata de tabaco al aire, proclamando que el argumento es sólido. Puede que luego lo negara, puede que lo ridiculizara... pero durante un instante creyó haber visto el rostro de Dios en un callejón húmedo de Cambridge.

¿Contradicción? Tal vez. O tal vez la prueba de que este viejo argumento tiene un filo difícil de limar: hasta los genios más escépticos caen, aunque sea un instante, bajo su hechizo. Quizá porque, desde que hay historia, Dios habita la mente humana como la idea de algo que existe, perfecto, inevitable.

Esta semana seguiremos con el célebre debate radiofónico de 1948 entre Russell y Copleston. Allí, entre frases cortantes y silencios tensos, se juega una partida que, a juzgar por estas dudas, aún no hemos cerrado.

Mientras tanto, la pregunta sigue sobre la mesa: ¿usted de qué lado está? ¿Del cóctel en la isla perfecta... o del salto de fe hacia un Dios que no puede no existir?

Fco. A. Juan Mata (caballero templario)

Fco. A. Juan Mata: «Capítulo III. El universo no se explica solo»

(O por qué "porque sí" no es una respuesta)

Fco. A. Juan Mata 04 Sep 2025 - 10:11 CET

Archivado en: Columnistas

Copleston, con serenidad escolástica, lanza la pregunta que lo persigue*: "Si todo lo que existe tiene una razón, ¿no es razonable preguntar cuál es la razón del universo?"*

Russell, británico hasta la médula, lo corta en seco: *"El universo… está ahí. Y punto."*

El principio de razón suficiente, formulado por Leibniz, parece de puro sentido común: "Para todo lo que existe, debe haber una razón suficiente que explique por qué es así y no de otra forma."

Fácil de entender. Difícil de esquivar. Si un jarrón está roto, alguien lo tiró. Si llueve, hay un frente frío. Si el gato maúlla, o tiene hambre… o nos odia. Todo tiene un porqué.

Entonces, insiste Copleston: *"Si todo lo demás tiene causa, ¿por qué el universo iba a ser la única excepción?"*

Dos formas de mirar el abismo

En su célebre debate, Copleston aprieta el argumento:

Todo lo que vemos es contingente: podría no haber existido. Sumar contingentes solo da… un conjunto contingente.

Por tanto, debe existir algo necesario, cuya razón de ser esté en sí mismo.

A eso, dice, lo llamamos Dios.

Russell no traga. Para él, pedir una causa del universo es un abuso del lenguaje. Las cosas dentro del universo tienen causas, sí, pero el conjunto no tiene por qué. Como preguntar cuál es "el norte del Polo Norte".

El diálogo es un duelo a primera sangre, pero con guantes de terciopelo.

Leibniz, el gran ausente

Aunque Copleston no lo nombre, todo su razonamiento descansa en Leibniz. Para el filósofo alemán, aceptar que el universo "está ahí" y punto nos deja con un "hecho bruto", algo que existe sin explicación. Para Leibniz, eso era inaceptable: *"La única forma de escapar al absurdo es admitir un ser necesario cuya esencia sea existir."*

El universo podría no haber sido, y sin embargo es. Esa simple constatación incomoda tanto como fascina.

La ciencia complica, no resuelve

La física moderna parece tomar partido, pero no ayuda. El Big Bang da munición a Copleston: si el universo tuvo comienzo, es contingente. Pero la mecánica cuántica sonríe a Russell: quizá las leyes se bastan a sí mismas, sin necesidad de una causa primera.

El enigma no se resuelve. Solo se ramifica.

Aquí entra Montaigne

Quizá ambos, Copleston y Russell, caen en la misma trampa: suponen que debe existir una respuesta definitiva. Montaigne, escéptico sereno, se colaría aquí para recordarnos:

"El mayor enemigo de la verdad no es la mentira, sino la ilusión de saber la verdad."

Para él, vivir no es conquistar certezas, sino aprender a convivir con las dudas. Cambiar, adaptarse, observar y dudar no es rendirse: es crecer. En un mundo que lo mide, lo planifica y lo etiqueta todo, Montaigne se atreve a insinuar que vivir sin certezas también es vivir bien.

Quizá la gran pregunta —*"¿por qué hay algo y no más bien nada?"*— no esté hecha para ser respondida, sino para recordarnos quiénes somos: criaturas limitadas que buscan sentido, aunque nunca lo encuentren del todo.

Entre la razón y la fe

Llegados aquí, cada uno se refugia donde puede. Algunos encuentran consuelo en la ciencia; otros, en la pura aceptación del azar. Y hay quienes, sin necesidad de demostrar nada, hallan un sosiego íntimo en sentir —aunque sea en silencio— que hay algo mayor sosteniéndolo todo.

La fe no es una demostración; es una brújula interior. No da respuestas definitivas, pero amansa el vértigo. No elimina el misterio, lo habita. Y eso, cuando el suelo parece abrirse bajo los pies, ya es bastante.

El viejo enigma que no se calla

Podemos reírnos del salto de fe de Copleston o dar la razón a Russell y su pragmatismo implacable. Pero da igual: la pregunta sigue ahí, obstinada, como una herida que no cicatriza. ¿Por qué hay algo y no la nada?

Tal vez el problema no sea la incertidumbre, sino nuestra obsesión por eliminarla. Quizá el misterio no se resuelve: nos invita a vivirlo. Y, ante esto, cada uno responde como puede, algunos creen oír el nombre de Dios; otros, el eco del azar. Y unos pocos simplemente escuchan el murmullo del asombro.

Porque, al final, como escribió Montaigne: *"Yo soy el tema de mi libro."*

¿Y usted? ¿Se ha dado permiso para escribir el suyo... en paz, con menos miedo y, tal vez, un poco más de fe?

Por hoy, lo dejamos aquí. Este viejo duelo de razones aún no ha dicho su última palabra. Seguiremos tirando del hilo... y, quién sabe si nos llevará al otoño.

Fco. A. Juan Mata (caballero templario)

Fco. A. Juan Mata: «Capítulo IV. De ética y moral ¿Por qué Dios… no es un fantasma útil?»

(Cuando la necesidad descubre al Creador)

<u>Fco. A. Juan Mata</u> <u>10 Sep 2025</u> - 07:04 CET

Archivado en: <u>Columnistas</u>

Copleston, con la voz serena de quien carga siglos de teología sobre los hombros, lanza la primera estocada: *"Sin Dios, la moral se desmorona; el bien y el mal pierden sentido."*

Russell, con pólvora en la lengua, sonríe como quien huele carga húmeda: *"Si necesita usted un amigo imaginario para portarse bien, allá usted. Yo prefiero la lógica."*

El debate entra en terreno pantanoso: la necesidad de Dios. No ya como causa del universo, no como motor inmóvil, sino como garante moral. Copleston lo defiende con fe jesuítica: sin una instancia superior que defina el bien y el mal, todo es relativo, todo se tambalea. Russell, en

288

cambio, prefiere vivir peligrosamente: para él, la ética no necesita a Dios para existir.

Copleston y el vértigo moral

Para Copleston, sin un absoluto trascendente, la moral humana es un juego de caprichos. Si no hay Dios, ¿qué impide que el bien y el mal sean simples modas históricas? Como los pantalones de campana. O las cejas finas de los años veinte.

El jesuita no lo dice, pero se le lee en la mirada: sin Dios, todo está permitido. La idea le parece insoportable. Sin un legislador supremo, el hombre queda a la intemperie moral. No hay brújula. No hay anclas. Y el abismo, ahí mismo, bajo los pies.

Russell, el francotirador

Russell responde con la flema de quien ha discutido con medio mundo: *"El bien y el mal no necesitan un Dios vigilando. Son inventos nuestros, pactos para no matarnos. Si mañana cerraran el cielo, no nos convertiríamos todos en asesinos. Bueno… no todos."*

Su argumento es quirúrgico: las normas no necesitan un legislador divino para existir. Las sociedades —tribus, imperios, repúblicas— llevan milenios creando códigos de convivencia. Dios no inventa la moral: la sigue, como una sombra. Y si Dios no existiera, dice Russell, la moral seguiría aquí. Quizá incluso más nuestra.

La utilidad de un fantasma

Aquí Russell afila el cuchillo: *"Dios es útil, sí… pero eso no lo hace real."*

El ser humano, explica, lo inventó para calmar dos terrores primarios:

• La muerte. Creer que hay algo más allá para no enloquecer ante el vacío.

• La injusticia. Pensar que, al final, todo se equilibra: los malos pagan, los buenos reciben recompensa.

Un Dios que resuelve el miedo y la injusticia funciona. Pero la utilidad no prueba la existencia. Como escribe Russell en otro texto: *"El hecho de que algo te consuele no lo convierte en verdadero. Si así fuera, Papá Noel tendría que ser real."*

Dostoyevski, Nietzsche y otros demonios

Aquí la pólvora se acumula. Dostoyevski, por boca de Iván Karamázov, dejó caer: *"Si Dios no existe, todo está permitido."*

Copleston podría suscribirlo sin pestañear. Nietzsche, en cambio, fue más allá: Dios ha muerto —o, mejor dicho, lo hemos matado— y ahora nos toca vivir sin su muleta. Libertad absoluta, sí. Pero también vértigo.

Russell es más frío. No necesita matar a Dios: simplemente lo ignora. Prefiere la elegante indiferencia de un universo que no promete ni consuelo ni castigo. Copleston, mientras tanto, sigue defendiendo su trinchera: sin un juez supremo, todo juicio moral es un juego sin reglas.

La ciencia mete ruido

En tiempos de Russell y Copleston, la ciencia ya empezaba a morder terreno a la religión. Hoy, la herida es más profunda:

• Sabemos que las emociones morales —culpa, compasión, indignación— tienen explicación neuronal.

• La ética parece, en parte, biología evolucionada: un mecanismo para cooperar, para no matarnos entre nosotros.

Para Copleston, esto es casi un golpe bajo. Si la moral es un producto de la selección natural, ¿qué papel le queda a Dios como legislador supremo?

El vacío detrás de la fe

Pero aquí viene lo inquietante: incluso si Russell tiene razón, incluso si Dios no existe, el problema no desaparece. Porque el hecho de que lo hubiéramos inventado para consolarnos dice más de nosotros que de Él.

Si necesitamos tanto creer, ¿qué dice eso de nuestra condición humana?

¿Podemos vivir, de verdad, sin fantasmas útiles? ¿Podemos renunciar del todo a las narrativas que nos dan sentido?

Russell diría que sí, con la flema de quien desayuna dudas y cena escepticismo. Copleston, que no: que la sed de absoluto es tan constitutiva como el hambre o el sueño. Y quizá, solo quizá, ambos tengan parte de razón.

Bauman y el miedo a estar solos

Aquí es donde la filosofía se cruza con la psicología contemporánea. Zygmunt Bauman decía que Zuckerberg no inventó Facebook: descubrió nuestro mayor miedo.

No queremos estar solos. No soportamos la idea de no pertenecer, de que nadie nos mire, de que no importe que existamos. Las redes triunfan porque nos regalan una ilusión de compañía. Un simulacro de pertenencia. Una fe digital que calma el vértigo de la soledad.

La religión, en cierto modo, ha jugado siempre el mismo papel. Llámalo Dios, llámalo sentido, llámalo justicia: es la certeza de que hay Alguien —o Algo— al otro lado. Que no estamos arrojados a un universo indiferente porque, nuestro "fantasma", dejaría la huella de que pasó antes por allí.

Caminando entre fantasmas

Esa es la paradoja. Incluso cuando la fe se tambalea, la ausencia de Dios duele. Podemos vivir sin creer, sí. Pero no sin buscar.

Y esa necesidad de encontrar sentido, de distinguir el bien del mal, de soñar con justicia… es quizá la mejor señal. Una huella. Un eco que nos recuerda que, al otro lado de la duda, tal vez alguien nos espera.

Quizá sea solo un fantasma. O quizá no. Da igual. Caminamos entre ellos.

Por hoy, lo dejamos aquí. Este viejo duelo de razones todavía tiene pólvora para rato.

Fco. A. Juan Mata *(caballero templario)*

Fco. A. Juan Mata: «Capítulo V. La mística ¿Dios en el escáner cerebral?»

(Cuando creen que la mística cabe en un mapa cerebral)

<u>Fco. A. Juan Mata</u> <u>12 Sep 2025</u> - 14:02 CET

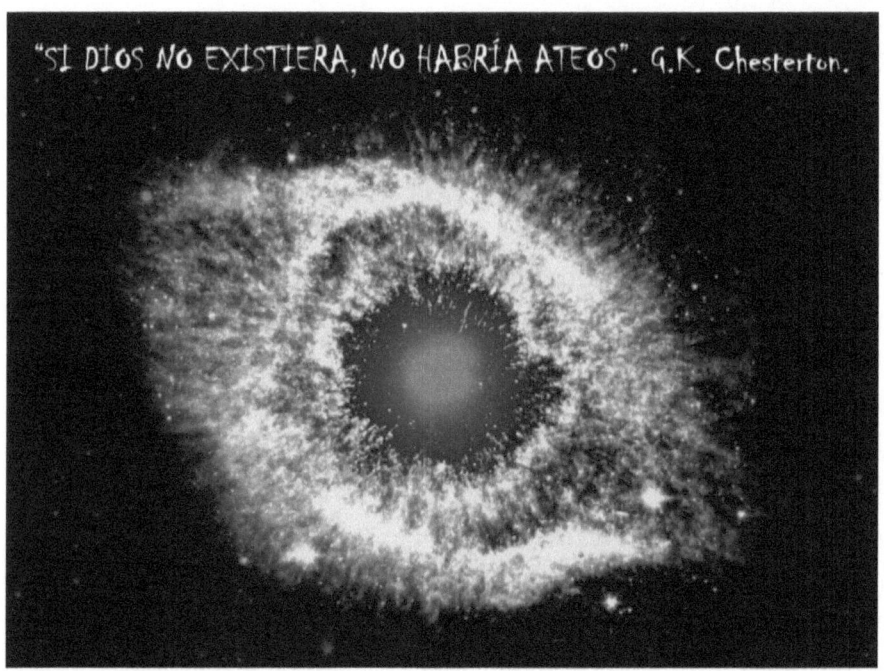

Archivado en: <u>Columnistas</u>

Copleston, sereno, sotana impecable, mirada fija: —*La experiencia de Dios es inmediata. No se deduce. Se encuentra.*

Russell, ladeando la sonrisa, afilando el sarcasmo como quien afila una navaja: —*No pongo en duda que usted sienta algo, padre. Solo pongo en duda que eso que siente sea Dios... y no un fallo de fontanería en el riego sanguíneo.*

292

Hay quien sube a la montaña, ayuna cuarenta días, ve luces, escucha voces… y baja convencido de que ha hablado con Dios. Hoy, en vez de ofrecerle incienso y altar, lo metemos en un escáner. En la pantalla saltan chispas de colores. Los científicos sonríen satisfechos: Eureka. *"Hemos encontrado el interruptor de lo divino."* O eso creen.

Buscando a Dios con bisturí

Desde hace poco, algunos iluminados han inventado un nombre solemne: neuroteología. La promesa es casi bíblica: entender lo sagrado hurgando en el cerebro.

Escanean monjas carmelitas, registran picos de actividad mientras rezan. Conectan a voluntarios a cascos con electrodos y juran que fabrican sensaciones de *"presencia divina"* con un poco de electricidad.

Conclusión provisional: las experiencias religiosas se pueden inducir. Y para Russell eso es dinamita pura: si puedes fabricar a Dios en laboratorio, ¿no será que siempre estuvo dentro de tu cabeza… y nunca fuera de ella?

Pero la mística no cabe en un escáner

Copleston levanta la voz, grave, templada, como quien carga pólvora en un cañón:

—*Confundir lo que pasa en el cerebro con lo que lo causa… es un error de novato.*

Porque la mística verdadera no es un fogonazo químico. No es una descarga de dopamina. No es un mal viaje disfrazado de revelación.

La mística —la auténtica— es un desgarro. Es Teresa de Ávila atravesada por un dardo de fuego. Es Rumi danzando hasta caer rendido, perdido en el Amado. Es Buda bajo la higuera viendo morir el yo como una hoja seca.

No se compra en cápsulas. No se programa. No se simula.

Es el intento desesperado —o sereno, depende de quién— de derribar el muro entre lo humano y lo divino. Está en todas las religiones y hasta fuera de ellas: en la celda muda del cartujo, en los secretos de la cábala, en el giro infinito del sufí, en el vacío del zen.

Y sí, a veces trae consigo lo inexplicable —estigmas, éxtasis, ubicuidad—, pero ningún laboratorio del mundo ha fabricado jamás un santo.

La biología frente al misterio

Mientras tanto, los científicos siguen buscando certezas:

Hablan de sustancias que acompañan al éxtasis. Comparan drogas y visiones.

Teorizan que Dios es un truco evolutivo, un pegamento tribal para mantenernos juntos y obedientes.

La idea es fría como un bisturí: no creemos en Dios porque exista; creemos porque nos convino creer.

Pero aquí algo no encaja. Porque lo que los místicos describen no es un subidón cósmico ni un espejismo químico. Es un estado radicalmente distinto, uno que ha movido imperios, culturas, civilizaciones enteras. ¿De verdad cabe reducir eso a un puñado de chispazos en la cabeza?

El vértigo del reduccionismo

Aunque un día logren trazar cada ruta del cerebro durante una experiencia sagrada, la pregunta seguirá ahí, clavada como un alfiler en el pecho:

¿Explicar cómo sentimos a Dios equivale a explicar por qué lo sentimos?

Puedes ver qué zonas se encienden cuando rezas, igual que puedes ver qué neuronas disparan cuando miras un Caravaggio.

Pero eso no te dice si Dios está ahí…

O si llevamos mil años alucinando juntos.

Lo sagrado bajo el microscopio

El problema de meter a Dios en un escáner es que, en el intento de atraparlo, lo pierdes. Lo reduces a un parpadeo eléctrico. Le robas el misterio.

Quizá nunca sepamos si esas luces internas responden a un Dios real o a uno inventado. Pero el impulso de buscar, de levantar la cabeza más allá del barro, sigue intacto.

Podemos dibujar mapas del alma. Pero no tocar el territorio.

Podemos iluminar el lugar donde ocurre el milagro. Pero no fabricar el milagro.

La pregunta que no muere

Russell y Copleston no se pusieron de acuerdo, y nosotros tampoco.

Los escáneres seguirán encendiéndose, las gráficas seguirán llenándose de colores, pero el misterio seguirá ahí, imperturbable, como una roca en mitad del mar.

Porque al final, incluso si mañana encontramos el famoso "botón de Dios" dentro de nosotros, seguirá sonando la misma pregunta imposible de silenciar:

¿Quién demonios puso el botón ahí?

Fco. A. Juan Mata (caballero templario)

Fco. A. Juan Mata: «Capítulo VI. El día que Dios murió… y nadie se dio cuenta»

(Crónica de un funeral sin cadáver)

<u>Fco. A. Juan Mata</u> <u>17 Sep 2025</u> - 15:44 CET

Archivado en: <u>Columnistas</u>

Nietzsche, golpeando frases como quien rompe cristales: —*Dios ha muerto. Y nosotros lo hemos matado.*

Copleston, ajustándose la sotana, sin despeinarse: —*Pues mire, Herr Nietzsche… si lo hemos matado, se diría que el difunto goza de una salud envidiable.*

Durante siglo y medio han repetido, con gesto satisfecho, la frase más incendiaria de la filosofía moderna: "Dios ha muerto."

Lo han dicho con solemnidad de réquiem, como si enterrasen a un rey. Solo que aquí hubo misa, pero no cadáver.

Mientras Nietzsche dictaba el acta de defunción desde Basilea, el Vaticano seguía encendiendo cirios. Las mezquitas seguían llamando a la oración. Los monjes zen seguían respirando silencio. Y en Andalucía las procesiones cruzaban las calles polvorientas como si nada.

Dicho de otro modo: el entierro fue teórico. Los fieles no asistieron al funeral.

La modernidad contra el misterio

Nietzsche no hablaba de un certificado literal. Quiso decir que la modernidad, con su ciencia, su razón y sus telescopios, arrinconó a Dios.

El hombre dejó de verse criatura y se proclamó arquitecto. Nos creímos capaces de encontrar sentido por nuestra cuenta. Rompimos altares y levantamos laboratorios. Y, sin embargo, aquí estamos: con las manos igual de vacías.

• Hemos explicado la física del Big Bang… pero no por qué hay algo en vez de nada.

• Hemos descifrado el genoma… pero no por qué sentimos nostalgia del infinito.

• Hemos puesto a Dios bajo el microscopio… y seguimos buscándolo.

Russell sonreiría diciendo que es puro consuelo. Copleston replicaría que es puro origen. Tal vez los dos acierten: el hambre de sentido sigue intacto.

Los nuevos dioses

Matamos a Dios, sí. Pero no dejamos el trono vacío.

• Cambiamos altares por pantallas.

• Procesiones por *influencers.*

• Oraciones por *hashtags* que prometen salvación exprés.

Creímos que íbamos a desterrar los mitos. En vez de eso, fabricamos otros nuevos: el progreso infinito, la inteligencia artificial, la promesa de vivir ciento cincuenta años.

Los templos cambiaron de dirección, pero el impulso de creer sigue ahí, tan terco como siempre.

Y quizá eso debería hacernos pensar.

El susurro que no se apaga

Hay un detalle incómodo: cada vez que creemos haber desterrado a Dios, el misterio regresa.

• Heidegger nos recuerda que lo más sorprendente no es que haya cosas… sino que haya ser.

• Leibniz sigue preguntando por qué existe algo en lugar de nada.

• Y cuanto más mapean los científicos el universo, más grande se hace el abismo.

Quizá por eso, a pesar de siglos de crítica, las iglesias no se han vaciado.

Tal vez la fe persiste porque no es solo una teoría: es una experiencia.

El creyente no necesita demostrar a Dios, como no necesita demostrar que ama.

Simplemente lo vive. Lo respira. Lo sabe.

Cuando la razón calla

Russell pedía pruebas. Copleston respondía con confianza interior.

Eran dos pulsos enfrentados que nos atraviesan a todos:

• La razón, que exige explicaciones.

• La fe, que salta sin garantías.

La filosofía puede jugar partidas infinitas de ajedrez, pero llega un punto en que la razón calla. Y lo único que queda es el salto: confiar, no porque se sabe, sino porque se intuye.

La esperanza no negociable

Quizá Nietzsche tenga razón: hemos matado ciertas imágenes de Dios, ciertos dogmas, ciertas caricaturas teológicas. Y tal vez era necesario.

Pero lo que no hemos matado, ni queremos —ni podremos matar— es el deseo.

La sed de sentido. La sospecha íntima de que no somos solo química y carbono.

Quizá, al final, eso sea Dios:

• No el anciano de barba blanca.

- No el juez severo.
- Sino el anhelo mismo.

La llama que empuja a seguir buscando, incluso cuando todo parece absurdo.

Uno entierra certezas, pero otro reza

Nietzsche gritó que Dios había muerto. Quizá hablaba más de nosotros que de Él. Porque, mientras el filósofo enterraba certezas, en cada rincón del planeta alguien seguía rezando.

Alguien encendía una vela. Alguien miraba al cielo con la misma pregunta antigua.

Puede que nunca logremos demostrar a Dios con fórmulas, ecuaciones o escáneres. Y, sin embargo, para millones de personas, Dios es tan real como el aire que respiran.

Quizá la verdadera fe no consista en entenderlo, sino en atreverse a vivir como si existiera.

Y eso, en un mundo que fabrica nihilismo a escala industrial, no es poca cosa.

Fco. A. Juan Mata (caballero templario)

Fco. A. Juan Mata: «Epílogo. Cuando el misterio te llama por tu nombre»

(Y uno, pese a todo, responde)

<u>Fco. A. Juan Mata</u> <u>22 Sep 2025</u> - 16:07 CET

Archivado en: <u>Columnistas</u>

"Si Dios no existiera no habría ateos" (G.K. Chesterton)

Podríamos seguir discutiendo siglos, llenar bibliotecas con argumentos a favor y en contra de Dios, o medir con escáneres cada neurona que se enciende durante la oración. Podríamos citar a Russell, a Copleston, a Kant, a Heidegger... y a cualquiera que haya pasado la vida entera buscando lo mismo.

Y, sin embargo, al final del día, cuando el mundo calla y uno se queda a solas con su propio silencio, las preguntas siguen ahí: ¿por qué hay algo en lugar de nada? ¿Por qué este corazón no se conforma con lo que ve? ¿Por qué la belleza nos desarma, el amor nos salva y la muerte nos duele tanto? La razón puede explicarlo casi todo... menos lo que de verdad importa.

Entre la duda y el salto

He pasado páginas y páginas persiguiendo argumentos. Pero confieso algo: la fe rara vez nace de las demostraciones. No entra por la cabeza como un teorema. Te encuentra en un lugar más profundo.

Copleston lo intuía. Mientras Russell pedía pruebas empíricas, Copleston sabía que hay certezas que no se demuestran: se viven. Como decía Pascal: "El corazón tiene razones que la razón no entiende."

Creo que todos —también quienes se declaran ateos— tenemos hambre de infinito. Y esa hambre no se sacia con datos, teorías o algoritmos. Puedes construir telescopios que miren hasta los confines del universo... y aun así no hallarás la última respuesta. Porque la respuesta no está en un objeto lejano. La respuesta es una voz que te llama desde dentro.

El hilo que no se rompe

Dios no es una fórmula. No es una hipótesis que se refuta en un laboratorio. Tampoco es un juez con toga, sentado en algún despacho celestial. Para mí —y para millones— Dios es el nombre que damos a lo que nos sostiene cuando todo lo demás falla.

Puedes negarlo con argumentos, pero no puedes negar el anhelo que nos empuja más allá de nosotros mismos, la esperanza que nos levanta cuando todo parece perdido y la certeza íntima, imposible de demostrar, de que no estamos solos.

Creo que el ser humano no inventó a Dios por miedo. Creo que Dios nos inventó con sed de Él. Y por eso, aunque Nietzsche proclamó su muerte y la modernidad lo desterró de las aulas, el misterio sigue llamando. Terco. Insondable. Como un susurro que atraviesa todos los ruidos.

Respondiendo a la llamada

No tengo pruebas irrefutables. Ni las necesito. Porque la fe no consiste en entenderlo todo. Consiste en atreverse a confiar. Es dar un paso en la oscuridad con la sospecha íntima —más fuerte que cualquier certeza— de que no caerás.

Quizá, al final, Dios no se demuestra. Se encuentra: a veces, en la belleza de un amanecer. Otras, en la lágrima que se comparte. Tal vez, simplemente, en el silencio. El resto… es ruido.

Al cerrar esta serie, me doy cuenta de que no hemos resuelto ninguna pregunta. Y, paradójicamente, eso está bien. Porque, si Dios existe —y yo creo que sí—, el misterio no se resuelve: se habita. Y entonces, uno responde, casi en susurro, con la certeza de quien no sabe explicarlo, pero lo sabe vivir: "Aquí estoy."

Fco. A. Juan Mata (Caballero templario)

Fco. A. Juan Mata: «La razón como refugio frente a las bombas de Israel en Gaza»

Fco. A. Juan Mata   15 Sep 2025 - 12:36 CET

Archivado en: Columnistas

"La felicidad depende de la calidad de tus pensamientos". Marco Aurelio dejó escrito esto hace casi dos mil años. Y, sin embargo, la frase parece escrita para los ojos de hoy, para cualquiera que contemple la devastación de Gaza, donde la vida se abre paso entre ruinas, sangre y escombros.

Allí, entre cascotes que huelen a pólvora, unos niños juegan al balón. Corren, tropiezan, se ríen. No ignoran del todo las bombas, saben que el cielo puede desplomarse en cualquier momento. Pero eligen jugar. Y en ese gesto infantil hay más dignidad que en los discursos huecos de los que miran desde lejos. Porque el genocidio que se está consumando —ejecutado con la frialdad de misiles teledirigidos— no logra extinguir la risa de esos críos.

La paradoja es amarga: lo perpetra un pueblo que conoce en su propia carne lo que significa ser arrasado, deportado y exterminado. Quien sufrió los campos de concentración en Europa hoy levanta un muro y encierra a otro pueblo en una franja de tierra cercada, castigándolo con hambre, metralla y humillación. La historia, a veces, no enseña. O enseña demasiado tarde.

"Por favor no sintáis lástima por mí. No sientas pena por nosotros. No te necesitamos, te lo prometo. No necesitamos a nadie". Es el mensaje que una joven palestina envió a los medios desde Gaza. Y yo creo entenderlo. Porque en su lugar, quizá, también lo diría. No se trata de arrogancia ni de orgullo vacío: es una declaración de dignidad. El grito de un pueblo que, incluso bajo las bombas, no quiere compasión barata ni gestos de lástima. Reclama respeto, no lágrimas.

Esa dignidad es la que el mundo occidental parece incapaz de ver. En su mayoría, los palestinos se aferran a un Dios vivo que los sostiene, mientras nosotros, en nuestras sociedades aburguesadas, hemos sustituido la fe por la prisa, el consumo y la indiferencia. Puede que no sean ellos quienes necesiten ayuda, sino nosotros. Quizá el verdadero enfermo sea Occidente, con su escala de valores corroída por el egoísmo y la comodidad.

Ante este paisaje de horror, la razón se convierte en el único refugio que queda. No una razón fría, sino una brújula íntima que permite distinguir lo que depende de nosotros de aquello que jamás podremos cambiar. Nadie en Gaza elige las bombas. Pero un niño puede elegir jugar. Y un hombre, aunque lo pierda todo, puede elegir no odiar hasta pudrirse por dentro. Esa elección, que parece mínima, es en realidad la línea roja que separa la humanidad de la barbarie.

Aceptar la vida con serenidad no significa claudicar ante la injusticia. No es resignarse, ni bajar la cabeza. Es entender que hay tormentas que ningún individuo puede detener, pero sí resistir sin entregar el alma. Como aquel viejo capitán que decía que al mar no se lo vence; se lo navega. En Gaza, la vida se navega cada día a tientas, y aun así, la pelota rueda entre los cascotes.

Ese camino lleva a lo que los antiguos llamaron ataraxia: imperturbabilidad. Una calma que no es indiferencia, sino fuerza. El mundo se desmorona, pero uno decide no dejarse arrastrar con él. Esa paz interior, conquistada en medio de la metralla, es quizá la forma más alta de resistencia.

Frente al genocidio, frente a la injusticia repetida y la impotencia del mundo que mira y calla, queda la razón como escudo último. Pensar con claridad, no alimentar el odio, resistir en la medida de lo posible. No cambiará el curso de los drones ni el cálculo de los generales, pero permite que cada hombre y cada mujer conserve su dignidad.

Quizá eso sea lo que más teme el verdugo: que, aun bajo las bombas, el espíritu no se doblegue. Que los niños de Gaza rían, que las muchachas se nieguen a inspirar compasión, que un pueblo entero, olvidado por Occidente, se aferre a la vida y a su Dios. Porque mientras esa risa y esa fe existan, la barbarie no habrá vencido del todo.

La felicidad depende de la calidad de los pensamientos, escribió Marco Aurelio. Y en un rincón de Gaza, entre humo y destrucción, unos niños y una joven orgullosa le dan la razón sin saberlo.

Fco. A. Juan Mata (caballero templario)

Fco. A. Juan Mata: «¿Qué es el tiempo? Prólogo: Dos frases y un abismo Inbox»

Fco. A. Juan Mata 29 Sep 2025 - 13:53 CET

Archivado en: Columnistas

Todo empezó con dos frases, apenas un par de disparos secos en un aula de París. Henri Bergson, filósofo, premio nobel y patriarca de las letras francesas, afirmó con solemnidad que el tiempo de la física no es el tiempo real. Albert Einstein, joven genio en ascenso, respondió con la indiferencia de quien despacha una mosca: el tiempo de los filósofos no existe.

Ahí quedó el duelo. No hubo sangre, pero sí herida. Porque en esas dos frases estaba en juego algo más que un matiz académico. Era el derecho a decidir qué es la realidad: si el tiempo es la sucesión de números en un reloj, o si es esa corriente íntima que nos envejece, nos emociona y nos mata.

Noventa años después, seguimos sin respuesta. Y quizá por eso la pregunta persiste. ¿Qué es el tiempo? ¿Un río que fluye? ¿Una dimensión del espacio? ¿Un invento humano para orientarse en el caos? ¿Un abismo imposible de definir?

En esta serie no vamos a prometer certezas. No las tienen ni los físicos ni los filósofos. Lo que sí intentaremos es acompañar al lector en un viaje: desde Platón hasta Heidegger, desde Newton hasta Bergson y Einstein, desde los gusanos que despiertan tras cuarenta y seis mil años de hielo hasta nuestra prisa enfermiza de hoy.

Será una travesía en diez escalas —prólogo y epílogo incluidos— donde iremos a escuchar a cada pensador en su terreno, con sus palabras, sus obsesiones y sus batallas. Platón y Aristóteles, San Agustín, Kant, Bergson, Einstein, Heidegger... Y al final, preguntaremos de nuevo: ¿quién tiene la última palabra sobre el tiempo? ¿La ciencia, la filosofía, la memoria, la vida?

Puede que no encontremos la respuesta. Puede que solo logremos, como decía San Agustín, saber lo que es el tiempo hasta que alguien nos obliga a explicarlo. Pero, aun así, el viaje merece la pena. Porque hablar del tiempo es hablar de nosotros mismos: de la infancia que se aleja, de la vejez que se acerca, de los años que se aceleran y de la memoria que los guarda.

Fco. A. Juan Mata (caballero templario)

ALERTA DIGITAL

Tarjetas black: ¿Es culpable Rodrigo Rato?

En este mi primer artículo para Alerta Digital, deseo, antes que nada, agradecer a su director, don Armando Robles, la confianza que me otorga al poner a mi disposición su medio para llegar hasta ustedes, queridos lectores. Dicho lo cual, y deseando que esta fuera la primera de una larga serie de citas con ustedes, vamos a hablar sobre las conocidas como tarjetas black.

Este artículo sobre las "black" pretende poner sobre la mesa cómo se puede crucificar a un hombre acusándolo de algo a lo que nadie hubiera dado excesiva importancia si no existiera una conjura política para manipular la opinión pública con el fin de hundir su honorabilidad.

¿Qué es eso de la honorabilidad y qué o a quién debemos considerar honorable?

En primer lugar la RAE señala que "es aquel digno de ser honrado o acatado"; a continuación señala que "es el tratamiento que en algunos lugares se da a los titulares de determinados cargos".

Pues ¿saben qué?, al leer esto interpreté de inmediato que uno a los que se refiere esa definición es al señor Quim Torra, por el hecho de ser Presidente de la Generalitat. O sea que debemos honorabilidad a un hombre que ha insultado públicamente a todos los españoles, el citado señor Torra, me perdonarán que no utilice lo de honorable aquí; mientras que se la negamos al señor Rato, un gran ministro de Economía y uno de los españoles que más alto galardón internacional han alcanzado por ser Director del FMI.

El señor Rato es un hombre que se equivocó, pero que nos ha pedido disculpas en público por no haber detenido a tiempo una práctica a todas luces incorrecta, algo que, cuando él llegó a Bankia, ya existía. Un asunto, por lo demás, en el que se ha compensado el daño, puesto que el grueso de implicados ha devuelto el dinero.

Entonces, ¿ya no es digno de ser honrado alguien que utilizó un sistema anómalo para cobrar una retribución indirecta de 99.000 euros, y cuyo daño fue el causado a la Hacienda pública por no declarar esos ingresos? Piénsenlo un instante: ¿cuántos de nosotros, con los antecedentes que tenía el sistema, hubiéramos obrado de modo diferente? Cavilen ustedes que era una fórmula retributiva aprobada por el Consejo de Administración de la entidad, y que no era algo tan excepcional lo que hacían en Bankia.

Pregunten sino por ahí y verán cómo se las arreglaban otras grandes empresas para que sus directivos pagaran menos impuestos. En mi opinión el mayor daño causado a Bankia, y consecuentemente a la Hacienda Pública, con este asunto, fue el de utilizar un sistema chapucero por no contar con el asesoramiento del fiscalista experto más adecuado. De haberlo hecho bien, no tendríamos ahora caso "black" con notable pérdida de impulso mediático, pero no se engañen, Hacienda se hubiera quedado sin cobrar en cualquier caso.

Algo, lo de pagar menos a Hacienda, desgraciadamente muy habitual entre nuestra ciudadanía que lo considera una falta menor y, por ello, utiliza sin rubor el sistema de ahorro derivado del aún popular: "¿lo quiere usted con factura, o sin factura?". Por no hablar del coche de empresa en renting que sirve para todo pero desgrava las cuotas como retribución en especie. Se sorprenderían a ese respecto los trucos legales que, con sociedades instrumentales o similares, utilizan profesionales, deportistas, e incluso algunos ministros que presumen de "progres".

Yo conocí personalmente a Rodrigo Rato, aunque no le he vuelto a ver desde hace 25 años, cuando un compañero de partido me lo presentó y celebramos dos almuerzos de trabajo. Por aquel entonces él aún no había sido nombrado ministro pero nos esbozó las líneas maestras de lo que al poco sería el éxito económico del Primer gobierno de Aznar.

Me pareció un personaje simpático e ilusionado con su tarea, y una parte de las medidas que nos anticipó se estudian ahora en los tratados de macro economía. Además de aquellos 99.000 euros que no declaró por las tarjetas black, creo que el país también le debe algo por su tarea política. No duden que, a buen seguro, el saldo será positivo.

Pero no toca hoy detallar los múltiples sistemas para pagar menos a Hacienda. Quiero poner la mano en la llaga de la hipocresía cuando tiramos al barro la reputación de alguien y pasamos por alto nuestro propio comportamiento. Es miserable afanarse en realzar el mérito de algún dudoso honorable, mientras se carga contra el héroe caído en desgracia. Siendo como somos un país cristiano, deberíamos aplicar aquel pasaje del evangelio cuando Jesús retaba a tirar la primera piedra.

Sin embargo, pese a este razonamiento, alguien se ha debido considerar más honorable que Rodrigo Rato y ha retirado su retrato de la zona noble del Ministerio de Economía. Quizá porque, también es cierto que, el dirigente está más obligado que los demás a dar ejemplo, aunque sólo fuera para desterrar estas prácticas.

Juan Mata Hernández | 10.816 lecturas

Villarejo, no somos espíritus puros

Me vienen a la memoria momentos gloriosos de esos que enriquecen los recuerdos. Me quedé con la mirada perdida y la sonrisa entre los labios recordando aquella frase que Javier, el director general de una entidad de leasing, le dijera a mi amigo Dionisio, entonces jefe de contabilidad de la misma: «Sí. Y deduzco que tú tampoco eres espíritu puro», respondió, cuando Dionisio, que salía de los Servicios de caballeros, le espetó sin pensarlo demasiado mientras le cedía el paso al mingitorio: "¡Hombre, Javier, tú también por aquí!". El caso es que mi amigo era algo tímido y, Javier, un jefe serio, circunspecto y de pocas palabras. Así que la expresión fue de esas que te salen cuando no eres capaz de sujetar la lengua porque parece que hay que decirle algo al Jefe. Pero nunca fue una frase tan acertada, porque cualquiera dudaría que otro fuera un espíritu puro. Y es que yo creo que ni los que el Vaticano proclama santos, podrían presumir de tener un espíritu puro, tal como lo entendemos en este mundo.

En tono de broma, el martes pasado en un popular programa de TV, dos conocidos invitados confesaban que "habían robado alguna vez en unos grandes almacenes", eso sí, "cosas pequeñas", añadían. Pero, tras las bromas de rigor, afirmaban que irían al día siguiente a compensar a la empresa devolviendo el importe sustraído... Bueno, es un ejemplo estúpido que me salta según escribo este artículo, pero tan real como la vida misma, y no me resisto a incluirlo porque alguno de ustedes hablaba días pasados sobre "apropiación indebida".

Y, bueno, se preguntarán, ¿de qué nos va a hablar hoy éste? Pues simplemente de eso.

De que no busquemos por ahí un espíritu puro, un hombre o mujer libres de mancha para dirigir un ministerio, un gobierno o una empresa. La semana pasada hablaba de una especie de "caza de brujas" sobre las "black" contra Rodrigo Rato y argumentaba que "aquello, aunque estuviera mal, se había desbocado". Quizá también por lo de que todo el mundo tiene siempre una parte de razón.

Pero hoy viene a cuento con las serpientes que salen del cesto de un señor llamado Villarejo que se ha dedicado, según parece, a investigar a mucha gente, por su cuenta o por la de terceras personas. No es algo nuevo, desde luego, porque el espionaje es, probablemente en dura competencia con la prostitución, el "trabajo más viejo del mundo". Recuerden cómo los filisteos averiguaron gracias a Dalila la debilidad de Sansón. Es un instrumento de poder que ha existido y se ha utilizado como arma desde siempre. Es sólo que, con los medios actuales de comunicación, estamos condenados a verlo cada vez más como una gran bola que se nutrirá de lo que: digamos, escribamos, hagamos y, no añado de lo que pensemos o sintamos, pero no ignoren ustedes ese riesgo, porque llegará. Me refiero, además del manido asunto Villarejo, a escándalos similares que pululan por los cinco continentes, como el Wikileaks que se inició en 2006 y sigue vivo en nuestros días, o el de los Pentagon Papers de 1971.

Es noticia en estos días, la defensa del asalto al BBVA que su ex presidente, Francisco González, hizo en 2004, apoyado en una empresa de investigación privada. Era una operación liderada por la constructora Sacyr que contaba, presuntamente, con el beneplácito del gobierno socialista de Zapatero y de sus responsables económicos, y que pretendía tomar el control del banco y situar en la presidencia a un hombre de confianza del PSOE. De la filtración de una parte de los informes recabados por el señor Villarejo, se deduce que el intento de asalto fallido, fue dinamitado de un modo eficaz, a la vista del resultado final, aunque con medios poco ortodoxos. ¡Lo que hay que ver! Bueno pues resulta que se va a investigar la defensa que hizo el BBVA, pero se obvia el presunto complot para apropiarse del banco. Eso no parece interesar a nadie. "Cosas veredes, amigo Sancho, que farán fablar las piedras".

Pero entonces, ¿hay que evitar esas filtraciones?: Conversaciones con la ministra Dolores Delgado, con el ex juez Baltasar Garzón, Operación Tandem, Informe Veritas, etcétera. Pues verán, hay opiniones para todos los gustos. Y así, mientras una minoría apoya sin reservas que todo salga a la luz, como el congresista americano por Texas, Ron Paul, que dice: "En una sociedad libre se supone que debemos saber la verdad". Y lo defiende pese a que la mayor parte de las filtraciones de Wikileaks dejan en bastante mal lugar al ejército y la política norteamericana. Quizá por ello, también la mayoría de voces, empresas y gobiernos se muestran radicalmente en contra.

¿Qué decir al respecto? Donde imperan los extremismos e intereses de parte, como se deduce del modo en que se gestionan estos asuntos, mal se evita la confusión para el público ante el que se presentan los escándalos. Así que yo creo que causan más daño que el que evitan y, además, dan un poder absolutamente injustificado y chantajista a quien los controla o promueve. Voy a tratar de explicarme:

Aunque haya inicialmente detrás de alguna de esas investigaciones la aparente buena voluntad de airear la verdad de algo que se hizo mal, al final todo se convierte en un juego de poder. Porque la información reservada de temas sensibles que afectan a gente poderosa, terminarían por doblegar sus voluntades y ponerlos a merced de otro que tendría el poder en la sombra. Por el contrario, el periodismo de investigación, destapa también escándalos que, de no contar con su trabajo, quedarían impunes. Es el argumento que hace al periodismo libre tan fundamental para las sociedades democráticas. Tanto que recibe la consideración de "el cuarto poder", tras el ejecutivo, legislativo y judicial. Así que, al menos en ese sentido, deberíamos estar de acuerdo en que la prensa "…publicara todas las verdades a los cuatro vientos". Y no debiera existir trabajo periodístico sin que previamente se apoyara en una labor de estudio e investigación. Ustedes señores lectores no merecerían otra cosa.

La duda surge cuando la investigación se basa en sistemas ilegales como el "hackeo", la utilización de medios públicos, departamentos de seguridad, bases de datos de grandes empresas, intrusión ilegal en la intimidad privada. Y aún, en determinados casos, podríamos incluso ser tolerantes. ¡Claro que sí!, pero si se pusieran honrada, desinteresada y libremente los datos obtenidos a disposición de todo el mundo, sin una selección previa, de cuáles, cuántos, cuándo y cómo, pueden o no, ser difundidos.

Porque, tal y como hemos dicho al principio, en este mundo no hay nadie que pueda presumir de "espíritu puro" y no sería justo airear las impurezas de los unos (sin hache) mientras se mantienen ocultas las de los demás.

Las cuentas y los cuentos de Pedro Sánchez a los pensionistas

CuentasCuentosPensionistasSanchez

(El País)

Juan Mata Hernández.- Soy pensionista, conozco algo de cálculo, pues también soy ingeniero, y les aseguro que no he sido capaz de darme cuenta de lo que pretendía el Gobierno del señor Sánchez con la última carta que envían para informar sobre la evolución de la pensión. Sólo pensar lo que supone de ineptitud y mala fe ese documento que se está dirigiendo a todos los pensionistas en estos días, estremece: tiene origen en el Instituto Nacional de la Seguridad Social, y comienza así: "En relación con la revalorización de las pensiones del Sistema de la Seguridad social para el año 2019….", siguen a continuación los detalles de un Real Decreto…, los porcentajes, etcétera. Y por fin, en la parte baja del oficio/comunicado, el esperado detalle de los euros que nos van a pagar, que en realidad, es lo único en que nos detenemos todos para conocer y comparar.

Pues miren ustedes, los que han organizado esta propaganda electoral, bien que lo saben, ya que encontramos la sorpresa de que, en la correspondiente carta dirigida a una viuda, que su titular me ha hecho llegar, señalan una revalorización de 367 euros para una pensión de 115. Así que, incluyendo los complementos a mínimos, le van a pagar 677 euros, que, oiga, no es mucho, desde luego, pero vaya… si partía de una pensión de 115, no son moco de pavo los 367 de más que le cuelgan ¿verdad?

Luego, ya con la sensación de que nos han pretendido tomar el pelo, reviso mi caso y compruebo que la revalorización, que también publicitan con amplia y visible generosidad, supondría un 5,55% que tampoco estaría mal si tenemos en cuenta que la inflación de 2018 fue del 1,2%. Pero claro, hay un gato encerrado que tiene 7 años. ¿Qué pensarían ustedes?

Pues, seguro que responderían: Hombre, así por lo bajo, me parece que a la viuda la han tratado muy bien, porque 367 sobre 115 representa más de un 300% de revalorización. ¡Ya era hora de que alguien se ocupara de los pensionistas más desfavorecidos, gritarán eufóricos! Poco a poco, amigo mío, poco a poco… pues se empieza a parecer usted a mí cuando leí por encima el documento, y ambos, usted y yo, hemos picado como aquellos pavos a quienes les robaban el reloj de cadena y dejaban pendiendo el atadero de metal. Esa revalorización, si se analiza con detenimiento el complejo documento, sí que es como el moco que les cuelga a los pavos.

Nos han querido engañar las cuentas del señor Sánchez con el cuento que nos ha enviado la ilustrada Mª Gloria Redondo, directora general del INSS, que firma la carta.

Ha sido peor que lo de los bancos con las "preferentes", porque allí habría letra pequeña que no se entendía, según el caso, pero no publicitaban con gruesos caracteres la palabra "REVALORIZACIÓN 2019" por todos lados, para hacernos creer que ese incremento tenía al heterogéneo gobierno de Pedro Sánchez como único autor y benéfico responsable.

Ha tenido que ser la llamada indignada de mi buen amigo Pedro Lobo, quien me advirtiera de la evidente mala fe que subyace en esta información. Fíjense, la revalorización que refleja el escrito se refiere nada más y nada menos que a la diferencia entre la pensión que se tendrá en el año 2019 y la que la titular había percibido en 1995, año en que se le pagó por primera vez. O sea que del 300% nada. Y si observan el documento, en ninguna parte indica que la pensión origen fuera la de hace 24 años, ni tampoco, por lo de poder al menos comparar, se refleja la subida que el coste de la vida experimentó en ese período.

En realidad, en ninguna parte del documento encontramos la diferencia entre la pensión de este año y la del anterior, que es la que la mayoría de pensionistas buscaríamos de inmediato. Hay un olor a podrido apestoso que indigna por lo que supone la venta de una falsa imagen ante un colectivo que no va a leer la realidad porque, muy probablemente, ni se detendrá a analizar con detalle la carta, ni quien la escribió pretende tampoco que lo haga.

Se podría haber ido usted y todo este Gobierno al diablo con sus socios de Podemos e independentistas, a quienes riegan con subvenciones, antes de ofender la dignidad de los pensionistas con una artimaña de este calibre.

Tal engaño tiene por lógica que venir desde arriba, pues no me imagino a una simple directora General del INSS capaz de tomar una decisión de esta dimensión sin contar con su Ministro de Trabajo, y este a su vez con quien lo colocó ahí. En definitiva, pretenderán que, cuando de verdad tengan que enfrentarse a las urnas, ojalá fuera cuanto antes para que valore lo que nos ha parecido su carta, pensemos en el generoso dispendio que ha hecho con los pensionistas. Pero, siendo también un despilfarro de 8 millones de envíos, se demostrará letal para quienes lo han pretendido.

Cuando un colectivo como el de los pensionistas, corre el riesgo de caer en la fanfarria propagandística de quienes gobiernan. ¿Piensa usted que los españoles somos tontos?

Será difícil que nadie vuelva a creer en las promesas de quien nos consideró unos incautos, y a buen seguro que contemplaremos otras alternativas que, además, del ejemplo de austeridad que ustedes no practican, nos aboque en consecuencia a aceptar con buen talante una situación digna y productiva para la sociedad de la que formamos parte.

¿Quién es el pobre y quién el rico? La vida, a veces, es un sube y baja

Quizá se deba a mi tío Victoriano Rivas Andrés, por lo que siempre miro con simpatía todo lo referente a la Compañía de Jesús. Él era jesuita y además un gran escritor y poeta. Con su influencia y el apoyo público, consiguieron mis padres que pudiera estudiar en el Colegio de la Inmaculada de Gijón. Han pasado ya más de sesenta años -mi tío murió hace tiempo- y la sociedad ha cambiado tanto que hoy se podría valorar como un triunfo el que un pobre pudiera estudiar becado en un colegio de élite. Dirían que hay institutos del Estado donde la escolarización es gratuita y que esa otra opción de la época franquista no responde a la lógica social.

Entonces, ¿por qué van a estudiar los pobres junto a los ricos? ¡Sería una mezcla peligrosa! Oiga, no se sorprenda tanto. Siempre se ha pagado un plus por vivir al lado de los poderosos y triunfadores. Bien ¿por qué no estudiar en los mejores colegios junto a sus hijos? Parece complejo, extraño, atípico… Pues ocurre, nos guste más o menos, que hubo sistemas de integración que propiciaban ya esto hace mucho tiempo. La beca que se otorgaba entonces, que yo disfruté al igual que varios de mis hermanos, era una forma de cheque escolar meritorio que había que ganarse cada curso, hincando los codos para lograr unas calificaciones notables. Hoy, según parece, cualquier joven sin ánimo de estudiar puede pasarse la vida haciendo el vago a costa del presupuesto público sin que nadie le exija gran cosa.

¿Se potencian complejos de inferioridad?

Pues no sé lo que pensarán ustedes. El espíritu alegre que predomina en la infancia no se fortalece por vestir ropa de marca o vivir en barrios lujosos, sino que se alimenta de amor e ingenuidad. En mi opinión, un colegio de élite no es ni mejor ni peor que un instituto público para hacer feliz a un niño becado, aunque a primera vista pareciera contradictorio. En el ámbito monetario uno va a estar siempre a la cola del resto de compañeros, eso es cierto, pero contribuye a relegar lo económico en la formación del joven. Para comprender esto último, tengo que explicar un caso que yo viví en el colegio jesuita: en la clase de Ingreso, el Hermano López, responsable del curso, hacía una curiosa competición recaudatoria mediante la cual se recogían fondos para Acción Social. Había un gran cuadro con bicicletas de colores asignadas a cada alumno, y su avance se lograba mediante donativos. La mía, de color azul, era siempre el farolillo rojo. Pero no imaginen que me avergonzaba; ningún efecto que recuerde, salvo lo anecdótico. Y no es demasiado para un niño de diez años que no disponía de mucho pero necesitaba aún menos. En realidad allí me limitaba a estudiar, luego, con mi pandilla, la del barrio, disfrutaba sin sentirme atrapado con el marasmo de compromisos por reuniones de cumpleaños y fiestas de los que llamábamos "de Somió", el barrio lujoso de Gijón. En él se asentaban casonas, chalets, e incluso algún palacio, de muchos de mis compañeros. El pobre, probablemente pensarían que era yo; aunque hubieran tenido que jurarlo muy serios los demás, para que me lo creyera.

Al despreocuparse de lo que tienen otros y centrarse en su tarea, cualquier competencia escolar: deportiva, social, espiritual o académica, ofrece las mismas líneas de salida y meta. Más aún, aunque suene extravagante, cuando el conocimiento nos acerca a la fe, la escasez de recursos libera muchos traumas. El sabio, como veremos que ocurría con Diógenes, se resiste a admitir que nadie es superior a otro por contar con más medios y es la coraza frente a la asfixia social que a veces llega con los volubles ciclos de la vida.

¿Cómo es una vida larga y feliz?

Es, sin duda, una pregunta sociológica. No todas las comunidades son iguales en cuanto a sus necesidades de subsistencia. Así pues, si entendemos que los pobres son un entorno social, para decir que se tiene o no esa condición, no basta con medir un determinado nivel de renta o situarlo en un lugar geográfico determinado; aunque ambos aspectos pueden ser excluyentes o complementarios para definirla. Decía el P. Ignacio Ellacuría, SJ., que tampoco es igual la consideración de indigencia cuando se analiza desde el lugar donde residen las clases dominantes, que al hacerlo desde el propio tercer mundo, donde moran la mayor parte de los desheredados.

Según escribo estas notas, recibo una llamada de mi buen amigo Antonio Gutiérrez. Él acaba de publicar un artículo sobre su longeva madre, Luz Muñiz Alique, la persona más vieja de León, que con 106 años y gran lucidez mental es la memoria viva y feliz de una familia llena de personajes con mucha historia, pues su padre fue el capitán Sixto Muñiz, uno de los famosos "Últimos de Filipinas". Mi madre, dice Antonio, es una mujer de extraordinario carácter y buena conversadora que, cuando se enteró de ser la mayor de la ciudad se puso a cantar. Ella, una maestra del siglo pasado, con cultura y amor familiar pudo superar la muerte prematura de sus seres más queridos, entre ellos sus dos hijas. Sería un ejemplo vivo de que la vida plácida reside más en los sentimientos que en las posesiones.

Y también valoramos la felicidad, en comparación con la de quienes nos rodean. Es probable que la mayoría de notables de épocas anteriores, dispusieran de menos medios para atender sus necesidades que cualquier menesteroso de hoy en día. Y, con seguridad, salvo que nuestra locura nos llevara a una hecatombe, los que hoy tienen más, se sentirían infelices, en cuanto a los medios a su disposición, comparados a los de cualquier otro individuo del próximo siglo.

Resulta complejo discernir quién es feliz por lo que posee, ¿por qué unos no se sienten mal sin tener nada, y otros, que lo tienen todo, están taciturnos o depresivos? ¿Cuestión de serotonina, quizá? Yo no entiendo de psicología, pero tengo muy cerca a una de las mejores psicólogo clínica de España, y cuando se presentan así las cosas ella me suele recordar el poema de Campoamor «las dos grandezas». Describe el encuentro de Alejandro Magno, el más poderoso y rico hombre de su tiempo, con el filósofo Diógenes. El gran conquistador admiraba la sabiduría y el temple de Diógenes y venía a ofrecerle su fortuna, mientras que el sabio despreciaba el poder y la riqueza, pues vivía medio desnudo en un simple tonel. Los versos, que por economía de espacio no incorporo en su totalidad, dicen así:

> Uno altivo, otro sin ley,
> así dos hablando están:

-Yo soy Alejandro el rey.
-Y yo Diógenes el can.
-Vengo a hacerte más honrada
tu vida de caracol.
¿Qué quieres de mí? -Yo, nada;
que no me quites el sol.
.../...
-Mantos reales gastarás.
De oro y seda. -¡Nada, nada!
¿No ves que me abriga más
esta capa remendada?
-Ricos manjares devoro.
-Yo con pan duro me allano.
-Bebo el Chipre en copas de oro.
-Yo bebo el agua en la mano.
.../...
Y al partir, con mutuo agravio.
Uno altivo, otro implacable,
– ¡Miserable! dice el sabio;
Y el rey dice: -¡Miserable!

¿Cuál de los dos era más miserable? Sólo la inquietud cultural y el amor nos acerca a los valores espirituales que otorgan la felicidad; aunque sea humano satisfacer los instintos primarios y poner todo nuestro afán en ello. Y es que —así es la vida- sólo valoramos lo que no tenemos.

Del Brexit a los Estados Unidos de Europa

Con el Bréxit y otras zarandajas, hemos detenido la construcción de un gran estado europeo que ilusione e integre a nuestros nietos.

El modelo que supone los EE.UU. de América, se consideraría una utopía si se mira desde la perspectiva del complejo tablero de países que hoy componen la Unión Europea. Nuestro marco identitario está plagado de enfrentamientos, intereses contrapuestos, y desconfianzas muy recientes. No ayudan, desde luego, a ese objetivo, actuaciones tan absurdas como la de Bélgica, acogiendo al golpista Puigdemont, o fallos judiciales en Alemania que desprecian sentencias del Tribunal Supremo español.

¿Tiene ilusión y sentido el proyecto europeo?

No obstante, la ilusión del proyecto europeo que se inició con el Tratado de Roma, hace más de 60 años, mantiene aún la esperanza, pues el 70% de los europeos consideran que la UE es un lugar estable dentro de un mundo turbulento y caótico. Pero el propio lema de la Unión: "in varietate concordia", -unida en la diversidad- señala precisamente la mayor debilidad para lograrlo, la diversidad. Y es que tenemos diferentes lenguas, razas, culturas y, lo único que nos unió siempre que era el mensaje cristiano, lo hemos arrinconado en pro de una peligrosa laicidad. Ahora, tras la alarma que suscita el Bréxit y la irrupción de políticas contrapuestas para enfrentar el fenómeno de la inmigración irregular, es difícil soslayar la inquietud por el futuro del proyecto. Cada vez es más necesario que, en un mundo volcado hacia objetivos económicos, se logre hacer entender a los ciudadanos que los diferentes intereses de cada región lo deberían ser también de la totalidad.

Por tanto, para lograr que cale en el pueblo el orgullo de una patria común, será preciso desterrar el extremismo nacionalista que ha aparecido de repente con gran fuerza. Están tornando unos arquetipos folklóricos excluyentes apoyados por los EE.UU, y Rusia, los grandes detractores del proyecto europeo. A ninguno le interesaría enfrentarse, en un planeta globalizado y cada vez más competitivo, a un rival de la talla de la Unión, que, como se observa en los epígrafes del siguiente cuadro, está en condiciones de superar a los demás:

Fuente: Eurostat, B.Mundial y otros		EE.UU	U.E	Rusia	China	Japón
Superficie		9,4 Mil. km2	4,3 Mil. km2	17,1 Mil. km2	9,6 Mil. km2	0,378 Mil. km2
Población	Banco Mundial 2016	328 Mil.	512 Mil	144 Mil.	1.418 Mil.	127 Mil.
Densidad de pobl. h/km2	2016	35	116	8	148	336
PIB anual	2017	14,10 Bill. €	15,33 Bill. €	1,40 Bill. €	16,95 Bill. €	3,99 Bill. €
PIB per cápita	2017	42.988 €	29.900 €	9.722 €	11.953 €	31.417 €
Deuda pública total	2016	18,04 Bill. €	12,78 Bill. €	0,18 Bill. €	4,50 Bill €	10,54 Bill. €
Deuda (%PIB)	2016	127,94%	83,30%	12,85%	26,55%	264,16%
Deuda per cápita	2016	55.000 €	24.961 €	1.250 €	3.200 €	83.000 €
Exportación Mundial %	2016	11,80%	15,60%		17,00%	5,20%
Importación Mundial %	2016	17,60%	14,80%		12,40%	4,70%
Balanza comercial	2016	-719,6 Mil. €	32,1 Mil. €	93,0 Mil. €	460,5 Mil €	34,3 Mil. €
Esperanza de vida	Banco Mundial 2016	79 años	81 años	72 años	76 años	84 años

En 2016 la UE era, en número de habitantes, la tercera zona más poblada del mundo tan sólo por detrás de China y la India, y tenía una esperanza de vida de 81 años, una de las mayores del planeta influida por el elevado nivel de atención a la salud y a la educación.

También se desprende de esos datos, que la UE, con un menor endeudamiento y balanza comercial excedentaria, supera ampliamente a los EE.UU. que sigue siendo la primera potencia mundial, pero con síntomas preocupantes.

La Unión Europea podría ser una superpotencia en muchos otros aspectos, además de los que ya señala ese cuadro estadístico. Lo somos sin duda, si se considera aisladamente el aspecto mercantilista, y quizá podríamos serlo también en la influencia política internacional, si contáramos con un respaldo militar unificado. La meta alcanzada al formar un "mercado común" para la libre circulación de personas, mercancías y capitales fue un éxito innegable, pero la percepción general es que hay cada vez más obstáculos para avanzar: Se han presentando inopinadamente circunstancias como el Bréxit, los problemas con la política de fronteras frente a la inmigración, o la deriva hacia los extremismos regionalistas y nacionalistas, como señalábamos antes.

Contamos con la mayor riqueza y diversidad cultural del mundo. Un valor que no han podido destruir las dos pasadas guerras mundiales. Pero enfrentamos también fuertes debilidades, como desequilibrios económicos regionales y grandes diferencias de renta per cápita. Por ello se requiere el fomento de una mayor movilidad interna que corrija esos desequilibrios y con ella, dosis de tolerancia y generosidad. Ahora que el inglés deja de ser idioma oficial, una nueva lengua común vehicular, como quiso ser el esperanto, ayudaría en esa labor.

Los ciudadanos, "el pueblo soberano", como gusta llamarnos un buen amigo, estamos hartos de discusiones que enrarecen el ambiente entre los países. No queremos más bréxit, ni oasis para golpistas, ni frentes populistas nacionalistas... Queremos unos Estados Unidos de Europa más unidos, altruistas, filantrópicos y ensoñadores. Que se dejen llevar de verdad por el lema de la ilustración: libertad, igualdad y fraternidad. Una Unión basada en lo económico, por grande y poderosa que logremos hacerla parecer, no despierta pasiones entre la gente, ese, en los versos de Rubén Darío, "vulgo errante, municipal y espeso", a veces tan exigente, que aspira a ver crecer en Europa un alma nueva con una ilusión común.

Es un sueño, desde luego, ¿pero qué nos queda sino soñar? El Reino Unido siempre ha sido un freno y quizá el Bréxit fuera una gran oportunidad. Al despertar podríamos mirar orgullosos la bandera de las 12 estrellas blancas sobre un cielo azul sin contaminar, entre acordes de la Oda a la Alegría de Ludwig van Beethoven.

Francisco A. J. Mata

Los jacobinos españoles

Ya nadie puede dudar de que nuestro país se encuentre en una fase de ebullición democrática con riesgo claro de que se desborde la olla. Alguien me podría interpelar diciendo: "No sea usted tan agorero. Estamos en Europa y eso es un escudo formidable para cualquier tentativa de involución". Pues, poco a poco, amigo mío, poco a poco; la Unión Europea es una víctima más del nacionalismo excluyente que violenta y corrompe el desarrollo de los llamados a ser, Estados Unidos de Europa. La U.E., sin una política común de fronteras y el debido reconocimiento y apoyo a sus raíces cristianas, apenas nos proporcionaría un escudo de papel.

La represión que impulsan los nacionalistas hacia lo que ellos consideran como "impropio de su región" –y no digo nación porque no hay tal-; extendiendo ese concepto no sólo a la lengua, sino también a la cultura popular, las celebraciones, los ritos, y cualquier aspecto integrador de lo español; nos llevará de nuevo al enfrentamiento.

Para que ustedes no me tilden anticipadamente de anti-catalán, les diré que mis dos nietos son de Barcelona; mi primer apellido extendió sus raíces por las regiones de la Cataluña francesa, mucho antes que los antecesores de la gran mayoría que hoy vive por aquellas tierras; que tuve la dicha de acompañar a mi hija mayor hacia el altar en la pequeña ermita de Santa Cristina, cerca de Blanes; que he trabajado casi toda mi vida para una entidad con sede en Barcelona y, que no, vamos que no busquen por ahí, porque errarían.

Resulta curioso ver que tendencias políticas como las de la democracia cristiana, los radicales, republicanos, liberales y socialdemócratas diversos, muchos de los cuales pasaron de la clandestinidad en la época de Franco al apoyo decidido durante la Transición, compartan valores e ideas de los jacobinos franceses, mientras toleran la deriva nacionalista que estamos padeciendo. La intolerancia que se acentúa día a día sólo se puede detener con una defensa seria y firme de la soberanía popular sin exclusiones.

Es necesario recomponer la visión de la indivisibilidad de España dentro de Europa, y eso conlleva la defensa de un estado fuerte, mucho más centralizado del que se ha ido desenfocando con los desvaríos interpretativos de nuestra Constitución.

Para ello ya no sirven partidos como el PSOE, a quién yo voté en multitud de ocasiones, por que ha delegado su representación en unos responsables incapaces de comprender la compleja realidad de lo que representa y debe ser la unidad de España.

Probablemente tampoco sirviera para una restauración auténtica este último PP, timorato, que contando con la mayoría que le otorgó el pueblo, miró cómodamente hacia otro lado mientras la deriva nacionalista crecía y abusaba de su posición decisoria y desequilibrante. Quizá hoy Santiago Abascal o, Pablo Casado, si es capaz de retirar las telarañas, fueran capaces de abordar ese nuevo e ilusionante proyecto democrático. Hay que crear un nuevo Club de los Jacobinos, -aunque su sede fuera un colegio jesuita, en vez de un convento dominico-. Un Círculo que se extienda por todo el País para apoyar a los partidos garantistas, aquellos que se alejen de veleidades e intereses personales; un Club, en definitiva, en quien depositar la esencia de lo español.

Así se puede construir una democracia envidiable, sana e igualitaria, como la que ha permitido a Francia sortear con éxito los avatares de la historia y ser un ejemplo admirable de lo que ha sido, es y debiera ser, una democracia moderna.

Tengo un amigo por Canadá que sugiera copiar lo bueno que tengan los demás, así que hoy propongo que le escuchemos y sigamos la receta que don Alberto Jiménez Fraud también aplicó en su Residencia de Estudiantes: él decidió aprovechar lo mejor de los sistemas pedagógicos anglosajón, alemán y francés. Hoy celebramos que el resultado fue la llamada "Generación del 27"; la Edad de Plata de la cultura española.

Cuidando nietos

07/03/2019   Juan Mata Hernández | 10.860 lecturas

La clara y la yema del voto femenino

"Tenemos a las heteras para darnos placer, a las criadas para que se hagan cargo de nuestras necesidades corporales diarias y a las esposas para que nos den hijos legítimos y sean fieles centinelas de nuestras casas". Demóstenes, contra Neera. Siglo IV a. C.

El viernes 8 de marzo se celebra el Día Internacional de la mujer como un testimonio más de la lucha necesaria hacia la igualdad entre los sexos. Claro que cuando leemos textos como el que abre este artículo, y que forma parte de un discurso atribuido a Demóstenes en el juicio contra Neera, una griega que había sido prostituta o hetera, deducimos que se ha avanzado mucho en defensa de los derechos de la mujer, pero resta un buen trecho por recorrer.

Nuestra vida, dominada por el estrés y la competencia, dificulta habitualmente la tolerancia. Quien analiza el comportamiento humano, puede observar ante esa situación que uno y otra no nos movemos por similares parámetros. Siempre se ha distinguido el talante de la mujer por su flema y paciencia. Su proximidad a la vida, desde que la engendra, les ha enseñado a no descorazonarse cuando las normas sociales no las trata con equidad. Cierto que ha habido situaciones y casos en que la desazón ha hecho estallar la protesta femenina; valga el ejemplo de la huelga sexual que realizó la griega Lisístrata –siglo V a. de C.- conminando a su pueblo a terminar la guerra, o el de la astrónoma egipcia Hipatia casi mil años más tarde, en pro de autonomía personal y libertad de pensamiento.

En nuestro mundo occidental la sensibilización hacia el reconocimiento de los derechos de la mujer se fortaleció con las propuestas emanadas de la Revolución Francesa y los primeros movimientos sufragistas de origen burgués de mediados del siglo XIX. Pero en España, la fecha del 8 de marzo es especialmente significativa porque fue en ese día de 1910, con la monarquía de Alfonso XIII, cuando se aprobó una real orden que equiparaba la igualdad de condiciones de ambos sexos para acceder a la Enseñanza Superior; bien es cierto que ya a mediados del XIX las primeras mujeres habían comenzado a ir a la

Universidad al no existir ninguna ley que lo prohibiera. Hay que significar que fue un adelanto respecto a otras naciones europeas; por ejemplo, la universidad de Cambridge, que no autorizó ese acceso hasta 1947.

Fue en 1924, durante la dictadura de Primo de Rivera, cuando por primera vez se concedía en España el derecho de voto a la mujer. El Real Decreto en el que se tomaba ese acuerdo, fijaba algunas limitaciones, pues ni la mujer casada ni la prostituta podría ejercerlo. Curiosa paradoja que fuera un dictador quien estableciera ese precedente.

Pues bien, ahora, un siglo más tarde, los partidos políticos de izquierdas tratan de rendir culto a la estupidez, para competir por el mérito de haber impulsado la consecución de esos derechos, cuando tendrían sobrados motivos para callarse. Por eso cada vez resulta más necesario dejar claro que, ya desde la etapa de la dictadura de Primo de Rivera y luego con la II República, quien con más encono se opuso a otorgar el voto a la mujer fue el partido socialista. Victoria Kent, que seguía el dictado del líder del PSOE, Indalecio Prieto, representó esa visión en el debate frente a la radical, Clara Campoamor, que fue quien finalmente logró la aprobación del voto femenino. Es cierto que, en el resultado favorable, influyeron también votos socialistas discrepantes de Kent y Prieto.

El socialismo lo tenía claro, el voto femenino iba a ser de tendencia conservadora y eso no les interesaba. Pero ¿Cómo hacer suyo el mérito y abogar en el debate del Congreso por la opción contraria? Bueno, ya saben el modo y el resultado.

Claro que la hipocresía y la mentira tienen sus límites. Y, al sobrepasarlos, aparecen los descosidos. Miren ustedes:

"No dejéis a la mujer que, si es regresiva, piense que su esperanza estuvo en la dictadura; no dejéis a la mujer que piense, si es avanzada, que su esperanza de igualdad está en el comunismo. No cometáis, señores diputados, ese error político de gravísimas consecuencias" (Clara Campoamor en su discurso de 1931 para defender en el Congreso el voto femenino).

He querido reflejar estas palabras de Clara Campoamor en el famoso debate del Congreso de los diputados frente a Victoria Kent, porque es muy ilustrativa su advertencia frente al "comunismo" que representa hoy,

Unidos Podemos. Se trataba de la aprobación del voto femenino que propugnaba la "Clara", mientras la "Yema", Victoria Kent, abogaba justamente lo contrario. Cierto es que ambas, Clara y Victoria, siempre apoyaron posturas progresistas cuya opción las animó a romper tabúes y el del voto no era sino uno de ellos.

¿Cómo explicar que dos líderes feministas tuvieran una postura tan encontrada?

Bueno, eso ocurre muy a menudo entre personas tan impetuosas como las que hoy analizamos. En boca de Victoria Kent tendríamos ya una versión de esos motivos: "Creo que no es el momento de otorgar el voto a la mujer española (…). Señores diputados, no es cuestión de capacidad; es cuestión de oportunidad para la República (…). Pero hoy, señores diputados, es peligroso conceder el voto a la mujer"-

Yo me quedo con esa última frase: "hoy es peligroso conceder el voto a la mujer" y lo dice una feminista que representa a un partido socialista. ¿Qué lectura se ha de hacer de esto? Pues que hay un derecho inalienable pero… NO TOCA. Y es que los intereses del partido disfrazados siempre por los políticos en nombre del colectivo general, amarillean y avergüenzan. Siempre ha sido, es y será así. Priorizan los intereses de partido que habitualmente establece quien lo gobierna –en aquel caso Indalecio Prieto. Ese dirigente socialista que todavía tiene una estatua en el Paseo de la Castellana de Madrid-.

Tal era cuando menos su opinión al respecto del voto femenino, tras el golpe de estado que diera lugar a la II República. Y el resultado fue una clara victoria en las elecciones de 1933 –nunca mejor dicho lo de Clara- que daría el triunfo a los partidos conservadores gracias en parte al voto femenino. Envueltos en un halo de crispación y arrogancia, las izquierdas achacaron aquella derrota precisamente al triunfo de las tesis de Clara Campoamor; pues señalaban que la mujer opinó influida por sus maridos y, cómo no, por el diabólico asesoramiento que ejercían sus confesores de la Iglesia Católica.

La torpeza de un colectivo político que decide si "TOCA o NO TOCA", porque se siente superior, aunque la sociedad les dé la espalda, no cesará nunca de buscar culpables y acumular errores; el último lo tenemos muy próximo, pues aún se huele el contubernio del señor Sánchez con los separatistas que pretenden destrozar España.

Pero no quisiera terminar sin señalar que dentro de esos derechos y el reconocimiento debido a tamaña paciencia de la mujer, tocaría ahora, además de avanzar en esos logros, restablecer los que ya había hace dos mil quinientos años en aquella Grecia de la prostituta Neera con la que comenzábamos el artículo. Me refiero precisamente a ese colectivo de trabajadores del sexo que gozaban entonces de un trato más humano que el que hoy sufren. Cabe, al respecto, preguntarnos si la consideración de las heteras o cortesanas en la antigua Grecia, que pagaban impuestos, eran mujeres independientes, con formación y, en ocasiones, de gran prestigio social, no sería lo más adecuado en una sociedad moderna y abierta como la que pretendemos.

Francisco A. J. Mata

"Usque ad aras amicus": Hasta el altar, amigo

Así respondió Pericles a uno de sus amigos que le pidió su apoyo cuando fue imputado por falsedad… *"Es mi deber servir a mis amigos, pero sólo hasta el altar"*. (Adagios. Erasmo de Rotterdam)

El apoyo que le solicitaba implicaría un juramento favorable poniendo su mano sobre el altar. Jurar en falso para proteger a un amigo repugna a la conciencia de quien lo solicita, tanto como a la de quien accede a ello, porque rompe el vínculo ético que justifica el concepto de amistad. Un amigo ha de hacer por el otro todo aquello que no fuere contra Dios y la moral.

La calma emocional y el autocontrol que rezuma la frase de Pericles, eleva el valor de la amistad desde el individuo al que juzga, hacia la comunidad a la que se debe y ama por encima de todo. Y es que el genial político ateniense extiende su abrazo de amistad para abarcar todo su pueblo, al sublimar el valor de la virtud por encima del interés personal de su amigo.

Frente a esa visión, Lope de Vega, con quien comparto la suerte de haber sido también alumno de jesuitas, enfrenta el honor de la opinión con el de la virtud en "La prueba de los amigos", y llega a exaltar ese vínculo en su obra "el amigo hasta la muerte". Veamos a continuación algunos versos de esta última:

Si se dejó prender, ¿qué me acobardo?

¿Qué le queda que hacer?, ¿qué puede darme

más que su vida en ocasión tan fuerte?

Este sí que es amigo hasta la muerte.

Pues ¿sufriré que diga que le ha muerto?

Si éstos dicen verdad, que él se ha culpado…

¿Y que un amigo verdadero y cierto

muera por mí de tal fineza honrado?

Aunque parezca a todos desconcierto,

a confesar estoy determinado

que le maté, librando desta suerte
de la muerte al amigo hasta la muerte.

¿Tenía razón Pericles al fijar un límite ético a su relación afectiva? O más bien, ¿se está obligado de por vida a respetar el vínculo, como pretende la obra de Lope?

Todos nos hemos encontrado alguna vez inmersos en la duda: de un cerrar los ojos ante el error del amigo a un afear su conducta a riesgo de perderlo. Considero que aquí no se trata de decidir qué es lo mejor para uno u otro, ni siquiera de una evaluación moral, o de juzgar a Lope o a Pericles, sino de un cambio fundamental en el concepto de lo que debe ser la amistad. Como podemos deducir de lo expuesto, este cambio tendrá más que ver con la filosofía del amor que con el interés de las partes que se sienten vinculadas por el concepto de la amistad.

Es la amistad que yo llamaré «ecuménica», extendida hacia todos y hacia todo. Algo así como la que ejercen a diario multitud de miembros de la tan denostada Iglesia Católica: sacerdotes, obispos, cardenales, y el propio Papa Francisco que, apostando por una amistad universal, dan ejemplo de amor y austeridad denunciando la injusticia que propicia la pobreza. Traigo aquí a colación a esos efectos dos ejemplos:

San Maximiliano Kolbe, cuya amistad sin reservas o, como diría Lope "amigo hasta la muerte", hacia un compañero del campo de Auschwitz donde estaban internados, inspiró ese vínculo que llaman «la locura del amor», al que me refería anteriormente. Veamos el relato de lo que ocurrió: Una noche, al pasar los guardianes lista, uno de los prisioneros no respondió cuando leyeron su nombre. Se dio al punto la alarma… Aquella fue una noche de angustia y temor. Los dos mil internados sabían que si no lograban dar con el escapado, matarían a diez de ellos… A la mañana siguiente, su reciente amigo Gajowniczek, fue uno de los diez elegidos por el coronel de las SS para ser ajusticiados en represalia por el escapado. Cuando salió de su fila, musitó estas palabras: «Pobre esposa mía; pobres hijos míos». Maximiliano Kolbe, lo oyó, dio un paso adelante y se ofreció para ocupar su puesto. El oficial nazi, aunque irritado, finalmente aceptó su ofrecimiento.

El otro ejemplo de esa amistad ecuménica de que hablaba, es Kiko Figaredo, un jesuita que estudió, como yo, en el colegio de la Inmaculada de Gijón, y ha consagrado su vida a ayudar a los inválidos por minas anti persona. Hoy se le conoce como el Obispo de las sillas de ruedas, por su labor humanitaria en pro de los discapacitados de Camboya. Por ello se ha hecho un Freire de la humanidad: puedo decir sin temor a equivocarme, que Kiko tiene amigos por todo el mundo. Por supuesto que él a la mayoría ni nos conoce, pero muy probablemente daría su vida, mediando una causa justa, por cualquiera de nosotros. Así lo demuestra día a día en esa labor con sus camaradas inválidos camboyanos.

Y habría multitud de otros ejemplos a citar; cuando menos para alterar ese: pim, pam, pum… ¡fuego!, que hoy se hace contra la Iglesia Católica y contra el Papa Francisco. Porque «Nadie tiene mayor amor que el que da la vida por sus amigos».

Así pues, la cuestión sobre lo que debiera significar realmente la amistad, de la que a veces se presume, queda abierto en una sociedad donde los valores están muy tapados, porque nadie parece interesado en airearlos.

Veamos finalmente un ejemplo para ilustrar lo que digo con el debate entre dos amigos de los de toda la vida: Un animalista y un cazador. Ambos conversan sobre el abandono y maltrato de los perros de caza cuando ya no sirven para esa actividad; aunque no se ponen de acuerdo. El animalista cree que la postura de esos cazadores que explotan al animal y luego lo abandonan es inadmisible, y debiera por tanto ser castigada; pues proclama que la sociedad debe ser protectora de la naturaleza. Su amigo el cazador argumenta que, a sus perros desde que son cachorros, se les trata con mimo: tienen buena comida, atención veterinaria, limpieza, cuidados y el afecto del amo que les enseña a cazar.

Días después el animalista paseando por el campo ve a su amigo colgar de un árbol a uno de sus perros de caza. Mueve la cabeza con desagrado y duda sobre qué debiera hacer: denunciarlo, a riesgo de perder su amistad y probablemente convertirlo en su enemigo, o cerrar los ojos y caminar hacia otro lado.

Hoy en día la gran mayoría de las personas que se encontraran en esa situación optarían por callar… y seguirían teniendo muy buenos amigos, al menos ese sería su activo a presentar y presumir ante los demás. Pero, en mi opinión, No sólo no tendrían amigos, sino que no los merecerían.

Un soplo de educación que aleje tinieblas de boira o gangarabía

La ONU ha fijado el día 20 de marzo como el Día Internacional de la Felicidad. Pues bien, ese día se publicó el llamado Informe Mundial de la Felicidad. Para tan subjetivo parámetro, la ONU ha valorado este año la situación de vida entre los ciudadanos de 156 países, mediante un ranking que encabeza Finlandia con un notable alto -7,6 sobre 10- y cierra Burundi con un suspenso de 2,9. Nuestro país, aprueba razonablemente en el lugar 36 con un 6,3; aunque desciende dos puestos en relación a la anterior medición.

Ya se imaginarán que los imputs que integran esos baremos, van a ser muy subjetivos, no sólo por la muestra a elegir, sino por el momento, la circunstancia, el lugar, o la interpretación que cada cual pudiera hacer de la encuesta.

¿Pero qué es lo que miden para hacer tal juicio?

Pues para saber si somos o no felices, tienen en cuenta los siguientes conceptos: PIB per cápita, solidaridad, expectativa de vida, libertad de elección, generosidad, percepción de la corrupción, y otros factores residuales. No parece ni mucho menos descabellado el método, pero es cierto que se echa en falta la ilusión de dar un sentido a la vida, ese camino que trazó Jesús y del que el cristianismo hizo bandera; sin ello la ilusión que es madre de la felicidad se tornaría en penuria. Así debe ser, pues, a pesar de aparecer Finlandia en primer lugar de esa clasificación, el nivel de suicidios de sus ciudadanos, con una ratio de 20,6 casos cada 100.000 personas en 2003, la sitúa entre los países de mayores siniestros de este tipo. Comparativamente, España, presenta una ratio casi 2,5 veces inferior, pues nuestros casos de suicidio son de 8,2 por cada 100.000 habitantes.

Por consiguiente, en aras de mejorar nuestro un tanto triste 36º lugar necesitamos que, desde la mayor fortaleza psicológica que refleja para

334

España ese índice, encarrilemos el aspecto de percepción de la corrupción que es la lacra que en mayor medida nos aploma.

¿Por qué nuestro parámetro de felicidad más débil es la corrupción política?

Descubrir que la alternativa política socialista, que se presentaba dispuesta a limpiar de golfos el solar patrio, se haya desenvuelto entre escándalos que obligaron al cese de varios ministros, y pactos de gobierno nauseabundos, no han dado pie, de momento, a ninguna esperanza.

El odio que han alimentado desde las instituciones nacionalistas hacia todo lo que representa España y los españoles es, sin duda, el gran drama social que limita la felicidad de nuestros conciudadanos. Será largo y complejo, el proceso para liberarnos de esa carga, porque ¿cómo entender que esto esté ocurriendo entre la apatía y el mirar hacia otro lado de muchos? Sólo hay una respuesta: la degradación del poder político nos ha traído hasta aquí.

Ahora bien, ¿cómo resolver que allí, en Cataluña -tal es la realidad actual- impone su ley la desobediencia y el desacato?

Un nuevo índice en el que nos hemos apoyado para justificar el título de este artículo sugiere que, si se desea mantener el estatus de nación feliz, España debería invertir más en educación. ¿Pero cómo abordarlo? Los diferentes gobiernos del período llamado democrático se suceden poniendo todo su empeño en derogar las leyes de educación del partido que los antecedió con tal de justificar la parálisis subsiguiente. Cierto que lo hacen, probablemente, con el mejor espíritu de contentar a sus votantes, aunque, hasta ahora, ninguno ha osado crear un conflicto con los decisivos votos nacionalistas, cuyo poder de decisión es a la postre lo que manda. Y la situación no cambiará mientras los principales partidos no se pongan de acuerdo para abordar de forma conjunta y con criterio de unidad esa reforma. Es preciso un soplo de aire fresco que despeje esas tinieblas políticas que nos ha traído la boira catalana, o la gangarabía vasca. Y esto supone ponerse las pilas de una vez para que se unifiquen textos de historia, geografía y valores constitucionales, que nunca debieron ser diferentes.

La felicidad individual es más difícil de lograr cuando no la tiene el colectivo que nos agrupa, y España, nuestro país, no camina en la dirección de mejorar el entorno, para hacernos vivir más felices.

Nos gustan los números

Galileo Galilei dijo alguna vez: «Las matemáticas son el lenguaje en el que Dios escribió el universo».

Al contemplar algo que nos impresiona por su belleza: un objeto, una flor, un animal, o una persona; la mayoría de los seres humanos solemos coincidir en esa apreciación. Normalmente lo que es hermoso para unos lo suele ser para todos. Esto se debe, a que nuestra evaluación de la hermosura requiere unas determinadas características. La principal regla, que se adapta a la norma para que algo nos produzca la sensación de belleza, tiene que ver con las proporciones y las relaciones matemáticas. La naturaleza lo llevaba escrito con ese lenguaje de Dios del que hablaba Galileo; pues es el modo más elemental de organización y desarrollo. Por ello los seres vivos lo aplican para ser bellos y eficientes.

Ya hace más de seiscientos millones de años, con la llamada explosión cámbrica, vemos aparecer millones de seres pluricelulares cuyo desarrollo se produjo conforme a tres simples teorías matemáticas relacionadas entre sí: la sucesión de Fibonacci -0,1,1,2,3,5,8,13,21,...-, la razón áurea, y un número irracional, llamado número áureo, representado por la letra griega, fi=1,6180..., en honor al escultor Fidias.

¿Cuál es la singularidad de los datos numéricos? Nuestra numeración, la arábiga, se cree que tuvo su origen en la India hace más de veinticinco siglos. Pero desde mucho antes los antiguos egipcios eran capaces de ordenar millones de caracteres. Era un sistema decimal –los dedos de ambas manos- con signos y símbolos para cada uno de los números actuales, excepto el cero, que apareció por primera vez en el siglo IV a. C. en Babilonia. La aritmética elemental o la matemática, proyectada en nuestra vida moderna por y para casi todo, no fueron sin embargo una inquietud que surgiera en los albores de la humanidad, pues los pueblos primitivos apenas tenían esa conciencia numérica. Tal es así, que si preguntáramos a uno de aquellos pastores nómadas del sudoeste de

África, cuántas ovejas tenía; si eran más de tres, se llevaría las manos a la cabeza y diría: "Muchísimas". No es ese el único caso de despreocupación por los números. Para algún pueblo de Indochina, aún hoy, sólo utilizan dos conceptos numéricos: poco o mucho, lo que les pone en manos de fácil engaño por comerciantes sin escrúpulos, cuando realizan cualquier tipo de intercambio.

Bien pues a partir de ahí, los hombres nos hemos basado en el valor de los números como medio de liberación o de opresión. El engaño de los números, arrastra vicios y pasiones en quienes depositan en ellos esperanzas de suerte o temor a desgracias; y también, a veces, son fuente de mitos y creencias absurdas. No se alarmen por lo que digo, pues añadiré a continuación que los números han constituido una gran parte de mi formación académica en la Escuela de Ingenieros Agrónomos, y yo me siento muy alejado de cualquier rumbo mitológico.

Lo que denominamos suerte es un invento humano que no se corresponde con la realidad. Los números en los que depositamos nuestra esperanza de ganar, al participar en un juego de azar, van a ofrecernos mejor o peor fortuna en función exclusivamente de las causas que los condicionan; y esa causalidad, que no casualidad, será lo que moverá la probabilidad hacia uno u otro lugar de la ruleta o del bombo de la lotería. Porque haber acertado varias veces en una de esas tómbolas, no representa ninguna garantía de que el número elegido, sea el día de nacimiento de la esposa o la edad del hijo, influyeran en el resultado.

Sin embargo, seguimos empeñados en profundizar en el análisis de los números, y nuestros matemáticos ya los han clasificado en: abundantes, deficientes, felices, perfectos, primos, semiperfectos, sociables... Como a mí me llamaba mucho la atención lo de los números felices, hice el cálculo y comprobé que el año en que nació mi nieto mayor, el 2011, lo era, así que, cuando lo supo se puso muy contento; mientras tanto había un gesto de contrariedad en mi otro nieto, nacido tres años más tarde, pues el 2014 no es un número feliz. Para más inri, aunque esto no se lo dije, ese número es uno de los deficientes. ¡Qué cosas! Pero, miren ustedes por donde, mi nieto es eficiente y se siente muy feliz.

En cuanto a los números perfectos, tampoco parece que aventuren nada especial. Los tres primeros: 6, 28 y 496, aplicados a años de nuestra era, apenas marcaron hitos significativos en la historia del mundo, al menos que nosotros conozcamos. El 6 fue un año común que, según el calendario juliano, empezó en viernes. Por destacar algo, diríamos que en esa fecha nació Nerón. En el año 28, que fue bisiesto, falleció San Juan Bautista; y en el 496, también bisiesto, se inició la mítica dinastía de los merovingios con Clodoveo I. No nos debiera agobiar entonces que tengamos que esperar hasta el 8.128 para encontrar el siguiente año que se corresponderá con un número perfecto.

Peor es cuando los números tornan hacia lo que se denomina numerología. Aquí se acabaron los cálculos y comienzan la magia y la especulación. ¡No dejemos que nos asuste la palabra! No se trata más que de buscar relaciones numéricas sobre la influencia entre lo espiritual y lo natural. Básicamente utilizan tradiciones trasmitidas de generación en generación por magos o videntes; y aunque los primeros matemáticos se esforzaron por encontrar relaciones científicas entre los aconteceres físicos y espirituales, hace ya mucho tiempo que se desterró esa disciplina, relegándola a la categoría de superstición.

Quienes utilizan esa técnica, afirman que los Ángeles usan la numerología angelical para enviarnos mensajes. Asombra, por lo menos a mí me asombra mucho, el tono seguro y dogmático que suelen emplear para adivinar con esos números nuestro futuro, los males que nos aquejan, o las soluciones mágicas para curar nuestra enfermedad.

Pero tengo que reconocer que los argumentos en que se basan, utilizan señales que nos hacen pensar. ¿Por qué si te acuestas pensando en despertar a una hora concreta, encuentras que ocurre exactamente así?

En mi caso he vivido además muchos años, con un número en la mente, es con el que nos nombraba cuando tenía diez años, uno de mis profesores; él se dirigía así para llamarnos, en lugar de utilizar nuestro nombre de pila. Era ciertamente curioso comprobar que cuando leía un libro, conducía un coche o me paraba delante de un edificio, siempre ocurría que el número de la página, el del kilómetro de carretera, o el de la calle, se correspondía con mi número mágico. Luego, ocurría lo mismo con otros aconteceres; todo parecía aventurar que, aquel número, tendría una influencia decisiva en mi vida. Pero terminé por olvidarlo y el cúmulo de casualidades no fue suficiente para convencer a un escéptico. Así que, en mi opinión, estos números angélicos, como los denominan los videntes, no son más que un modo de ganarse la vida unos cuantos, a costa de la ignorancia y la superstición de quienes creen en esas adivinaciones.

Juan Mata Hernández: Ruego disculpen un error involuntario. Las fechas de nacimiento de mis nietos son en realidad el 2008 y el 2011, así pues el número feliz es el 2008 y no el 2011 como yo indicaba. Tampoco lo es el 2014.

"Sine agricultura, nihil"

«Cada vez existen más datos objetivos que apuntan al hecho de que el cambio climático ya está afectando a la agricultura y la seguridad alimentaria, lo cual aumentará la dificultad a la hora de afrontar el desafío de poner fin al hambre,… » -El estado de la seguridad alimentaria y la nutrición en el mundo. FAO 2018-.

Hace poco me preguntaba una de mis hijas: "¿Papá, tú has pasado hambre alguna vez?" Les confieso que me sorprendió su interés, aunque me gustó su interrogación. Se dan cuenta que hoy en día el hambre en nuestro mundo occidental nos parece algo tan ancestral y lejano que, si no fuera por los millones de personas que aún padecen esa situación, incluso se podría tildar de folklórico. Pero es evidente que no lo es, porque el hambre en el mundo sigue aumentando. El plan de la FAO para conseguir erradicarla en 2030 ha sufrido un retroceso debido al cambio climático, y todavía hay más de 820 millones de personas subalimentadas en el mundo. Esto pone en evidencia que hasta el 2050, cuando lo habitarán 9.000 millones de personas, será preciso acometer acciones fundamentales en el sistema alimentario. El reto estriba en erradicar el hambre, sin contaminar el planeta, y respetando la fertilidad del suelo.

Sin embargo, en el primer mundo, el hambre prácticamente ya ha desaparecido. Pero no nos detenemos a pensar en su "¿por qué?". Nuestra sociedad se ha transformado a tal velocidad que la agricultura en España ocupa actualmente a menos del cinco por ciento de la población activa. Y se reducirá aún más. Sin embargo los productos que nos proporcionan los campesinos llegan a las casas en tal abundancia que, cada año en Europa, se tiran a la basura más de 89 millones de toneladas de alimentos, lo que equivale a un despilfarro asombroso de 143.000 millones de euros –a un promedio de 1,60 euros por kilo de comida-. Así que, a la pregunta de mi hija, es muy probable que nadie debiera hoy responder por estos lares en tono afirmativo porque, pese a los retos que representan la contaminación, el cambio climático y el aumento de la demanda de calidad, nuestra agricultura ha respondido utilizando menos agua, menor consumo energético y de abonos, e incluso menos tierra. No obstante, se recolectan muchos más productos y de mejor calidad. Ello gracias a una notable mejora en la tecnología y las prácticas agrícolas.

La agricultura es un tema fascinante porque atiende a una de las necesidades más perentorias de los seres humanos como es la alimentación. Pese a ello, la atención que se dedica hacia este sector productivo es cada vez menor. Nuestra sociedad de urbanitas es incapaz de apreciar la grandeza que yace en el olvidado hombre del campo. Se trata, en realidad, de que tratamos a la agricultura como al aire que respiramos; sí, es algo que necesitamos, está ahí, y lo aprovechamos, aunque luego apenas nos ocupemos en valorar lo que representa.

La pedagogía que deriva de la historia sugiere que los pueblos suelen reaccionar positivamente hacia quien los gobierna cuando tienen el estómago lleno. Era aquello del "panem et circenses" que los gobernantes romanos utilizaban para mantener tranquila a la población. La intelectualidad española lo tradujo por el "pan y toros", aunque, ahora que no nos preocupa lo primero se cuestiona también lo segundo. Sin embargo, la experiencia atestigua que los pueblos que avanzan no son los mejor nutridos sino aquellos que destierran la ignorancia de sus gentes.

Desde hace ya bastante tiempo el campesino se vio desplazado del interés político e incluso, salvo por los incendios forestales, también de los medios de comunicación. Quizá el motivo fundamental fuera el que motivó la pregunta de mi hija, pues las últimas generaciones no han vivido momentos de emergencia alimentaria. Además el acceso a productos de calidad se obtiene sin dificultad y se puede lograr cada vez a un precio más razonable. Otros objetivos han pasado a ser prioritarios en detrimento de los agrícolas, los cuales, ante la abundancia de la oferta existente, ven reducir más aún su precio, y con él la renta de un sector primario hundido por su propio éxito.

Por si no fuera suficiente ese retroceso del sector primario, los agricultores se encuentran con la práctica de las grandes cadenas de alimentación que venden determinados productos por debajo de su coste. El objetivo que pretenden es usarlos como reclamo puntual para atraer clientes a sus establecimientos, y la leche o el aceite suelen ser los más usados con ese fin. Es la denominada "venta a pérdida". Al campesino le preocupa, evidentemente, el desprestigio que sufre la imagen de unos alimentos que, al ser tan baratos, pierden valor en la mente del consumidor, amén de impulsar aún más sus precios a la baja.

Tampoco juega a favor del campo la crítica continua y acerada de los medios de información sobre algunas prácticas agrícolas que parecen absurdas. Me refiero al conocido y poco comprendido discurso que sitúa a la PAC como valedora de, los que considera, vagos y huidizos agricultores, que cobran subvenciones por dejar de producir. La Política Agraria Comunitaria no está, en mi opinión, muy acertada con este sistema, pero eso no quita para que reconozcamos a cada cual lo suyo. El motivo es que, a mayor producción, habría mayores excedentes, que aumentarían la oferta reduciendo aún más los precios y, consecuentemente, las rentas agrarias. Ese es el controvertido argumento que exhibe la PAC para desincentivar la producción agraria, y que, sin embargo, se utiliza como arma arrojadiza contra el hombre del campo.

No resulta fácil admitir que en este proceso puede haber oportunistas, pero también gentes nobles, que son las más. Miren, yo suelo pasar algunas semanas en un pequeño pueblo de Castilla donde la agricultura es el centro de la economía.

Se trata de un suelo que, como decía el gaditano Columela hace dos milenios en su libro "De re rustica", es agradecido y da buenas cosechas aunque se hubiera abandonado. La mayor parte de la juventud se ha marchado de allí y son excepción los que mantienen la vocación agrícola para llevarnos cereales y legumbres a la ciudad. Ello no obsta, sin embargo, a que también agricultores jubilados opten por seguir con la labor para complementar pensiones demasiado pequeñas. Hombres sabios, austeros y buenos conocedores del campo, pero la edad no perdona y los accidentes son a veces la consecuencia de ese esfuerzo. Señalo a continuación un ejemplo con una noticia de prensa reciente: «Otros dos agricultores jubilados muertos en accidentes con tractores, uno con 88 años y el otro con 72». El debate podría ser si por su condición de jubilados se le debiera retirar el derecho a cobrar la PAC. Pensamos que no sería justo para aquellos que no cuenten con un mínimo razonable de pensión. Pero, es evidente que seguir activo con demasiada edad, supone un elevado riesgo de accidentes.

Una vez más se impone reconocer el valor y la deuda que tenemos con nuestros trabajadores del campo. ¿Quién no está de acuerdo, en efecto, en la dureza y los riesgos de su trabajo?, o ¿en su situación de aislamiento y menosprecio social frente a los demás? Sólo así se explicaría ese despoblamiento continuado, a cuya vera enraízan las sombras bíblicas de futuras hambrunas. La solución sin duda es compleja, pero pasa por devolver al campo al menos una fracción de lo que nos aporta. Quizá la tecnología, el mundo digital, nuevas vías y medios de comunicación, la salud, o el turismo ecológico, podrían crear condiciones de vida más atractivas y mejores oportunidades para quienes decidan seguir cultivando la comida de los nietos de nuestros nietos.

Nuestro Colegio de Ingenieros Agrónomos tiene este lema: «Sine agricultura, nihil». Sin agricultura, nada. Hagamos pues de ese dicho un objetivo común y pongamos al campo en el lugar que se merece.

Cuidando nietos

Los nuevos colonos

"Muchos sueños, lugares, personas, caminos y proyectos, se unieron el 20 de agosto de 1766..." –fecha en que se puso la primera piedra de La Carolina, para acoger a 6.000 inmigrantes centroeuropeos-.

Los seres humanos solemos recelar ante gentes que pudieran resultar conflictivos o desconocidos, y los inmigrantes irregulares lo suelen ser; aunque probablemente, tiempo después, responderíamos con simpatía y confianza tras una convivencia sin problemas. Y no cabe duda de que fuera ese un comportamiento lógico, pues la historia de otros y la propia experiencia nos enseñan los peligros de bajar la guardia ante esas situaciones. Además no resultaría extraño que, si llegan de un modo descontrolado y multitudinario, sin medios de vida y con necesidades perentorias, tuvieran que optar por infringir la ley para subsistir. ¡Qué decir, luego, sobre los roces entre culturas o credos diferentes! En realidad nada parecido a aquella alianza de civilizaciones con la que soñaba un político socialista, que será una quimera aún mucho tiempo.

Aunque uno siempre puede equivocarse al expresar una opinión, me parece que en este tema hay algo más que una sencilla bonhomía caritativa. Un proceso humano de esta dimensión precisa que se planifique y desarrolle con orden y disciplina. Entonces, lo que hiciéramos por altruismo bien pudiera resultar beneficioso también para nosotros. Porque en efecto no vemos otra alternativa que la de abrir la puerta a los que llegan buscando un mundo más amable, al menos, mientras nuestro país padezca un grave problema demográfico con índices de natalidad a la cola del mundo; la despoblación y abandono progresivo del medio agrario, y el envejecimiento de una sociedad que no podría atender a sus mayores.

Cuesta creer que se enfoque tan horriblemente mal el proceso inmigratorio, cuando tenemos los problemas antedichos pero todavía resulta más absurdo hacer creer a la gente que todo se va a resolver

344

cerrando los ojos, y dejando que entre quién quiera y cómo quiera. La historia nos dice que este último proceder traería desgracias a unos y otros. Pero también la memoria señala que la inmigración pudiera ser un proceso positivo del que resultaríamos beneficiados todos.

¿Cómo hacer entonces para poder acogerlos? España ha sido un país de emigrantes hasta no hace tanto tiempo. Basta recordar las historias de familiares y conocidos que marcharon en busca de mejores oportunidades para ellos y los suyos.

Pues bien, muchos proceden hoy de aquel paraíso que era Venezuela cuando emigraron nuestros familiares. Los que vivimos en países ricos olvidamos a menudo que las cosas no siempre fueron así, y que nuestros antepasados partieron en busca de oportunidades a lugares de donde ahora proceden los que llegan. Podría decirse que es un proceso cíclico al que la humanidad se ve abocada de cuando en cuando, y ello nos exige no sólo recibir a esas personas, sino facilitarles la integración en nuestra sociedad.

La historia se repite, aunque supongo que con muy diferentes circunstancias, pero algo nos podrá enseñar recordarlo. Éste es el resumen de aquella otra emigración europea hacia España, deseada y retribuida generosamente por Carlos III en el último tercio del siglo XVIII:

"Muchos sueños, lugares, personas,…" Así comienza el relato del día 20 de agosto de 1766, fecha en que se puso la primera piedra de La Carolina, capital de las Nuevas Poblaciones, dando inicio a aquella aventura de colonización, pues colonos se empezó a llamar a los recién llegados. Carlos III, apoyado en sus ministros, Pedro Campomanes, Pablo de Olavide, y el conde de Aranda, recuperó unos proyectos de desarrollo agrario y los convirtió en una alternativa de progreso para el Sur de España, porque el reparto de parcelas sacó del abandono enormes bolsas de tierras baldías del campo andaluz. Se firmó un contrato con el coronel bávaro Kaspar Thürriegel, por el que la Corona se comprometía a pagarle 326 reales por cada colono captado. La campaña publicitaria de Thürriegel convenció a más de 6.000, fundamentalmente alemanes, pero también suizos, holandeses y del norte de Francia e Italia. En el mensaje de los pasquines, que se situaban en mercados, posadas y similares por toda Europa, se hablaba de "…la feraz y feliz España".

El objetivo que perseguía el gobierno de Carlos III era múltiple: alejar de la ruta que seguían las mercancías de América, desembarcadas en Cádiz y Sevilla, al tropel de bandoleros que campeaban por los terrenos desérticos de Sierra Morena; crear nuevas poblaciones que sirvieran de cobijo a los viajeros; y explotar nuevas tierras de labor con técnicas agropecuarias más modernas. La corona se comprometía a poner a disposición de cada familia de colonos: 50 fanegas de tierra, 2 vacas, 5 ovejas, 5 cabras, 5 gallinas, un gallo, una puerca de parir, y un gato. Les proporcionaban además aperos de labranza, semillas, casa y protección, con un fuero que los eximía de impuestos durante un largo período. Condición indispensable era la de ser católico, obligarse a labrar la tierra y enviar a sus hijos a la escuela. Asunto importante este último si tenemos en cuenta que por aquel entonces el 60% o más de la población adulta era analfabeta. Con ellos comenzó en España la enseñanza pública obligatoria.

Me he tomado la molestia de convertir aquel contrato al valor actual y, salvo error, creo que se podría estimar su coste global en unos 12.000 euros por familia, incluyendo además del ganado y el ajuar, el alquiler de una casa de pueblo, y el arrendamiento de 20 Ha de suelo rústico -cálculo hecho con datos obtenidos a través de diversas ofertas en varias provincias-. Visto así, y teniendo en cuenta que el Ministerio de Trabajo y Migraciones ha otorgado una ayuda de 73 millones de euros a la Cruz Roja –Decretos de 30 de abril de 2019- para atender exclusivamente a inmigrantes irregulares, tendríamos que sólo con esa cifra se podría haber instalado en nuestras despobladas aldeas a 6.080 familias de colonos, es decir, algo más que todo el antedicho plan de Carlos III para las nuevas poblaciones.

Claro que esos inmigrantes tendrían derecho a esa ayuda, pero también estarían obligados a cumplir su parte del trato: explotar la tierra, comprometerse a un período mínimo de estancia, convivencia pacífica, educación de sus hijos con arreglo a la ley española, etcétera.

No sé por qué insistimos tanto en hacer un espectáculo político con aquellas gentes, porque hablar y discutir no soluciona nada: cuando llegan a España esos inmigrantes están muy nerviosos, inquietos y desconfiados, y los naturales recelan también de unas personas que no tienen nada pero se saben amparadas precisamente por su propia situación de desamparo, y una nube idealista de humanidad. Suponen una tremenda tensión social para todos, incluidos ellos mismos.

Mucho mejor sería establecer un contrato previo a su salida del país de origen, con derechos y deberes, como hicieron Carlos III y sus ministros, de modo que quienes lleguen se sientan amparados por él, y quienes los acogen, también.

¿Qué puedo añadir a lo ya expuesto? Pues que en España hay más de 4.000 municipios que tienen problemas de despoblación, y que alcaldes como el del pequeño pueblo de Camañas en Teruel, alarmados por el riesgo de desaparecer, han optado por ofrecer ayudas a los matrimonios jóvenes que se instalen allí; especialmente si tienen hijos o prevén tenerlos. Pretenden que estas personas se sientan integradas y acogidas, para que sientan aquella nueva tierra como suya.

A veces, cuando hay mucha confusión y no podemos comprender una realidad demasiado patente, la gente sencilla es la que nos señala el camino.

Así como el plan de Carlos III fue el primer intento verdaderamente europeísta, este que proponemos sería el primero pangeísta y, quizá, ¿por qué no?, también pudiera ser un catalizador para que muchos de nuestros compatriotas jóvenes se integraran en él, y contribuyeran a evitar la despoblación del campo.

Ya están felices y contentos

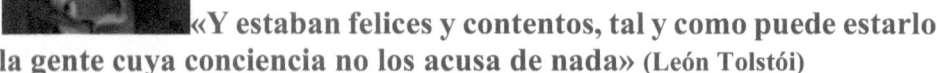

«Y estaban felices y contentos, tal y como puede estarlo la gente cuya conciencia no los acusa de nada» (León Tolstói)

Ya está meridianamente claro que el nuevo profeta socialista pretende erigirse en el gran paladín del progresismo.

Para llegar a esa meta, desprecia las voces de indignación de los ilustres líderes que dieron vida y prestigio a un partido confuso, para elevarlo a ser referencia en la etapa más próspera que ha vivido España en más de dos siglos. Pero hoy el socialismo regente ha antepuesto el culto de la persona al interés general, y rinde pleitesía a su líder cual si de un nuevo caudillo se tratase. La última hazaña, el destierro del español como lengua vehicular, se ha forjado entre bambalinas, en un pacto sin rubor con separatistas y filo etarras. Sin embargo se diría que no han roto un plato, pues parecen felices y contentos con el resultado.

En un sistema democrático tan singular como el nuestro donde la mayoría de diputados son desconocidos para quienes les votamos, las políticas impopulares suelen aceptarse porque los regidores no tienen más voz que la de aquel que los colocó en su lista, y muchos de ellos no han hecho otro mérito que ganar voluntades para entrar entre los elegidos. Por ello no es de extrañar que sea excepción la defensa del ciudadano frente al interés del jefe. El resultado son pactos vomitivos y sin rubor para votar leyes injustas o destructivas. Sirva de ejemplo la eliminación del español como lengua vehicular que incorpora la llamada Ley Celaá. Cabe preguntarse si un sistema democrático que consiente esta práctica es realmente legítimo, porque permite legislar de espaldas y con engaño al pueblo. ¿Eso es todo? Pues miren, en mi opinión no, la deriva que está tomando la política nacional dudo que se vaya a detener ahí.

¿Vamos hacia una república federal o llegaremos a una federación de partidos regionales?

Pocos ponen ya en duda que el profeta está gestando, sin que su conciencia le atormente por ello, la transformación de nuestro país en una República que le corone como Caudillo indiscutible; algo al estilo de la Rusia de Putin o la Venezuela de Nicolás Maduro. Probablemente esa vía fracturaría definitivamente la sociedad si antes no nos despierta tanta miseria. Porque afortunadamente hay socialistas sensatos, muchos de los que un día ayudaron a forjar nuestra democracia.

¿Pueden enfrentarse al líder? Pues pienso que sí porque la ética aún tiene valedores, y ante el riesgo de ver aumentar los desequilibrios regionales, darán al fin un golpe valiente de timón. Ya es hora de que cada cual respalde en el Congreso los intereses de su comunidad. Extremadura, las dos Castillas, Asturias, Baleares, Valencia, la Rioja, Aragón, Andalucía, o Navarra no quedarán sin voz. Se romperá el socialismo en partidos confederados, cada cual en su comunidad, para defender al más puro estilo del "Teruel existe", los intereses regionales que hoy se canalizan hacia quienes como en Cantabria, Canarias, Cataluña, País Vasco, Galicia, o el antedicho Teruel, han descubierto las ventajas de esa fórmula.

¿Es el idioma español un castellano rebautizado?

En España, el artículo 3 de nuestra Constitución señala expresamente que el español es el idioma oficial de toda la nación, y coincidirá con las lenguas regionales, que serán cooficiales en sus respectivos territorios. Esto significa, señora Celaá, que el español es la lengua vehicular por excelencia. Ni en la nefasta II República que tanto añoran algunos, se atrevieron a tanto. Pero es que, además, parece olvidarse que el español, no el castellano, nació como resultado de un proceso de koineización, en un crisol de intercambio entre las diferentes lenguas peninsulares que les impedía comunicarse adecuadamente. Por ello, pretender eliminar ese concepto, sería similar a intentar absurdamente volver al Medioevo.

Vean ustedes, el español es hoy en día la segunda lengua más hablada del mundo con un colectivo capaz de comunicarse en nuestra lengua superior a 600 millones de personas, entre ellos 437 millones la tenemos como lengua materna. Pero no pretendo sólo resaltar su valor, pues no es ese el camino que la humanidad debería recorrer. Si tenemos en cuenta que de los 7.117 idiomas vivos que estima Ethnologue, Un políglota atrevido que llegara a dominar las diez lenguas más habladas: chino, 1.284; español, 437; inglés, 372; árabe, 295; hindú, 260; bengalí, 242; portugués, 219; ruso, 154, japonés, 128; y panyaví, 119, tras tan ímprobo esfuerzo apenas podría conversar con el 45% de la población mundial. Quiero decir con esto que nadie en su sano juicio debería tratar de potenciar aún más esa barrera comunicativa. No olvidemos cómo la confusión de lenguas, y la consiguiente dificultad para entenderse, fue el castigo divino contra la soberbia humana en el intento fallido de construir la gran Torre de Babel. Hoy el gobierno español, en el afán por mantener un difícil equilibrio de poder, pretende con esa ley impedir el derecho de nuestros hijos a estudiar en la lengua de sus padres.

Sabemos que el ser humano no puede vivir sin comunicarse y que para ello precisa de una lengua con la que expresar sus opiniones y deseos. Y también conocemos la gran dificultad que supone aprenderla, cuanto más, llegar a dominar esos 10 que nos permitirían hablar con menos de la mitad del mundo. Así pues, lo absurdo es que en este mundo con cada vez mayor necesidad de estar en constante comunicación, los pueblos tengan gobiernos que potencien la división y la dificultad para que sus ciudadanos se entiendan entre sí. No vemos otra solución que la de invertir cuanto antes el sentido de la ley que se acaba de aprobar en las Cortes españolas.

¿Cuál es el camino que llevará a la humanidad a entenderse?

Una lengua común es la respuesta inmediata, y para ello necesitamos un nuevo Coiné, como el que gestó el español en la edad Media. Una lengua común consensuada entre las naciones, que resulte de la unificación de los principales idiomas. Muchos pueden pensar que esto es una utopía similar a la que supuso la creación del esperanto a mediados del siglo XX, pero esa lengua, planificada o construida como fruto de la pasión pangeista de un médico polaco, no es aún una reliquia. En estas fechas hay millones de alumnos inscritos para estudiar esperanto como segunda lengua por todo el mundo. Es un movimiento que se incrementa desde que en 2015 se retomó su enseñanza, y se estima que dos millones de personas lo tienen como segundo idioma.

La humanidad, desde sus orígenes, ha mostrado el más vivo afán por comunicarse y compartir su cultura con los demás pueblos. El hombre necesita cada vez más la comunicación como vía fundamental de su existencia. Una lengua común será fundamental para unir pensamientos, esfuerzos y proyectos, que logren en un futuro ahuyentar la muerte, distribuir y potenciar los recursos, y ser por ende feliz.

Si yo fuese ateo le pediría ayuda a Dios para creer

Pero de momento eso no será necesario, porque ya creo en Dios. No concibo la complejidad del universo que estamos empezando a conocer, y la de otros muchos que pudieran existir, sin una Inteligencia creadora, un ser supremo hacedor. Y, en fin. Equivocado o no, eso es lo que siento.

Cuando Manolo y otros de mis amigos más cercanos discrepan y afirman que si Dios existiera habría que matarlo, y argumentan para decirlo que Él tolera que haya seres malvados. Cabría argüir que olvidan que todos los imperios, no importa si son del bien o del mal, se extinguen como hojas de árbol en otoño, y los pueblos que oprimieron lo aceptan con resignación, sin aspavientos; con la certeza de que, bien pudiera ser, que llegara después un tirano peor que el que murió. Porque situaciones como esas son consecuencia del libre albedrío que Dios concedió al hombre.

«En cierto sentido hay algo que podría ser difícil incluso para Dios, no porque Él no pueda hacerlo, sino porque Él no querría hacerlo… » No coartar nuestra libertad. (Tertuliano, Contra Praxeas, Capítulo X).

La historia del Dios de los hombres es la propia historia del hombre

Vemos en la historia de la humanidad que el mal que sobreviene periódicamente nos lleva a personificarlo en algo negativo opuesto a Dios, un ser que en la cultura asirio-babilónica se denominó «satán» (el enemigo). Así comenzó una forma de religión dualista que realzaba la contradicción entre los principios del bien, creador, y del mal, su adversario dispuesto a destruir el orden creado. Los griegos llamaron a esa substancia «diabolos» (hipócrita). Un término muy adecuado para calificar hoy como diablo a tanto hipócrita.

Con la doctrina cristiana, tras la resurrección de Jesús, se enfrenta la muerte biológica con la inmortalidad del alma, pues nos trae el mensaje de que la materia que muere no supone el fin de la existencia, sino la puerta hacia un tránsito final y glorioso de la vida humana. El cristianismo acaba con el temor al mundo de tinieblas que se asociaba anteriormente con la muerte, y es la raíz espiritual y filosófica de nuestra cultura occidental.

Todas las religiones condicionan la esperanza de otra vida a la observancia de unos preceptos en esta. Muchos pueblos hicieron de esos preceptos su Ley ante el temor de no poder alcanzar la salvación si los incumplían. Pero es fácil comprender que nadie puede cumplir íntegramente todas las normas aunque lo deseara sinceramente. ¿Qué se podía hacer? Pues bien, el cristianismo trajo un Dios vinculado al hombre con el amor de un Padre de todos. Un Padre divino sin dejar de ser humano, que nos permite equivocarnos pero nos acoge después, como aquel que abrió sus brazos ante su hijo pródigo.

¿Si es un padre de todos, por qué decimos «Extra Ecclesiam nulla salus»?

Desde que San Cipriano proclamara en el siglo III el dogma católico «Fuera de la Iglesia no hay salvación» como se refleja en el Credo Niceno, muchos han sido los debates teológicos sobre la interpretación que debería darse a esa frase. Yo me quedo con la exégesis actual que explica así la máxima: "quien busca a Dios de corazón e intenta hacer lo que le dicte su conciencia, puede conseguir la salvación eterna".

¿Es mejor ser creyente o ateo?

Ser creyente o ateo no es bueno o malo en sí mismo. Conozco a personas extraordinarias que no creen en Dios pero viven pendientes de los demás, y sin embargo muchos, que orinan agua bendita, solo se ocupan de sí mismos.

En la vida no siempre podemos entender por qué otros son como son. Quizá hasta sea mejor que no los comprendamos porque todos tenemos una mochila que conforma nuestro carácter, con multitud de vivencias difíciles de percibir. Así pues, cabe admitir que aunque no la aceptemos, no supone que no tengan sentido ni que fuera sensata su opción. Su realidad y la nuestra, ambas, pueden ser válidas; y están afectadas de un modo inconsciente por nuestro modo de observarla, porque estamos entrelazados con ella.

Es razonable pensar que se pueda llegar a Dios por muchos caminos. Dudar que la senda que han elegido otros sea la correcta no debiera ser óbice para obtener la gracia. El otro tiene derecho a ser otro y no se le debe juzgar y menos condenar por serlo. Tan solo significa que nosotros no conocemos en profundidad todas sus circunstancias.

"La duda es parte de la fe y, además, una parte muy saludable. Una de las cosas que he descubierto con los años es que ayuda más a la gente saber que tú también tienes dudas que pensar que lo tienes todo claro…" (José María Rodríguez Olaizola, S.J. Vida Nueva. 2020).

Si hiciésemos una encuesta sobre los motivos que aducen las personas para no creer en Dios, en la mayoría de ellas hallaríamos razones próximas a las que reclamó el apóstol Tomás en el Cenáculo, cuando dijo que no creería hasta que se le presentaran evidencias irrefutables, como palpar las llagas del Señor. No dudo que solicitar argumentos para descubrir a Dios a través de la razón, fuera un camino equivocado, pues todos, a fin de cuentas, movemos nuestra voluntad cuando entendemos que la opción es razonable. Pero, dependiendo de lo exigente que sea nuestra mente, podría tardar o no llegará nunca la voz que nos haga caer del caballo como a San Pablo en el camino de Damasco.

Más para mal que para bien, vivimos en una etapa materialista que margina la filosofía. Hoy ni tan siquiera los cristianos buscamos la interpretación de los teólogos sobre los misterios de la vida, y quizá por ello estemos anclados aún en viejos dogmas. Nuestro mundo vive encerrado en batallas mediáticas de contenido, la mayor parte de las veces, insustancial, y poco interés despierta el valor intelectual, vital y existencial de la fe. Dice el refrán que "sólo nos acordamos de Santa Bárbara cuando truena", así que, salvo una catástrofe inminente, sería milagroso que por el camino de la razón se despejen las dudas de fe en muchos ateos. Instinto de supervivencia sería eso.

Pero nos queda la esperanza. Toda persona, no importa si es creyente, agnóstico, o ateo, está cerca de Dios cuando recuerda con amor a tantos compañeros del viaje por la vida, aun cuando ya se hubieran apeado de este mundo o residieran en una estación lejana. En la sonrisa franca y amable que ofrece amistad y acogida. Cuando se interpreta la espiritualidad con sentido de unidad fraterna. Si se ama, llora, y siente la felicidad o el dolor de otros como propio.

Cuando esos sentimientos nos acercan a nuestro prójimo podríamos afirmar, parafraseando al jesuita José María Rodríguez Olaizola, que "eso que nos pasa dentro... tal vez sea Dios".

El «consentimiento desinformado» para la vacuna COVID-19. ¿Por qué?

¿Se puede confiar en un gobierno que ha hecho de la mentira su seña de identidad?

Llegada a España de las primeras dosis de la vacuna contra la COVID-19

Juan Mata Hernández.- ¿Se han preguntado por qué nunca han tenido que firmar ningún tipo de "consentimiento" para vacunarse de la gripe, pero ahora resulta un documento "imprescindible" para la del COVID-19?

No es asombroso encontrar una relación entre los cultivos transgénicos y la nueva vacuna de Pfizer contra el COVID-19. Pues sorprendentemente la hay, aunque hoy no toque hablar de ingeniería genética agrícola. La cuestión para nosotros, los ciudadanos, es saber si se pueden rechazar los alimentos transgénicos por su riesgo, y al mismo tiempo, correr y aplaudir para firmar el "consentimiento" que antecede a la inyección de la primera dosis de vacuna contra el COVID-19.

¿Quieren hacernos ver la vacuna de color rosa?

Una inquietud que puede aparecer al ver la propaganda gubernamental de la vacuna es, la de la promoción del optimismo exagerado sobre sus efectos. Algo que contrasta con la prevención y desinformación que subyace, al exigir la firma de un documento liberatorio de responsabilidades médicas. Porque señores, se van a vacunar millones de personas con una técnica innovadora de cuyas consecuencias, muy probablemente, no se responsabiliza plenamente ni la empresa que fabrica y vende la vacuna.

Para ser libres y decidir en consecuencia, hay que tener confianza, pero, ¿se puede confiar en un gobierno que ha hecho de la mentira su seña de identidad?

Si se trata de contribuir al bien común, podríamos aceptar un medicamento de este tipo pero, parece más que razonable, saber si la compra ha ido precedida de un protocolo que libere a Pfizer de responsabilidad por los eventuales daños colaterales de su vacuna. De hecho, las noticias de prensa abundan en que las industrias farmacéuticas se han blindado para evitar posibles indemnizaciones por los efectos adversos del tratamiento. "Así se las ponían a Felipe II… y nunca perdía al billar", pues se llevarían todo el beneficio sin ningún riesgo aparente. El fabricante traspasaría la contingencia al Gobierno y, mucho me temo, que el "consentimiento informado" sería como un lavado de manos para que fuese el ciudadano quien finalmente soportase el riesgo.

Pero, ¿de dónde surge la necesidad del "consentimiento informado"?

La legislación prevé que cuando un medicamento, vacuna, o tratamiento médico, produce un efecto perverso, los pacientes tenemos derecho a demandar al laboratorio o al servicio médico, una indemnización. Para limitar sus consecuencias y prevenir al enfermo o a sus responsables se promulgó «la Ley 41/2002, de 14 de noviembre, básica reguladora de la autonomía del paciente y de derechos y obligaciones en materia de información y documentación clínica». Además, la exposición de motivos acude a diversas declaraciones y normas jurídicas emitidas por organismos internacionales como la ONU, UNESCO, OMS, la Unión Europea y el Consejo de Europa, con una retrospectiva a la Declaración Universal de los Derechos Humanos de 1948, que tratan explícitamente, con detenimiento y extensión: «sobre la necesidad de reconocer los derechos de los pacientes, entre los cuales, resaltan el derecho a la información, el consentimiento informado y la intimidad de la información relativa a la salud de las personas…»

Si nos detuviésemos aquí parecería algo habitual, pero no es así, porque en el texto del documento "consentimiento informado" que se exigirá previo a la vacunación, se hace especial referencia al artículo 9 de la ante citada Ley 41/2002 que prevé expresamente nuestra renuncia a recibir esa información. Vean el contenido del apartado 1: «La renuncia del paciente a recibir información está limitada por el interés de la salud del propio paciente, de terceros, de la colectividad y por exigencias terapéuticas. Cuando el paciente manifieste expresamente su deseo de no ser informado, se respetará su voluntad haciendo constar su renuncia documentalmente, sin perjuicio de la obtención de su consentimiento previo para la intervención».

Probablemente un motivo del crecimiento de las reticencias a las vacunas, sea que algunos Gobiernos pretendan tratar a sus ciudadanos como discapacitados.

Pero mi opinión, aunque refleje dudas, no es contraria a las vacunas. Reconozco que quien las retrasa o rechaza puede poner en riesgo a sus conciudadanos -1,5 millones de niños mueren cada año por falta de determinadas vacunas ya contrastadas-. No, no es esa, ni mucho menos, mi intención. Lo que me indigna, y no admito de buen grado, es que pretendan tutelarme, privándome del derecho a conocer los porqués de la decisión que debo tomar.

Mi reticencia y la de muchos otros con la del COVID-19, –pues se estima que el 50% de los españoles dudan sobre la conveniencia de vacunarse ahora- parte de la aceptación precipitada de este nuevo tipo de vacunas. No viene al caso añadir también motivos de falta de confianza en nuestros líderes españoles, porque me extendería demasiado.

Preocupa, como he dicho, la inmediatez para aceptar una vacuna con una técnica genética de ARN mensajero, inédita hasta la fecha, cuando está vivo y candente el debate sobre la ingeniería genética de los alimentos, los conocidos como transgénicos, que muchos justifican por sus efectos benéficos, como la mejora de producciones agrícolas o la protección de los cultivos frente a plagas.

Argumenta el doctor Christophe d´Enfert, profesor del Instituto Pasteur, que «...no es posible que el ARN inyectado pase a formar parte del ADN humano...” Bueno, él es un experto y por ello, habrá que darle el peso que su opinión merece, pero es la primera vez que se aprueba una vacuna de ARN para seres humanos. Así que resulta complejo y arriesgado, prever las reacciones de los organismos con tan absoluta rotundidad. Y, alimenta las dudas, si el fabricante o el Gobierno trataran de eludir la responsabilidad de sus eventuales efectos negativos.

La ingeniería genética puede ser un tratamiento fantástico de futuro, pero se vigila cuidadosamente cada paso que da. Por poner un ejemplo digamos que la UE autoriza con cuentagotas aquellos alimentos a los que se les han añadido genes de otra especie –los llamados transgénicos-, y se hace tan sólo cuando están destinados a piensos para alimentación animal, no para consumo humano.

Algunas vacunas están más que contrastadas, evitan millones de muertes, y nadie debería cuestionar su eficacia. Otras, como la gripal, no tienen un efecto protector tan claro. Se puede comprender, a partir de la catastrófica gestión de la pandemia, que algunos gobiernos estén determinados a contenerla, asumiendo unos riesgos que consideran menores. Sin embargo, hay demasiada información publicitaria y falta mucha transparencia.

Pues ¿saben qué? Si tan seguros están de que es imprescindible ese tipo de vacunas, que al menos tengan la decencia de exigir que sean obligatorias, así no pareceremos imbéciles. Los bomberos que apagaron Chernóbil a costa de sus vidas y muchos otros héroes que se han sacrificado por los demás, conocían el peligro. Si vamos a correr un riesgo, al menos que se reconozca nuestro sacrificio por la comunidad.

El futuro del campo colgado de una encina

Entre los encinares del campo charro de Salamanca cuelga un hombre joven, apenas tendría cuarenta años. Pocos meses antes yo había coincido junto a él en la barra de un bar, le llamaremos Manuel y era uno de tantos emigrantes huido de la Sierra de Francia, en busca de nuevas metas laborales en el Norte industrial y minero. Me contó, entre sollozos y risas ebrias, que tenía intención de poner una explotación de setas porque había leído que ese negocio tenía futuro y aún conservaba el corral de su padre donde el champiñón, me decía, crece sin que lo siembres. Había estado en una fábrica de Gijón doce años, pero las crisis metalúrgica, naval y minera, una tras otra, dieron al traste con su quimera, la empresa quebró y él, tras unos meses en otra que también cerró, volvía al pueblo con la cabeza gacha y la cartera vacía. Era uno de esos chicos que adoptaban algunos agricultores sin hijos, con la intención de tener una mano de obra más, en épocas de cierta bonanza, pero la naturaleza trajo luego una fertilidad abundante y la cuestión se complicó. Ese día se le veía aseado y educado, de conversación grata y gesto amable. Nadie hubiera imaginado que unos meses después iba a tirar la toalla y poner fin a su existencia.

He querido iniciar el artículo de hoy, con la imagen que me dejó grabada este relato hace ya muchos años. Y es que la agricultura y otras labores que requieren poca habilidad tienden a tener mayores tasas de suicidio. Un trabajo tan estresante como el del campo, donde una borrasca puede echar por tierra la labor de todo un año, provoca a veces niveles de ansiedad de tal calibre que muchos no son capaces de superarlo. Lanzando una mirada hacia el entorno geográfico, se ve que a la sazón el problema no es exclusivo nuestro, pues el nefasto año 2020 dejó también

360

una cifra record de agricultores suicidados en Francia. En realidad, señores, el agro es el gran olvidado del mundo, al tiempo que es también quien nos alimenta.

Si tomamos una instantánea del campo español, tanto en el ámbito social como económico, puede considerarse como muy problemático por múltiples razones. En primer lugar, porque ha habido, hay y seguirá habiendo un proceso migratorio considerable a zonas urbanas nacionales o al extranjero.

Igualmente, esta situación de despoblación creciente genera tal incertidumbre entre los pequeños municipios, que ya son diversas las propuestas de los gobiernos municipales para atraer capital humano, iniciativas empresariales e inversiones. Pero carecen de estructuras y apoyo económico suficiente para abordar el problema y no hay nada peor que permitir que alguien se ilusione con un proyecto, como el de Manuel y sus champiñones, para luego desentenderse de él, dejar morir a la empresa y, nunca mejor dicho, también al empresario.

¿Pero qué es lo que falta?

Señores, salvo buena gente y voluntad de trabajo de los que están allí, nuestro campo está falto de todo y en tal marco han de situarse las medidas para cambiar su rumbo.

A medio camino, tras larga andadura, pues se inició con los primeros gobiernos de Franco, la Concentración Parcelaria pretende abordar y dar solución al pequeñísimo tamaño de las parcelas en España. Hoy, casi 80 años después, sigue siendo una asignatura pendiente, pues la condición primordial para un desarrollo adecuado del sector agrícola era y es, la de diseñar y facilitar explotaciones con dimensiones viables.

Claro que de poco nos sirve que las fincas sean más grandes, si luego no hay quien las trabaje. La fuerza laboral del campo ha perdido a los miembros más emprendedores de las nuevas generaciones, al tiempo que son las personas de mayor edad quienes se quedan. Sin duda es necesaria una repoblación y ese fenómeno inmigratorio que tanto nos enfrenta, unos porque lo lamentan y otros que lo temen, bien puede ser reconducido desde sus países de origen, para canalizarlo allá donde sea bien venido. A ese respecto quiero referirme a una iniciativa singular de algunos municipios de las Sierras de Salamanca. El proyecto está gestionado por la Asociación para el Desarrollo Rural Integral de las Sierras de

Salamanca y, básicamente, pretende apoyar y acompañar a personas y familias interesadas en situar su plan de vida en los pueblos serranos. La Asociación pretende facilitar el traslado, asesoramiento y ayuda para la puesta en marcha de emprendimientos y/o, traslados de personas y negocios, conectando a sus promotores con el territorio y la población del entorno. **http://revitalizarsierrasdesalamanca.com**/

Es esa, sin duda una iniciativa encomiable, pero precisa crear ilusión. Y para ello es necesaria una repoblación planificada que lleve aparejado el "desarrollo" de nuestras comarcas rurales tanto en lo social como culturalmente.

No suelo yo hablar favorablemente de los gobiernos republicanos, pero al César lo que es del César, pues uno de sus escasos aciertos fue propiciar iniciativas como la de García Lorca con "la Barraca", que completó la de Alejandro Casona y su "Teatro del pueblo". Este último, uno de los proyectos de las Misiones Pedagógicas de Bartolomé Cossío, al amparo de la Institución Libre de Enseñanza. Ambas tenían como objetivo llevar el teatro clásico a aquellas zonas de España carentes de medios para disfrutarlo. Y es que el ocio y la cultura forman parte esencial del proyecto humano que no sería completo si faltase cualquiera de ellos.

Muchos otros servicios, hoy considerados esenciales, no están fácilmente al alcance de las zonas rurales y es preciso acercarlos para revalorizarlas.

En resumen, creo que tras esta pandemia del COVID-19, cuando el teletrabajo pase a ser lo habitual, el campo puede ser una solución hermosa y, para ello, es necesario abordar sin complejos el embellecimiento y aprecio de la vida rural.

Francisco A. J. Mata

Yo no soy del Opus Dei; aunque, para algunas cosas, como si lo fuera

Ya lo dice el título, aunque se pudiera deducir por lo que viene a continuación lo contrario, créanme, yo no pertenezco a la Obra. Ni numerario ni supernumerario, ni siquiera aspirante. Y eso que he pasado gran parte de mi vida profesional en un Grupo empresarial, Banco Atlántico, donde el Opus Dei tenía más que voz y voto. También es verdad que tengo en mis alforjas, entre estudios de preparatoria, bachillerato, ICAI e ICADE, doce años jesuíticos, y ya saben ustedes, lo que se dice de la inquina aparente entre ambas congregaciones.

El porqué de mi visión favorable arranca de buenos amigos que han sido o son del Opus Dei. Quizá Álvaro de Toro, uno de mis mentores laborales, fuera de los más significados. Era un cristiano de misa y comunión diaria, de los que madrugan para estar en el trabajo a su hora, pero no sin antes haber vivido el recogimiento interior que significa la eucaristía. Alguna de mis anécdotas con él, durante la expropiación de Rumasa es bien conocida por muchos, y yo ya me he referido a ella en alguna otra ocasión, pero no soy de esos escritores a los que siguen millones por las redes sociales así que, muy probablemente, casi ninguno de ustedes la recordará, o lo más probable es que la ignoren. Y fue con ocasión de una gestión para Cofimasa, una pequeña empresa financiera del grupo Banco Atlántico, durante los días previos a la expropiación.

Había sido un viaje a León complicado, con una gestión infructuosa para captar como cliente a Antibióticos y demasiadas horas al volante por las carreteras castellanas. Yo no conduzco bien de noche, así que Álvaro me sugirió que descansara un rato antes de continuar. Aparcamos junto a un bar de carretera, cuando la radio repetía unas declaraciones del ministro Boyer, amenazando la intervención del grupo Rumasa –Álvaro era amigo personal de José María Ruiz-Mateos y no ocultaba su carácter cerril-, escuchamos en silencio aquella noticia antes de salir del coche;

pero ninguno comentamos nada al respecto. Había sido un día duro e infructuoso, como digo, y la noticia de la eventual expropiación no ayudaba a levantar el ánimo. Además, los días anteriores, Ruiz-Mateos, durante una visita a nuestras oficinas, nos había sugerido que Cofimasa comprara un importante paquete de acciones de una empresa de Rumasa, Covasa, que ni el propio Álvaro conocía en profundidad, con lo que, probablemente, tendríamos en perspectiva un problema añadido.

En la puerta del local, sentado con un cartel entre las piernas, con una abultada mochila a sus espaldas, estaba un joven barbudo y harapiento que alzó la vista y nos miró con la apatía de quien contempla las estrellas a punto de encenderse. Sin embargo, cuando Álvaro se detuvo y sacó su cartera, se le iluminó la cara. El caso es que mi amigo le dio uno por uno todos los billetes que llevaba encima, feliz por tener ocasión de hacer su buena acción del día, pero le debió parecer aún insuficiente, así pues, me pidió que le prestara dinero para procurarle algo más. Yo estaba hipnotizado y admirado, aunque apenas llevaba encima lo necesario para el peaje y la gasolina; así que no lo pensé y se lo di. Luego, ya dentro del establecimiento, frente a las dos tazas de café que habíamos apurado, mi amigo Álvaro, un hombre de los que ya no hay, se rio abiertamente cuando el camarero, señalando al barbudo harapiento que se despedía de nosotros con un gesto amable, nos puso otros dos cafés en la mesa. «Invita el señor», dijo. Respiramos aliviados, pues ambos sabíamos que ni él ni yo habíamos contado con aquel pequeño gasto antes de vaciar nuestros bolsillos. Y nos fuimos camino de Madrid, especulando entre risas sobre qué reloj habríamos tenido que dejar en prenda si nuestro mendigo perro-flauta, no nos hubiese invitado. La nieve había desaparecido del Alto de los Leones y llegamos a Madrid con la reserva, pero contentos y satisfechos del viaje. Yo pienso ahora que, aunque no conozco mucho de san José María Escrivá, Álvaro hubiera merecido también estar entre sus santos, sin la menor duda. En realidad, la generosidad es la madre de casi todas las demás virtudes, y Álvaro de Toro me enseñó a practicarla porque él no me devolvió, pues yo nunca le pedí que me pagara, mi insignificante préstamo-limosna.

Cayó por casualidad, o quizá causalidad, recientemente en mis manos un libro de denuncia ante la canonización del fundador del Opus Dei y, recordando a Álvaro de Toro, algo en mi interior saltó como un resorte.

No soporto la tergiversación y la mentira porque creo que no hay nada peor que pretender engañar con medias verdades. No cabe por tanto calificar un proyecto por la acción de alguno o algunos de sus miembros, pues ya sabemos que hasta Jesús tuvo un discípulo que se torció. Pues bien, dice en algún sitio aquel escrito lo siguiente: "Varias son las características de este tipo de hombre envasado por el Opus" y detalla: el menosprecio total de uno mismo; el aislamiento del entorno; la incomunicación con quienes no pertenezcan a la Obra… En fin, no pretendo hacer un libelo del libro, pero ya habrán notado que adolece de equilibrio. Quiero recordarles algunos de los que públicamente se han declarado pertenecientes al Opus Dei, para que ustedes mismos juzguen si son personas que se menosprecian, escasamente comunicativas, o aisladas. Vean como ejemplo a mi amigo Álvaro, al propio José María Ruiz-Mateos o su esposa Teresa Rivero; a Luis de Guindos, hoy vicepresidente del BCE; al portavoz de la Santa Sede, Joaquín Navarro-Valls; o los periodistas Pilar Urbano y Jesús Hermida… Así que no quiero cansarlos con una relación interminable de personas a las que nadie, en su sano juicio, pudiera calificar en esos términos.

A menudo marginamos que las cosas no se hacen solas, más que criticar o controlar lo que hacen o no hacen otros. Los cristianos estamos olvidando que Jesús proclamó durante su vida que no existe peor vicio que la pereza. Y ésta lleva demasiado tiempo permeando la cultura de nuestros correligionarios como un lastre cada vez más insoportable. Un obstáculo que no es sino la exigencia de unos pretendidos derechos, que no suelen ir acompañados de similares deberes sociales. Un modo de vivir la religión que amenaza la convivencia cristiana y bien pudieran sumirnos en el desencanto. Porque la palabra de Dios no se detiene en la oración cuando lo que se exige es la acción, el trabajo, la Obra. Lo hemos visto, por ejemplo, en Madrid con la gran nevada de estos últimos días cuando muchos clamaban para que se limpiaran las calles, pero no apartaban ellos mismos la nieve caída frente a sus casas.

Pues bien, "la Obra", el ideal de vida proclamado como un mantra por san Escrivá de Balaguer, no es sino otra revolución católica interna, frente a la inoperancia; el renacimiento del "Ora et labora" de San Benito de Nursia.

Sorprende quizá, que sea también similar a la nueva ética de la reforma calvinista y luterana, sin duda, lo más valioso que exhibió el protestantismo como chispa de división. Un activo que se contrapuso a quien cifraba la vida únicamente, en la expectación pasiva y orante, ante la que consideraban inminente segunda venida de Cristo triunfador.

Se puede ser jesuita o del Opus Dei. Se puede sin duda, valorar ambas cosas al mismo tiempo. Y es que, a pesar de lo que puedan leer, el mundo lo que necesita son buenos hombres, personas que piensen en los demás. Precisamente como mi amigo Álvaro de Toro Moreno q.e.p.d.

Francisco A. J. Mata

Aunque se olviden del camino nos dejan su rumbo

«Cuando duerma, mi mente borrará todo lo que hice hoy. Mañana me despertaré...» (Steven J. Watson, «Antes de irme a dormir»)

Manolo llegó al hotel de Sarria que constituía el punto de encuentro de aquel Camino de Santiago y nos saludamos en medio de las maletas y de los gritos de los peregrinos que aparecían por todos lados mochila al hombro, o, mejor dicho, sin apenas mochila porque el equipaje dormía en los coches de apoyo. Durante ese momento singular del primer día, tenía lugar en el Grupo de Amigos del Camino una escena de ilusión y recogimiento. Luis Ortiz, repartía los "libritos de oraciones" dirigiendo luego la plegaria matutina. Mi amigo Manuel Pérez Hernández, muy vinculado al movimiento católico de los "Legionarios de Cristo", hizo esfuerzos por adaptarse al ritmo de los demás, y, cuando comenzamos a andar, su interés se trasladó al entorno, o, más bien, no parecía tener un objetivo aparte del de acudir como curandero y mozo de frutas en ayuda de cualquiera.

Salíamos de madrugada con la fresca para que el cuerpo se librara de los calores de agosto y me acerqué a él para presentarle desde la lejanía al resto del grupo. Los demás ya éramos viejos guerreros, pero él y su esposa, Esperanza, se incorporaban aquel año. En ese momento la mirada inquisitiva de Manolo parecía vagar entre los robles y a mí me pareció que le interesaban bien poco mis palabras.

–Tengo que confesarte algo– me dijo al cabo de un rato.

Dejamos que los demás se alejaran y caminamos pausadamente. Los rayos del sol naciente hacían extrañas incursiones que, para mí, asemejaban destellos de alarma, porque Manolo era un hombre callado de los que hablan más con sus obras que con las palabras. La conversación recayó entonces en una etapa anterior nuestra como compañeros de trabajo en una empresa de cobros, Ausyco, antes que la expansión de esa entidad le condujera a un puesto directivo en la Recaudación del Ayuntamiento de Salamanca.

–¿Te acuerdas de lo que me ocurrió aquel día que olvidé mandar la Cámara de compensación al Banco?

En ese momento alguien se acercó a pedirle una de aquellas peras que había ido repartiendo. Un peregrino extranjero que se expresaba por signos. Algunos pasos más allá, Manolo se detuvo y miró hacia el suelo en silencio.

– Claro que me acuerdo –respondí–. Menudo follón con la mierda de aquella Cámara. Pero cogiste un taxi y la llevaste a tiempo para que entrase en el mismo día.

–Pues me ha vuelto a pasar y cada vez con mayor frecuencia. A veces no soy capaz de recordar algo que estaba a punto de hacer ¿Te das cuenta del susto que os daría si ahora desapareciera por estos montes? Y puede que ni recordase cómo me llamo… No se puede uno volver viejo si se olvida cómo era de joven.

El resto del relato de aquellas jornadas está perdido en mi memoria. Parece que Manolo, a pesar de sus temores, no se perdió. Claro que tampoco prestó mucha atención a sus pies y sufrió terribles ampollas con la pérdida de alguna uña. Añado que, tan sólo unos meses más tarde, cuando lo llamé para preparar la cita peregrina del año siguiente, me dijo: «Espero recordar esa fecha porque lo que te conté ha ido a más y no sé qué me pasa que lo olvido todo».

Pero yo no le di excesiva importancia al comentario, volví a mis tareas y anoté a mi amigo y a su esposa Esperanza como participantes de la siguiente etapa. Serían los idus de enero del 2000.

La memoria nos abandona por múltiples motivos, en muchas ocasiones sin mayor importancia. El simple envejecimiento puede causar algo de olvido y es normal que nos resulte difícil aprender cosas nuevas o recordar las viejas. Pero, en general, no suele ir seguido de pérdidas drásticas de memoria. Y los motivos son tan variopintos que contemplan situaciones leves o graves, y que pueden tener causa en una simple borrachera, conmoción, infección, demencia, tumores cerebrales, incluso una depresión fuerte o hasta el temido Alzheimer.

Supe de su operación al poco de aquella singular conversación, y en unos meses el cáncer le ató a su cama inmovilizándolo hasta finales del verano cuando abandonó este mundo para estar ya junto a un Dios que siempre antepuso a todo. «Prefiero cantar el "*padre nuestro*" mejor que el "*Asturias patria querida*", doctor, porque yo soy más de iglesia que de bares», fue, posiblemente, una de sus postreras bromas, cuando le pidieron que hiciera un test de memoria. La rapidez de aquel proceso, un tumor que desafió y venció a los cirujanos, formó parte de la magia de la última etapa de su existencia; todo el mundo, hasta los que apenas le conocían más que como un aplicado sacristán, un hombre que brindó su casa como templo en tanto no hubiera otra, todos sentíamos que era un hombre bueno, confiable y superior, al menos en ese sentido, al hombre habitual. Su párroco dijo de él y yo lo suscribo: «Siempre discreto, siempre eficiente, siempre incondicional y siempre servicial sin condiciones. Y luego, como quien no ha hecho nada, quedando en el silencio, siempre en humilde segunda línea».

Ya ven que aunque uno pueda perder con la memoria toda la herencia de los hechos de una vida, el recuerdo de sus obras no desaparece, porque el rumbo que fijó estará siempre ahí, esperando a quienes quieran seguirlo.

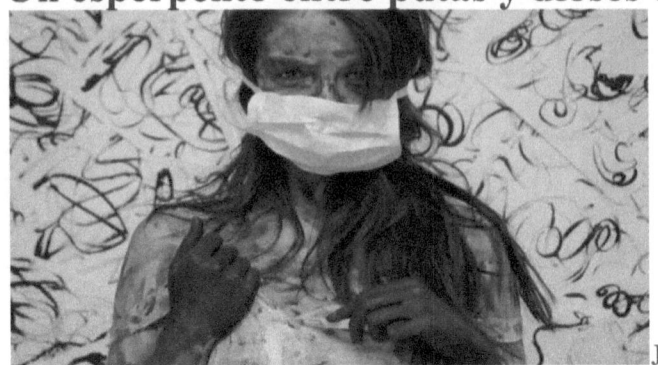

Un esperpento entre putas y dioses de purines

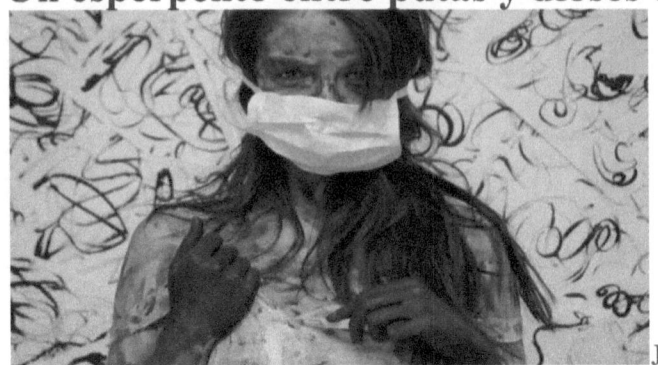

Juan Mata

Hernández.- **«Entre el mundo de las putas y el mundo de Dios, como un río entre dos reinos, se extiende un intenso olor a orina» (Milán Kundera. "La insoportable levedad del ser")**

¿Qué vende un personaje esperpéntico como Hasél para enardecer a algunos jóvenes? ¿Qué es lo que compran quienes se lanzan con violencia a destruir la convivencia? ¿No son quienes alientan esos sucesos más culpables que quienes los realizan?

No he visto en mi vida un portavoz político más impresentable. Su opinión "¿mal expresada?" "¿Peor entendida?" rebasó ampliamente la línea roja que marca el límite de lo que en política se puede considerar como "razonable" y echó más gasolina a las hogueras que iluminan estos días la bella ciudad de Barcelona. No, no es fácil entender lo que está pasando desde la lógica de quienes deseamos vivir en un mundo de "orden y justicia"; aunque dudo que nuestro "desgobierno" pretenda alcanzar ese fin para quien no esté a su lado. La obsesión de esos políticos es épica: persiguen el éxito manipulando la opinión con la complicidad de muchos medios, unos afines por ideología y otros por pura subsistencia, «se creen dioses y mean sobre nosotros» así se explica en parte ese olor a orina que cita Milán Kundera.

No sé con qué estomago puede alguien apoyar impunemente la destrucción indiscriminada de bienes y personas, porque esas hordas son hunos, con hache, aprendices de diablos que no reparan en medios para calmar su ira.

Pueden apalear a una mujer tendida en el suelo mientras sus "feminazis" callan y miran a otro lado sin rubor. Nada nuevo por estos lares, sin duda, porque ese tipo de nazismo que entusiasma a la izquierda y al separatismo, ya lo conocimos en los prolegómenos de la guerra civil.

Sin duda no vivimos en el "reino de la putas", las prostitutas, con todos los respetos, son muchos más dignas que lo que estamos viendo. Nuestro mundo es precisamente ese río de orina y podredumbre, donde prosperan rufianes proxenetas, en el valle que separa aquél del de Dios. Es un mundo de tristeza silenciosa, en el que apena sobresaltan las indecencias y el cinismo político de uno y otro signo, porque es la lógica consecuencia de una sociedad que destierra los valores éticos y estéticos. Nuestros dioses de purines desprecian la educación, el respeto a los símbolos, a las personas, a las instituciones, a las propias normas de convivencia, y esto que ocurre ahora es un avance del cielo que nos ofrecen.

Yo escribía, no hace mucho, advirtiendo que estamos perdiendo todas las guerras por el "buenismo" imperante. A veces salta la chispa del enfado y es cuando percibimos el olor nauseabundo de todo lo que hemos dejado pudrir. Son gritos de rabia de quienes golpean y de los golpeados, unos y otros tienen sin duda sus razones, pero sería injusto tratarlas por igual. Los jóvenes de nuestro país afrontan una vida llena de inseguridades y precariedad; es el tributo debido a la degradación de los ideales que construyeron la sociedad en que vivimos. Europa fue un fortín de la cultura que se apoyaba en el cristianismo como vía y como meta hacia el Reino de Dios, ese que vemos cada vez más lejos desde el caudaloso río de orina. Y ellos, los jóvenes, tienen derecho a disfrutar de una vida plena. Hace falta reconstruir puentes para pasar este gran charco y rechazar el falso mensaje de quienes pretenden ganar los votos de la pereza y la mediocridad. Pero las herramientas adecuadas para lograrlo, lejos de la ira y de la violencia, son el humor, el trabajo, la fe en Dios y el análisis crítico.

Humor, para reír la fragilidad del fracaso y la fatuidad del éxito; para desoír llamadas a la violencia que sólo aprovechan a quienes las animan.

Trabajo, porque todo hombre y mujer tiene una capacidad para crear si somos capaces de encontrarla en el silencio y la meditación. Y porque todo trabajo es digno si se obra con dignidad.

Fe, aunque nos remuerda la conciencia haber creído en falsos dioses que nos han defraudado mil veces. Porque hay un Padre Dios que no defrauda, que comprende todo y a todos; que perdona y olvida siempre, aunque no se lo pidan.

Análisis crítico, para abogar, fiscalizar, comparar, meditar y juzgar después los hechos, sin delegar esa función en otros que, muchas veces, tratan de ocultar desatinos propios clamando contra pequeñas, medianas y, sólo a veces, graves faltas de sus enemigos.

Hacer un Reino, es desterrar virreyes, tender puentes en lugar de quemarlos. Mientras llega, caminen con mascarilla y, por si acaso, lleven paraguas.

TRADICIÓN VIVA

¿A qué hueles, Pablo?

La humanidad, desde sus orígenes, ha mostrado el más vivo afán de transmitir una imagen positiva ante quienes nos rodean.

Por Juan Mata Hernández. Publicado 29/12/2020

¿Fue una información falsa, de tanto repetirse, la que nos ha hecho rechazar el olor corporal de nuestra propia especie? **Habitualmente las modas se imponen desde le élite dominante** y el «resto», mayoría obediente y silenciosa, persigue sin descanso cualquier atisbo para asemejarse a ella. Desde qué cremas usar hasta cuántas veces y con qué productos ducharnos cada día, los comentarios públicos y privados nos aportan información –muchas veces incorrecta- sobre qué debemos hacer para destacar o al menos no desentonar en sociedad.

Pero no por mucho reiterar algo, alcanza mayor veracidad. Aunque muchas de esas afirmaciones se conviertan en dogmas de comportamiento pese a no contar con ninguna base científica.

Me vienen a la memoria al respecto, dos anécdotas relativas al tema de hoy que voy a compartir con ustedes. La primera de ellas se relaciona con **el mito de que Isabel «La Católica»** era sucia y maloliente. Una fabulación que tiene origen en la **Leyenda Negra** y que confirma aquello de que una mentira repetida mil veces termina por asentarse mejor que la

374

verdad. Pues bien, un compañero valenciano en el Consejo de Administración de una sociedad anónima, se refirió varias veces al aserto anterior durante los almuerzos previos a aquellas reuniones de trabajo. Él se regocijaba jocoso en que, según sus datos, entre la relación de artículos que el rey Fernando de Aragón trajo desde Zaragoza a la corte castellana figuraba su bañera, un artilugio, a su entender, poco menos que desconocido en Castilla. Y entonces, claro, repetía la machacona cita sobre el pretendido juramento de la reina de que *"no se lavaría ni cambiaría de camisa hasta que Granada fuese conquistada por los cristianos"*. Yo confieso que he lamentado durante muchos años no haber salido en defensa de mi reina preferida, pero ya saben ustedes la mezcla heterogénea resultante de juntar política, economía y educación, que impide muchas veces a uno, decir lo que piensa.

La otra historia trae origen en un **gran amigo carmelita**, el padre Alfonso Herrera. Durante alguna de las largas caminatas que disfrutamos con el grupo de **"los amigos del Camino"** en peregrinación a Santiago, se habló precisamente de la higiene corporal, Alfonso nos contó que durante su etapa como capellán de un hospital, una gitanilla que aguardaba impaciente el resultado de la intervención de su marido, exclamó cuando finalmente pudo acercarse a él, a quien habían aseado convenientemente para la operación: "¿Pero qué le han hecho? ¿A qué huele? ¡No, no! ¡No puede ser, mi marido no hiede así!". Y es que a veces no nos damos cuenta que el olor característico con el que nos dota la naturaleza forma parte de nuestra identidad, y lo ha sido siempre, hasta que la civilización acercó agua corriente y abundante a nuestras ciudades.

Quien se adentra en un entorno extraño, tarda poco en constatar que determinados olores a los que no esté habituado le puedan resultar repelentes. **Poco importa si son el resultado de un cambio de hábitos hacia mayor o menor limpieza.**

Porque también existen vivencias en sentido opuesto, como la experiencia que relata el libro: *You're Showering Too Much* (Te estás duchando demasiado), de **James Hamblin,** un profesor de medicina preventiva de la Universidad de Yale, quien afirma sentirse perfectamente bien tras una experiencia personal e investigadora, por la que no se ha bañado en los últimos cinco años. Asegura en una entrevista para la BBC que "con el tiempo el cuerpo se acostumbra para que no huela tan mal sin usar desodorante ni jabón". Entre argumentos de tipo ecológico, menor consumo de agua y disminución de la contaminación de fluviales, explica que el olor del cuerpo lo origina un tipo de bacterias que se alimenta de nuestras secreciones cutáneas. En su opinión, los jabones del baño diario destruyen el ecosistema de nuestra piel y, aunque esta microbiota se repueble al poco tiempo, las especies se desequilibran con ventaja para los microbios que producen el olor. De su propia experiencia deduce que, tras un proceso de regulación, el ecosistema llega a un estado estable y se deja de oler mal. **"No hueles como agua de rosas. Simplemente hueles como una persona",** dice. Es meramente su olor "propio" y, al igual que en la historia de la gitanilla del padre Alfonso, a su esposa le gusta y para otras personas no parece resultar desagradable.

La literatura científica especula sobre el enigmático sentido del olfato, al que algunos consideran actualmente dormido. Pero no está ahí por casualidad, porque nos permite detectar peligros, reconocer un entorno familiar, y/o recordar momentos memorables. No hay un consenso sobre si nuestra capacidad olfativa permitiría diferenciar más de 10.000 olores diferentes o los millones que apuntan otros, pero en lo que coincide la mayoría es que nuestra nariz no aprecia el olor que emite nuestra propia piel. ¿Por qué sería imposible olernos a nosotros mismos y avisarnos del riesgo social que pudiese conllevar un mal olor? **Nuestro epitelio olfatorio se suele apagar cuando transcurre mucho tiempo con la misma percepción,** y lo hace como simple medida de autodefensa, pues un olor nauseabundo persistente nos podría volver locos. Nos advierte del peligro de la pestilencia, pero se desconecta después para evitarnos sufrimiento.

La humanidad, desde sus orígenes, ha mostrado el más vivo afán de transmitir una imagen positiva ante quienes nos rodean. El hombre antiguo sabía que su olor formaba parte de la impronta que comunicaba con otras personas. Sin embargo, la biología social fue introduciendo una cultura en que la gente esperaba que el otro no oliese a nada o mejor incluso, que oliese como una rosa, un bálsamo o un perfume, pues de lo contrario se le clasificaría como sucio. Así pues, daba por hecho que dejar un rastro de olor humano sería detestable y negativo. Fue la causa que propició los baños públicos, -en Grecia ya se conocían en el siglo XI A.C.- y estaban llamados a resolver un problema de higiene junto a otras necesidades religiosas y sociales, para terminar por convertirse en "puntos de encuentro".

Cierto que, para afrontar su convivencia en un grupo, el hombre precisa acatar ciertas normas. Y ésta, la del baño frecuente ¿no forma parte de la educación? Tal convicción, erigida en ley casi universal por múltiples culturas, invita a considerar las ofertas de los notables discrepantes a que hemos aludido, como anécdotas curiosas dignas de consideración. **No es ni fácil ni prudente pretender cambiar de golpe el legado de tantos siglos, que ha llegado a asociar la limpieza del alma con la del cuerpo.** La religión musulmana con sus abluciones previas a la oración, que libera al creyente de sus actos contra los preceptos del Corán; o la hindú que ofrece a cualquier peregrino que se sumerja en el Ganges, el perdón de todos sus pecados para él y sus ascendientes hasta la 88 generación. Estos ejemplos muestran, en efecto, cómo está de incrustado el hábito de la limpieza del cuerpo en nuestros genes y lo peligroso que resultaría tratar de cambiarlos.

Pero respetando lo que a cada cual le resulte mejor, nada impide, sin embargo, suscribir la frase de Confucio cuando dice que: *"todo y todos tienen belleza, aunque no todo el mundo la vea"*.

Zumalacárregui, "el tío Tomás", en el XIX; Franco, "el generalísimo", en el XX; ¿Quién en el XXI?

Se lucha porque no hay otra, pues la alternativa que les ofrecen es matar o morir.

Por <u>Juan Mata Hernández</u>. Publicado 23/01/2021

48 Veces compartido

«¡Muchachos! ¡Se os pregunta si queréis la paz o la guerra!» «¡La paz! », gritaron miles de voces... (Revista a las tropas carlistas guipuzcoanas por el Infante Carlos en Elgueta, antes del "abrazo de Vergara")

Al principio de una guerra, como la carlista en 1833, siempre hay gente bastante idealista, aunque la mayoría deba optar por el bando que ocupe el terreno donde, normalmente, se asientan los que no pudieron escapar antes de iniciarse el conflicto. Pero luego, apenas han sufrido la pérdida de un ser querido, la tolerancia se torna en furia y ésta en irracional venganza. Olvídense de lo que han leído o visto en el cine, casi nadie persigue en ese tipo de combates alcanzar el reconocimiento público con una corona de roble. **Se lucha porque no hay otra, pues la alternativa que les ofrecen es matar o morir.**

378

Por el contrario, apenas dos decenios antes, entre 1808 y 1814, la España unida que a veces aflora con una ilusión común, emprendió una **tenaz lucha contra los ejércitos de Napoleón**, donde unos guerrilleros desarrapados vencieron al ejército más poderoso de Europa.

¿Y por qué empieza una guerra civil?

La cuestión sucesoria tras la muerte de Fernando VII en 1833 desató la primera contienda civil española que desembocó después en un conflicto armado inacabable, fue la conocida como guerra carlista. Aunque no se debatía con ella únicamente el eventual derecho sucesorio de don Carlos María Isidro (auto nominado como Carlos V) sino, como siempre, la disputa entre las dos Españas. Una, **la cristina, estaba apoyada por los estamentos centralizadores burgueses y liberales**, frente a la otra mitad, los carlistas, **donde se reflejaba el tradicionalismo foral, con el apoyo mayoritario de la nobleza y el clero**. Los reglamentos no escritos de la ley del talión fueron la única religión de ambos bandos; lo mismo los aplicaban unos que otros.

Ya en su inicio, el administrador de correos de Talavera de la Reina que alzó la bandera de la rebelión contra la Regente Mª Cristina, fue fusilado junto con varios de sus compañeros. Siguieron los levantamientos en Bilbao y Álava, con alternativas a favor de unos y otros, hasta que **Tomás de Zumalacárregui convirtió en pocos meses una tropa inexperta en un ejército eficaz y temible.** Las escaramuzas anteriores dejaron paso a una etapa de crueldad y violencia inauditas. Tal fue la imagen bárbara que daban nuestros compatriotas que provocó la condena de Europa y su intervención para humanizar el conflicto. Vano intento, porque el pasaje bíblico «ojo por ojo, diente por diente» siguió aplicándose con prisioneros y vencidos. Era la sacralización del término «retaliación», que recoge la RAE como equivalente a represalia y la sustantivación práctica de esa ley del talión milenaria que los españoles hemos rescatado del Código de Hammurabi. Como si los 3800 años que han pasado desde entonces no hubieran podido humanizarnos algo más.

«Ahí tenéis a vuestros hermanos, que os aguardan. Corred a abrazarlos como yo abrazo a vuestro general»

(Abrazo entre Espartero y Maroto en Oñate (Guipúzcoa) en 1839 que dio fin a la I guerra carlista)

La historia atestigua que el mal acosa cuando el hombre deja libres las pasiones y margina sus valores. Ahora bien, ese mal siempre tiende a personificarse. Así se observa que unos y otros lo sitúan en sus enemigos, lo conectan con los «vencidos», no importa si fueran los otros quienes vencieron. Más o menos así ocurrió con nuestra guerra civil del siglo XX y nuestro abrazo a la "democracia".

«Libertad, libertad sin ira, libertad. Guárdate tu miedo y tu ira, porque hay libertad sin ira, libertad. Y si no la hay, sin duda, la habrá...»

(Canción del grupo español Jarcha, representativa de la transición española a la democracia)

La gran desgracia de España es haber tenido entre los siglos XIX y XX, dos guerras civiles a cual más sangrienta y cruel. Durante ellas, todos los hombres que se manifestaban a favor de uno de los bandos tenían la cruz y la penitencia cuando caían en manos del otro. Las tendencias políticas mueven pasiones irreconciliables, **lo estamos viendo en estos días en que sufrimos un gobierno dedicado a sembrar odio y desenterrar ofensas, con el rencor como norma.** Pues bien, aunque pueda parecer lo más cómodo, nadie debiera permanecer al margen de esta realidad perversa si quiere evitar tener que sufrir sus consecuencias.

La naturaleza se rige, sin embargo, por unas leyes que acreditan la inefable sabiduría del Creador. Ahora bien, una vez que la semilla del odio se siembra en el corazón de las gentes, éstas ven truncado en caos su orden. Tanto, que los poderes caóticos que ahora nos desgobiernan se afanan por desestabilizar el equilibrio de aquella "libertad sin ira" que quiso ser el abrazo final a nuestra guerra civil del siglo XX.

Un día, cuando los españoles nos demos cuenta de la gran torpeza que nos ha hecho poner al frente de la nación a Sánchez y la falsa nobleza, nos volveremos a abrazar e iniciaremos un nuevo ciclo de hermandad y progreso; **avergonzados de esos políticos, seguramente evitaremos otra contienda civil en el siglo XXI.**

Francisco A. J. Mata

En política las verdades de Pinocho ganan votos

La verdad es, sin duda, una de las exigencias éticas fundamentales para la convivencia humana.

Por Juan Mata Hernández. Publicado 06/02/2021

Toda la información que nos abochorna sobre **las verdades inconfesables de nuestros políticos está en algún grado contaminada por la duda**, y cualquiera que ignore o margine este hecho estará muy equivocado.

La verdad es, sin duda, una de las exigencias éticas fundamentales para la convivencia humana. Un político, por el simple hecho de serlo, tiene el deber inexcusable de ser veraz, tanto en el pensar, como en el hablar o el obrar. Y tal parece que no lo son, aunque no siempre seamos conscientes de ello, pues no observamos que les crezca la nariz como a Pinocho.

La verdad política puede anunciarnos victoria, vida, bienestar, respecto al enemigo, la pandemia o la inseguridad, pero también, **puede advertir de la derrota, la muerte o el sufrimiento.** Un político de talla, como lo fue Churchill durante la II Gran Guerra, tuvo aquellas palabras de *"sangre, sudor y lágrimas"* con las que enardeció y unió a su pueblo frente a la adversidad. **Otro que no lo fuera, mentiría sobre la evolución de la pandemia del COVID-19, sus méritos académicos, los compañeros de viaje que apoyarían su gobierno, y todo lo que le conviniera para mantener su poltrona.** No importa si de paso se divide, fractura, y rompe una convivencia o pudiera traer después aquella sangre, sudor y lágrimas, de la que hablaba el político británico.

Claro que siempre nos podría decir que sus verdades eran subjetivas y, realmente tendría razón, pues la mentira, debilidad o virtud según se mire, siempre es subjetiva. Pero nosotros, los ciudadanos de a pie, entendemos que la palabra verdad equivale a sinceridad, porque la política, aunque cada vez se parezca más al espectáculo, no es una obra de teatro donde ya sabemos que cuando el galán le dice a la chica "te amo", esa frase suele ser mentira, pues terminada la función, olvidará su compromiso.

Estoy convencido que llevo a su memoria situaciones, en las que un político muy conocido, **afirmaba que no podría dormir si tenía cerca de su gobierno a otro político también bastante conocido.** ¿Era verdad lo que afirmaba? Estoy casi convencido de que lo era para sus intereses inmediatos. Cada cual tiene su verdad subjetiva, y la expresa con sinceridad o engañando, porque a sus efectos, lo mismo da. Pero a nosotros nos interesa otro tipo de verdad y otro tipo de políticos. Dirigir al país hacia la unión y el desarrollo, exige gobernar con verdades objetivas, las que apelan a la razón más que al corazón. Aunque, desgraciadamente, nuestros sentimientos suelen ser ciegos a la verdad objetiva y los políticos lo saben muy bien. Sirva de ejemplo el recuerdo de cómo Hitler entusiasmaba a las masas, para lograr el apoyo mayoritario a sus tesis; o aquel predicador, Jim Jones, que propició el suicidio de sus correligionarios, el Templo del Pueblo, en la Guyana. Sin duda, eran ambos mucho más eficaces excitando los sentimientos, que quienes pretendían persuadirlos de lo perverso de sus ideas apelando a la razón.

Ahora bien, es evidente que con las valoraciones subjetivas de ese tipo de líderes que invocan sentimientos, no siempre se alcanzarán buenos objetivos, salvo para quienes los impulsan. Un terrorista miliciano de los que quemaban iglesias también se movería por sentimientos y, en algún caso, estaría dispuesto a morir por ellos anteponiendo su verdad a la propia vida y a la ajena. Uno de aquellos mártires cristianos, que padecieron la muerte en nuestra guerra civil sólo por *"ser de iglesia"*, defendería una verdad diferente a la del miliciano suicida, **pero ni el mártir convencerá al terrorista, ni éste a aquel, por muy heroicos que sean ambos en sus interpretaciones de la verdad.** Claro que en algo coinciden ambos, pues ninguno pretende engañar al otro.

El negador lógico, que tanto utilizan los políticos en campaña y fuera de ella, lo define el doctor López Quintás como la mentira del que afirma a sabiendas lo que no piensa, ni está dispuesto a hacer lo que dice o promete. Ya he referido alguna vez el entusiasmo con el que vivo la experiencia de guía de grupos en el Museo Geominero de Madrid, pues bien allí, al hablar sobre la evolución del homínido al homo sapiens, explico que el eslabón que nos distingue de un modo categórico y que no parece un fruto más de la evolución, es precisamente **la libertad que tenemos los seres humanos de mentir a conciencia**, es decir, de utilizar ese negador lógico, pues ningún otro ser vivo parece tener la capacidad de falsear la verdad ante sus congéneres, no al menos conscientemente. Curiosamente, sin embargo, es esa libertad la que nos convierte en persona y de la que brotan: dignidad, bajeza, nobleza… en función de un tipo de actos que se corresponde con la naturaleza humana.

En este momento tan especial, al hilo de la Pandemia y las elecciones catalanas, nos formulamos la pregunta: *«¿Qué pasa con nuestros políticos?»*, queremos saber la verdad. No nos referimos en concreto a si Rajoy conocía esa pretendida *"caja B"* del PP, que argumentó la moción de censura de Sánchez, **sino al negador lógico que antes pasó de puntillas sobre el escándalo del PSOE con los ERE de Andalucía** o pretende marginar los escándalos de Podemos en asuntos como *"el Dina Bousselham"* *"el Neurona"* o el de *"la niñera pagada por otros para los Iglesias"*. Digo sólo eso, porque realmente me interesa lo substancial y porque, desgraciadamente, temo que todas van a ser preguntas sin respuesta.

Y a buen seguro, si alguien responde, tengan por cierto que estarán dispuestos a optar por la que les convenga en función de sus circunstancias. Utilizaran de nuevo el negador lógico porque *«Se trata de no perder el poder»*. Así que bien pueden convertir su verdad subjetiva en una Ley orgánica, como pretenden hacer para controlar el poder judicial. **Porque últimamente, en el juego de la política, sobreviven solamente los Pinochos.**

¿Qué podemos hacer nosotros? Pues miren ustedes, probablemente la mayoría, esa opinión que impulsa la democracia, nos diga que no quieren saberlo, porque entre tanto Pinocho, se muestra incapaz de contestar a esa pregunta y, hasta es posible, que hagan suya la verdad subjetiva de sus líderes. Es un juego y aquí no vale aquello de que lo importante es participar, porque todos queremos ganar.

Si le consuela medite la frase de Friedrich Schiller cuando dice que: *«El hombre sólo juega cuando es hombre en el pleno sentido de la palabra, y sólo es plenamente hombre cuando juega»* **Así que, ganemos o perdamos, juguemos todos porque así es el Juego de la Vida.**

Francisco A. J. Mata

CULTURA

Editar es una carrera de obstáculos. Porque un libro lo escribe cualquiera

Hay una serie de opciones frente a la edición de toda la vida, el crowdfunding es una alternativa naciente, la coedición es otra y también lo sería la autoedición.

Por <u>Juan Mata Hernández</u>. Publicado 24/02/2021.

21 Veces compartido

¿Cómo es posible que le llegara aquella oferta tan excepcional cuando había estado casi un año dudando y sin ser capaz de que ningún librero se dignara siquiera leer la sinopsis de su novela?

El problema que hoy afronta quien pretenda publicar un libro siendo un desconocido, es que todo el proceso para conseguir que el editor acepte su encargo suele desembocar en un coste para el autor y, lo más probable, es que se encuentre finalmente entre la opción de auto-editar o coeditar él mismo su manuscrito.

Pero los caminos pueden ser muy diversos y, a veces, los atraviesan arroyos muy caudalosos. Veamos algún ejemplo:

Francisco no quiere pedir favores y menos suplicar, tampoco se queja, aunque le duelen en el alma los dos años sentado ante el ordenador para crear vida con su relato. Su esposa le oye hablar por teléfono, pasear cabizbajo por el despacho, pero no se atreve a intervenir; tampoco le quiere dar una falsa esperanza que de poco le iba a servir, ni siquiera conoce con detalle las editoriales a las que ha enviado el manuscrito ni los certámenes literarios a los que ha concurrido con él como bandera.

Francisco, o Paco como le llamaban sus compañeros de trabajo, intentó explicar a los editores por qué su novela era diferente, por qué merecería una oportunidad, pero fracasó. Pero Paco era consejero de una empresa de seguridad y convenció a José Ignacio, buen amigo y primer ejecutivo de la entidad, para que dibujara la portada de su libro. Ocurrió una vez, lo que equivale de algún modo a que no suele ocurrir nunca: Cuando la novela estaba maquetada y contó con el impulso de la otra cabeza, orgullosa a su vez del diseño de la cubierta, pensó que podía llegar a manos de los lectores y vaya si llegó. De su fracaso editorial lo rescató su compañera, Ana, quien le sugirió enviar el manuscrito a la imprenta que elaboraba los folletos de publicidad, luego encargó una tirada de trescientos ejemplares y aquella navidad todos los clientes de Ausysegur tuvieron un libro junto con el jamón, el cava y los turrones. Era cuestión de "*apoyar a la cultura*" se dijo como simple explicación para quien la pidió.

Esto que hizo Paco para alejar las nubes grises de la "*depresión post parto de un libro*" se llama autoedición, y es un camino seguro para no perder la cabeza cuando un escritor es desconocido. Pero no es el único y no todos tienen una secretaria tan eficiente y fiel ni, como amigo, al Consejero Delegado de una gran empresa.

Juan, otro escritor novel, también estuvo a punto de decir adiós a su novela cuando acabó de escribirla. En realidad él no era novato pues ya había escrito un pequeño relato sobre las vivencias del grupo de peregrinos que le acompañaron en un viaje a Santiago. Aquello fue su bautismo de letras, pero tuvo tintes de melodrama. Un carmelita que les acompañaba fue quien pidió un voluntario para dejar escritas las memorias del Camino; Juan no lo dudó y se ofreció entusiasmado. Cada jornada escribía un capítulo en forma de epistolario dirigido aparentemente a su hija que, por aquel entonces, estaba haciendo un voluntariado en Manaos. Terminadas aquellas jornadas, el verano continuaba en Gijón para él y su esposa. Allí aprovechó para la relectura y corrección del borrador. La decepción llegó tan sólo unos días más tarde, cuando se presentaron en la ciudad, Quintilino y Loli, dos de los amigos que habían acompañado la semana peregrina. Volvieron a hablar de las vivencias del Camino pero, mientras Juan presumía con entusiasmo del resultado de su trabajo como relator y su intención de publicarlo para dar un ejemplar a cada uno de los caminantes, ellos contaron que el carmelita se había adelantado y ya había entregado al resto del grupo su propio libro resumen del viaje. No obstante, Juan encargó en la imprenta la encuadernación con canutillo de su trabajo e hizo de él una tirada de veinte ejemplares. Ninguno de los peregrinos, ni tan siquiera el carmelita, rechazó aquella segunda versión, aunque todos ya habían leído la primera. Juan probablemente nunca entendió que el carmelita, a pesar de haberle pisado la primicia, logró que él diese los primeros pasos para atreverse a escribir y que debiera estar agradecido por ello. Sin embargo, así somos algunos, marginó el mérito debido al monje y no desterró de su memoria la parte negativa de aquel suceso. Más tarde escribió otros libros y tuvo la fortuna de cara cuando un editor sevillano, José Navajas, acertó a adquirir uno de los que había ido dejando en depósito por quioscos, librerías y tiendas del sector de toda España. Navajas se desplazó a Madrid y firmó con Juan un acuerdo de edición y distribución para aquel libro y otros más a través de su editorial Ituci.

El caso de Pelayo es también un ejemplo a considerar. Él dirige una Fundación y ha escrito para ella diversos libros y ensayos técnicos, así que experiencia en el sector no le faltaba. Encontró pronto un editor y pactó un acuerdo un tanto singular: debería abonar por anticipado una tirada de mil ejemplares que la editorial iría comercializando a través de su propia red y la de grandes distribuidoras especializadas. Además, Pelayo tendría que asumir el coste del local para la presentación del libro y el coctel para los invitados. Por su parte, el editor, correría con los gastos de corrección, maquetación, diseño de portada y contraportada e impresión, amén de los ya citados de distribución. Como no venía al caso llenar su casa con los mil libros que se había pactado, se acordó que fuera también la editora quien almacenara aquel stock. Traté de disuadirlo, pues no entendía muy bien la necesidad de un desembolso inicial tan elevado, ya que actualmente no es habitual que se hagan ediciones tan largas si no está garantizada la venta. Además la tecnología actual permite que se pueda imprimir cada ejemplar según se demande.

—Es una barbaridad pues tardarás mucho tiempo en vender mil libros —le advertí, un poco perplejo.

—No, ya verás como los venden —respondió Pelayo con satisfacción—. Además está la venta del día de la presentación donde habrá muchos ejemplares. Yo me fío de ellos.

A mí se me escapó una sonrisa. Luego, el día del evento no le pregunté cuántos había vendido, pero no vi a nadie comprar ninguno. Este sistema se llama coedición y a veces funciona algo mejor que en el caso que acabo de detallar.

Me gustaría editar un libro que he escrito ¿Cómo lo hago?

Hay una serie de opciones frente a la edición de toda la vida, el *crowdfunding* es una alternativa naciente, la coedición es otra y también lo sería la autoedición. Pero, como hemos visto, ninguna es excluyente de las otras y probablemente, cuando la ilusión, el esfuerzo y el tesón no nos abandonan, todas pueden terminar encontrando a una editora que se arriesgue a ser mecenas, como un Ituci o, incluso, un Planeta, que fue el caso de Inmaculada Chacón, autora reconocida de magníficos libros y una de mis ex cuñadas. El camino a recorrer lo elige siempre el destino pero también hay una parte muy importante de responsabilidad personal. Aunque como dice, otro de mis buenos amigos, Juan Procopio: "*hoy un libro lo escribe cualquiera*", y tiene razón porque lo, verdaderamente, complejo y difícil es conseguir que alguien lo lea.

OPINIÓN
Sólo existe la nada cuando se desvanece el todo

La naturaleza humana siente horror al vacío, es aquel "horror vacui" romano que se manifiesta en tantos aspectos de nuestra vida.

Por <u>**Juan Mata Hernández**</u> Publicado 06/03/2021

Entendemos habitualmente que al decir «nada» nos referimos a la ausencia de cualquier cosa en un lugar y tiempo determinados. En esos términos estaremos hablando de algo que no existe porque no es «*real*». El espacio entre las estrellas y el que se observa entre las propias partículas subatómicas está vacío aparentemente, pero, aunque lo veamos vacío, sabemos que no es así. Si por vacío nos referimos a eliminar por completo la materia, sería verdad que se puede hacer que no quede ninguna partícula, pero por el vacío resultante transitarían las ondas y las fuerzas electromagnéticas o las del campo gravitatorio de los restantes objetos que existen y esas ondas requieren de un soporte para moverse. Así que, aunque desconozcamos de qué, podemos asegurar que ese vacío está lleno de algo.

Entonces ¿«*nada*» nunca es nada?

Como nuestra mente no puede imaginar algo así, nos dormimos desterrando la idea de vacío y con la dulce sensación de percibir algo; un continente sin contenido que pudieran ser esa nada inicial, un concepto capaz de generar «*todo*» aquello que vemos o ni siquiera podemos ver, porque ya saben que lo observable apenas supone un cinco por ciento de lo que existe. De ese modo desnaturalizamos el vacío.

La naturaleza humana siente horror al vacío, es aquel *"horror vacui"* romano que se manifiesta en tantos aspectos de nuestra vida: el pintor suple los huecos del cuadro con embaldosados o diseños entrelazados; el arquitecto con ajedrezados; el orador introduce temas baladíes en los huecos de su ponencia y el periodista rellena el artículo con datos innecesarios. «*La Naturaleza aborrece el vacío*», decían también los aristotélicos, pero la lógica humana explica hoy esa actitud llegando a la conclusión de que eso es así porque la nada, un vacío absoluto como ausencia de todo, no puede existir. Para resolver este conflicto tengo que llevarlos en un largo viaje hasta la China de Lao-Tse y su teoría filosófica del Tao, en el siglo VI a. C.

Él, Lao-Tse, nos habla de la inmortalidad como resultado de un camino de vida en armonía con el entorno, el tao, y aunque se compone de dos fuerzas aparentemente opuestas, forman parte de una única naturaleza. La igualdad entre esas fuerzas, el yin (fuerza pasiva/sutil, femenina, húmeda...) y el yang (fuerza activa/concreta, masculina, seca...), que se oponen y complementan, positivo-negativo, mujer-hombre, vida-muerte, afirmación-negación, explica el porqué de los conceptos ente y nada, que también parecen contrapuestos y, sin embargo, son alternativamente causa y efecto de todo; así pues de la nada surge el todo y este se transforma de nuevo en nada. La mecánica cuántica ya nos ha demostrado ese extraño juego de fluctuaciones virtuales de partículas y antipartículas que parecen surgir de la nada y, que casi de inmediato, se destruyen. Pues, aunque parezca ciencia ficción, los experimentos confirman que esto es así. Por asimilación, **el alma al separarse del cuerpo iniciaría el viaje de nuestro yo hacia una «*nada*» eterna.** Bueno, no se sorprenda, me refiero justo a ese lugar que llamamos Cielo.

Cabe preguntarse si en ese lugar, el Cielo, que nuestra religión cristiana nos enseña a buscar de un modo individual, podremos encontrar también a nuestros seres queridos. Sería una pregunta ridícula, pues nadie sabe cómo van a ser allí las cosas, pero no es tan ridícula desde el punto que aflora ese individualismo religioso nuestro.

Esta actitud, que nos hace sentir como si fuéramos el centro del Universo, cambiaría si entendemos que nuestro ser físico es sólo una minúscula parte de energía inseparable del Cosmos, que es todo él pura energía. La energía del Universo es única, es una. No tiene sentido diferenciar energía y materia. La materia que vemos es energía que fluye a menor velocidad, entonces se compacta y forma la materia visible. Cuando se enlentece tanto que llega a pararse es cuando la llamamos *"agujero negro"*. **Esta visión de la ciencia nos invita a una forma de entender el Cosmos, una forma de entender a Dios, y una forma de entender al ser humano.**

El universo vacío se compara con un enorme depósito de energía negativa, destinado a garantizar que su adicción a la energía positiva observable, diese como resultado cero, es decir la *«nada»*. El origen de todo fue el proceso inverso: un *"big-bang"*, con la impulsión divina.

De un modo similar, Lao-Tse define el tao como un espacio vacío para que se manifieste el todo. *«Existía antes del Cielo y de la Tierra»*, dice, y es la madre de la creación y la fuente de todos los seres. Así pues, el universo *"todo + nada"* es insondable, inalcanzable y eterno. El filósofo lo expresa con estas palabras: *«Todas las cosas bajo el Cielo gozan de lo que es, lo que es surge de lo que no es y retorna al no-ser, con el que nunca deja de estar ligado».*

OPINIÓN

Isabel Díaz Ayuso defiende La Puerta de Alcalá

El espectáculo está siendo bochornoso, ha superado en papanatismo, en ineptitud, en declaraciones falsas e indignas.

Por <u>Juan Mata Hernández</u>. Publicado 24/03/2021

40 Veces compartido

¡Puff, a qué muerte en vida estamos asistiendo desde hace ya más de dos años, y qué sociedad tan herida, tan indefensa acabamos de parir! No recuerdo otro momento en que me haya sentido hasta este punto como parte de un rebaño, necio y cansino. He sentido rabia, impotencia frente a la estupidez y la mala conciencia, y he tenido tanto hastío que he comprendido hasta qué punto los que se dejan suicidar pueden llevar, si son creyentes, una razón mejor que los que nos quedamos de momento por aquí, entre las pandemias política y sanitaria, para ver impertérritos lo que va a pasar.

Porque, ciertamente, **el espectáculo está siendo bochornoso, ha superado en papanatismo, en ineptitud, en declaraciones falsas e indignas,** los peores registros, los episodios más vergonzosos jamás vividos desde que nací. Situaciones como esta, en las que la política huele a azufre y mierda, derroche y demencia, no abundan, y tal vez por eso me atreva a escribir este artículo como epílogo de esta temporada para mis

392

columnas. Ojalá fueran tan fieles como aquellas Jakhin y Boaz, de mi primera novela, cuando los personajes pululaban por un Medievo donde el honor era privilegio del alma y el alma sólo era de Dios. **Ahora muchos de los personajes que veo y escucho en la política no tienen alma, y hasta es posible que la causa fuera que se la hayan comido.**

¿Cómo un alcalde de la bella ciudad de Palma puede ser tan incoherente? o ¿Cómo puede decir ahora un político una bellaquería sobre futuros pactos, **tras mentir sin sonrojarse en el pasado**, mientras sus votantes le escuchan de nuevo embobados? Los españoles no nos merecemos esta clase de políticos... Vamos a tener que pedir que nos gobiernen desde Bruselas. Al menos, si también nos engañaran, no gastaremos tanto en diputados, dietas, gabelas o amigotes privilegiados, y no sentiremos la indignación de haber sido burlados por uno de los nuestros.

Hoy, el caso a comentar, uno más de tantos, abunda en esa fase esperpéntica: **El alcalde de Palma de Mallorca dice que retira los nombres a unas calles, Daoiz y Velarde, por ser representativas del franquismo. ¿Cabe mayor estupidez?**

La ignorancia apela a exigir coherencia en quienes llevan esas varas nobles que dignifican un cargo. Lo hemos deseado desde que votamos esta Constitución y lo deberíamos exigir sin descanso. Un juicio sumarísimo por ineptitud y radicalismo irredento debiera llevar a la cárcel también a quienes impunemente, por puro estrabismo ideológico, cometen uno tras otro este tipo de afrentas sin otra razón que su radicalismo. Dice que se apoya en que había unos barcos que bautizaron con esos nombres, y que eran de la flota nacional durante la guerra. Pero nunca una disculpa pudo ser más pobre, ni un argumento tan falaz, así que ni voy a entrar en responder a eso. La verdad es que el socialista José Hila, con sus nueve concejales del PSOE, los tres de Unidas Podemos y los de Mes por Palma, ha dado un paso más, absurdo e incoherente, pero firme, tratando de eliminar cualquier signo que vincule la ciudad con el resto de España, aunque sea a costa de quienes derramaron su sangre por mantenerla unida.

¡Así son esos nuevos políticos que nos manda el PSOE, y así vamos!

Sólo nos queda callar y esperar que amanezca, pues **no me corresponde a mí decir quién y cómo debe ser el alcalde de Palma de Mallorca,** ni siquiera porque sea un enamorado de las Islas Baleares. Sin embargo, una vez desenmascarado el carácter de los nuevos gobiernos que trajo aquella moción contra Rajoy, **aquel embrollo entre radicales fascistas de izquierda, pancistas aprovechados, e independentistas irredentos,** el escándalo supera los decibelios suficientes como para que lo escuchen en Europa, y pondrá en peligro el maná de los fondos europeos, porque ha sacado a relucir muchas conciencias sucias. Conviene pues levantar acta, sacar conclusiones y votar allí donde el españolismo y España, sea algo más que una bandera, una idea y una historia común.

Ahora tenemos la oportunidad de hacerlo en Madrid, para desterrar por siempre a esta izquierda inepta y engañosa. Veamos si Isabel Díaz Ayuso, la nueva *"Agustina de Aragón"*, defiende su puerta de Alcalá, como aquella lo hizo con la del Carmen.

Francisco A. J. Mata

<u>Opinión</u>

Por qué Rusia no tiene otra opción que vencer en Ucrania o provocar una III WW

El análisis de una situación tan compleja como la que se vive hoy en Ucrania no responde en absoluto a la simplificación que vemos en las noticias de los medios occidentales.

By <u>Juan Mata Hernández</u> Published 09/05/2022

Imagen con licencia Pixabay

"Sos… Tengo miedo a tener miedo" (Roberto Aguado Romo)

El señor **Zelensky**, tan valorado por algunos, no pareció tener ningún miedo cuando Rusia situó a sus tropas en la frontera con Ucrania y amenazó con usar la fuerza para evitar que se incorporarse a la OTAN. Se intentó usar la vía diplomática, pero la diplomacia está hecha de muchas cosas y, casi siempre, las mueve la influencia del poder y el interés económico. **Así que alguien debió convencer al señor Zelensky de que no iba a ocurrir lo que está pasando; de que le darían armas, apoyo logístico y dinero.** Claro que callaron aquella otra parte sobre que la sangre y la destrucción iban a ser ucranianas, y que el conflicto podría degenerar en una guerra nuclear mundial. **E imagino que debió ser así,**

porque nadie en su sano juicio habría dado ese paso de prever lo que está ocurriendo.

El análisis de una situación tan compleja como la que se vive hoy en Ucrania no responde en absoluto a la simplificación que vemos en las noticias de los medios occidentales. Rusia no representa un mundo diferente al occidental, sino más bien una sociedad que comporta valores muy similares a los nuestros y que fue decisiva en su momento para ayudarnos a alejar de Europa el fantasma del nacismo. Sin embargo, alguien parece tener mucho interés en demonizarla en su conjunto y marginar esta realidad. Porque no olvidemos que las sanciones económicas que se están aplicando contra Rusia generarán hambre y pobreza también allí, y la sangre que se derrama en Ucrania no sólo es ucraniana. **Me recuerda, en parte, al bloqueo al que se sometió a España tras la segunda guerra mundial**, y me pregunto y les pregunto si, tantos años de sanciones, tuvieron otro resultado que el de las privaciones para millones de españoles que no teníamos ni arte ni parte en la política de nuestro país.

A simple vista parecería que ignoro que la muerte y desolación que está produciendo ese enfrentamiento militar sería el único mensaje a destacar, y que por ese motivo hay causa para castigar todo lo ruso, desterrar de competiciones deportivas, relaciones comerciales e incluso literatura, a todo y a todos los que discrepen de las verdades oficiales. Pero, ¿esto es democracia?, **¿es esta la libertad de expresión identitaria de nuestra cultura occidental?**

Realmente vamos a acabar teniendo miedo a tener miedo de decir lo que pensamos. **Tendremos miedo de lo que pueda ocurrir con nuestro trabajo, con nuestro entorno.** Nos calificarán como *"monaguillos de Putin"*, aunque en realidad quien lo hace quizá sea él mismo un ***"monaguillo de Biden o de la OTAN"***. Algunos deportistas que no comprenden que se destierren de las competiciones a otros, simplemente por ser rusos, ya ven como pueden peligrar sus ingresos por *"sponsorización"* y sufren el rechazo del sentir oficial. Solo falta una KGB o una Gestapo que nos vigile más de cerca.

He comenzado este artículo con el mensaje que quería transmitirles e intuyo que la mayoría de ustedes no lo compartirá. En efecto, no me resulta fácil estructurar las causas que mueven mi percepción de la situación, porque ni yo mismo comprendo que, desde un punto de vista político, se aproximen mis ideas sobre esta guerra a lo que proclaman aquellos a quienes jamás quisiera tener a mi lado, **porque, como una vez dijo Pedro Sánchez,** *"no podría dormir tranquilo"*, tampoco yo, ni junto a podemitas, ni con independentistas. Y son ellos, los comunistas y sus adláteres, los únicos que parecen entender que esas ayudas a Ucrania sólo benefician a quienes fabrican las armas, mientras alargan y aumentan de un modo absurdo, peligroso, e inútil los regueros de sangre que generan. Pero, además y pese a todo, parece que nuestro mundo no tiene ese miedo a tener miedo a una guerra nuclear ¡Qué cosas! Y ¡Qué comportamiento tan absurdo!

¿Pero, por qué digo esto? Pues vean ustedes y juzguen conmigo:

1. Actualmente hay en el mundo unas 12.700 cabezas nucleares distribuidas entre 9 países, de los que Rusia tiene prácticamente la mitad.

2. Se supone que ese tipo de armamento sería exclusivamente un medio disuasorio para evitar la desaparición o el exterminio que pudieran provocar los enemigos.

3. La doctrina de la OTAN asegura que garantizaría con todo su potencial bélico, el atómico incluido, cualquier ataque contra uno de sus miembros actuales o futuros.

4. Si la OTAN, que se fundó en 1949 con 12 países y hoy ya se compone de 30, puede extenderse, como parece que se pretende, a Ucrania, Suecia, Finlandia, y otras naciones que pudiera interesar, el riesgo de un conflicto nuclear crecería exponencialmente.

5. Imaginen, *sensu contrario*, que Rusia tornara a crear una alianza similar al viejo Pacto de Varsovia y fuera incorporando en ella a países como: China, Venezuela, Irán, Corea del Norte, Siria, Líbano, Cuba, Méjico, etc…

¿Qué posibilidades darían ustedes a una próxima guerra nuclear, si por ambas partes, EE.UU. y/o Rusia, se consintiera esa dinámica?

Hablamos de la libertad de Ucrania para establecer sus pactos defensivos, pero tendríamos que admitir también el derecho de esas otras naciones que he citado, para hacer lo propio uniéndose al otro bloque militar **¿O es mayor el derecho de unos que el de los demás?**

Así pues, una guerra entre bloques no sería nunca un conflicto de paños calientes entre acorazados, obuses, tanques e infantería, auténtica chatarra bélica que, muy probablemente, ni llegaría a entrar en acción.

Quisiera terminar por exponerles otra confusión que cuesta comprender, sobre todo **para quienes seremos finalmente los que habremos de pagar todos esos nuevos gastos militares que amenazan nuestra ya frágil economía.** ¿Tiene sentido comprar esas carísimas armas tradicionales, como los aviones F-35 americanos que parece van a adquirir los países de la UE aplazando *sine die* el proyecto de futuro avión europeo de combate?

No creo que los F-35 carísimos que vaya a adquirir Alemania le pudieran servir de mucho si han de defender una confrontación de la OTAN, a la que pertenece, contra Rusia, porque ese tipo de enfrentamiento, como todos sabemos, sería ya desde el inicio a "*jaque mate*" con misiles estratégicos de uno y otro lado y esas armas tradicionales se quedarían en los hangares mientras quienes las compraron se refugian en búnkeres bajo tierra a cubierto de la radioactividad.

¿Y cuál es la solución? Es muy simple… **Pedir la ayuda de Dios, cambiar de dirigentes, y, sólo entonces: ¡no tener miedo a tener miedo!**

(F. A. **Juan Mata Hernández**, c. t.)

FIN

Francisco A. J. Mata

Contraportada:

Vivimos en un universo que tiende al desorden y nuestra vida parece, por contra, un aparente empeño diaro por ordenarlo todo. Este esfuerzo vital, persistente y prolongado, nos ayuda a pensar que estamos aportando algo positivo al universo que nos trajo y, de algún modo, justifica con ello nuestra propia existencia. Sin embargo yo con este libro, he pretendido luchar contra esa entropìa que al ordenar, encierra, entorpece y limita la energía y de nuestros pensamientos.

Reconozco que estas reflexiones me han ayudado a conocerme un poco mejor y a modificar una serie de cosas que, con el desorden de la vida, a uno le cuesta a veces encontrar. Además, y con ese fin, les he señalado en todos los casos, tema, fecha, y lugar en el que se vivía ese desorden.

Recuerdo que una vez alguien dijo que un libro estaría justificado si encontrara un único lector, al menos, que disfrutara con él. Es tan limitada esa ambición editorial que rezo por que no sea este trabajo una excepción a la norma. En tal seguridad confío, y agradezco desde aquí a quien me quiera escuchar; con el sueño de que este compendio de artículos le pueda aportar algo positivo; no importa si discrepase absolutamente en todos o alguno de los temas conmigo, por que lo fundamental es que siempre se esté dispuesto a escuchar y valorar otra opinión.
(Juan Mata Hernández, c.t.)

Los Nuevos Colonos

"Muchos sueños, lugares, personas, caminos y proyectos, se unieron el 20 de agosto de 1766…" –fecha en que se puso la primera piedra de La Carolina, para acoger a 6.000 inmigrantes centroeuropeos-.

Así comienza uno de los artículos que contiene este libro, y el autor ha querido destacarlo aquí porque todos hemos sido alguna vez colonos. Y ahí, en esta foto de contraportada, tienen a tres de ellos, jóvenes o niños de los años de postguerra, posando felices en la playa de San Lorenzo de Gijón.

www.ingramcontent.com/pod-product-compliance
Lightning Source LLC
Chambersburg PA
CBHW030605220526
45463CB00004B/1175